美国教师评价发展研究

刘翠航 ◎著

华东师范大学出版社

·上海·

图书在版编目(CIP)数据

美国教师评价发展研究/刘翠航著.—上海:华东师范大学出版社,2021

ISBN 978-7-5760-1517-1

Ⅰ.①美… Ⅱ.①刘… Ⅲ.①教师评价-研究-美国 Ⅳ.①G451.1

中国版本图书馆 CIP 数据核字(2021)第 048164 号

美国教师评价发展研究

著　　者　刘翠航
责任编辑　曾　睿
责任校对　时东明
装帧设计　卢晓红

出版发行　华东师范大学出版社
社　　址　上海市中山北路 3663 号　邮编 200062
网　　址　www.ecnupress.com.cn
电　　话　021-60821666　行政传真 021-62572105
客服电话　021-62865537　门市(邮购)电话 021-62869887
地　　址　上海市中山北路 3663 号华东师范大学校内先锋路口
网　　店　http://hdsdcbs.tmall.com

印 刷 者　上海商务联西印刷有限公司
开　　本　787×1092　16 开
印　　张　17.75
字　　数　295 千字
版　　次　2022 年 9 月第 1 版
印　　次　2022 年 9 月第 1 次
书　　号　ISBN 978-7-5760-1517-1
定　　价　68.00 元

出 版 人　王　焰

(如发现本版图书有印订质量问题,请寄回本社客服中心调换或电话 021-62865537 联系)

序

　　刘翠航是我指导的博士,她经过四年在我国驻美大使馆教育处工作之后于2013年回国,第二年考取了北京师范大学教育学部教师教育专业的博士生。博士生学习期间,她就展现出较强的学术研究能力,在3年内完成所有课程,并撰写了博士论文,获得了博士学位。本书是她博士阶段研究的延续。

　　在我国比较教育领域,从20世纪80年代开始,美国教师问题逐渐成为了研究热点,涉及教师的职前培养、教师专业标准、教师资格认证、教师管理政策等,这也与20世纪80年代美国以教师问题为中心的几次大规模教育改革不无关系。国内研究者持续跟踪变革动向,直到21世纪美国基础教育问责浪潮的袭来,美国教师研究的热点由职前转向职后,分析美国从联邦到地方的教师评价政策成为发文量较高的一个专题,特别是以增值评价为主题的论文呈现出爆发式的增长,国内对这种新的评价模式也多有借鉴。但美国教师评价为什么会成为新世纪以来的改革热点,我国是否应借鉴增值评价模式,美国教师评价又经过了怎样的发展历程,学界还没有系统梳理,而本书恰恰填补了这一空白。

　　本书史论结合,阐述了美国不同时期教师评价的状况,不仅包括影响不同时期教师评价实践的主要思想,还包括代表性的政策和实践案例。难能可贵的是,本书立足管理理论与专业理论,将其作为分析教师评价两个核心功能的线索,提炼出美国教师评价从关注人事绩效管理,到关注教师专业发展,到兼顾人事绩效管理与专业发展双轨并进,再到综合化一体化的发展特点。在此基础上,本书揭示了美国教师评价发展的主要矛盾,即优先发挥教师评价的人事绩效管理功能,还是优先发挥以评价促教师专业发展的功能,以及这一矛盾作为内在动力推动美国教师评价发展的必然规律。

本书对美国各个时期教师评价特点的介绍并非浮光掠影、点到为止,而是围绕当时整个教师制度以及教师评价的标准、方法、工具以及参与者的内涵及其表现特征,进行了全面分析。这方面的英文文献数量巨大,好在作者工作扎实细致、有很强的专业能力,为我们在海量文献中剔粗取精、披沙拣金,系统而有重点地呈现了美国教师评价乃至教师管理制度改革与变迁的历史背景与当下风貌,深化我们对美国教师管理制度的认识,对于我国教师评价实践具有很强的启发性,对教师管理制度的完善与政策调整也具有很好的参考价值。

朱旭东

2021 年 11 月 13 日于北师大英东楼

前　言

从管理角度看,教师评价是监控教师质量的必要措施;从专业角度看,教师评价是提升教师质量的重要手段。目前,我国教师质量主要看教师的学历达标率、学生升学率;我国教师专业发展主要是看学历提升、套餐式培训。我国教师评价还缺乏系统的研究和顶层设计,教师评价难以在教师质量监控和教师专业发展上发挥关键性作用。因此,本研究的目的是探索一种内涵式的教师评价制度和体系,通过这种内涵式的教师评价,进一步提升教师队伍质量,促进学校教育教学的发展。

美国是现代教育体系最完善的国家之一,美国教师评价发展的经验,对我国教师评价的发展有一定的借鉴意义。本研究运用历史比较法,从管理理论和专业理论的视角,构建了以教师评价思想、教师评价实践及教师评价案例为结构线索,以评价目的、评价标准、评价方法与过程、评价参与者为内容线索,以教师评价与教师管理、教师评价与教师专业发展为问题线索的研究框架。通过分析美国教师评价一个多世纪的发展历程,本研究得出美国教师评价发展四阶段说,并从中发现绩效管理和专业发展是教师评价不可偏废的两种实质性功能;是优先发挥教师评价的绩效管理功能,还是优先发挥教师评价促进教师专业发展的功能,以及两者的博弈和平衡是推动教师评价发展的内在力量;两者如何在理论和实践中完美结合,是教师评价继续研究和探索的方向。

20世纪上半叶是美国教师评价发展的第一个阶段,即绩效管理取向的发展阶段。这一时期出现了两种教师评价思想,即职责管理取向的教师评价思想和科学分析取向的教师评价思想。在实践中,教师评价从追求工厂计件工资式的工作效率逐渐过渡到基于对教师和教学的科学化分析来提高教学效率。从管理的视角来看,这一阶段开始时,教师评价天然地与教师的聘用、职业等级、薪水乃至辞退联系在一起;到这一阶段结束时,教师终身制、单一薪资制逐渐发展起来,阻碍了教师评价管理功能的发挥。从专业发展的视角来看,这一时期教师见习和师徒项目得到了发展,但教师评价与教师专业发展还缺乏实质性的联系。这为下一个阶段教师评价与教师管理的重新结合,教师专业发展项目中融入教学诊断和评价奠定了基础,也为整合绩效管理和专业发展功能于一体的教师同行评价实践案例的出现奠定了基础。

20世纪六七十年代是美国教师评价发展的第二个阶段,即专业发展取向的教师评价发展阶段。这一阶段管理理论发生了质的转变,从严密设计外在程序来提高工作效率转向对人本身的关注,发现只有满足人的情感和需要,才能最大限度地调动人的积极性,才能最终实现效率最大化。在此基础上,出现了民主和临床取向的教师评价思想,不仅要求改变教师在评价中的被动地位,还要求针对课堂或教育教学活动中千差万别的具体情况开展评价。在教师评价实践中,受到教育管理权上行的影响,出现了州一级的教师评价政策,但受到正在形成的教师终身制、教师集体谈判及单一薪资制的影响,教师评价主要发挥了促进教师专业发展的功能。为实现人事管理与专业发展在教师评价上的统一,俄亥俄州托莱多学区创造了教师同行评价模式。该模式不仅保护了教师组织的利益,也满足了社会对教师队伍优胜劣汰的要求;不仅将教师评价与教师聘用等人事管理事项相结合,也依靠同行专家为教师提供日常的、基于现场的专业发展机会;推动了教师专业民主与自治,抵制了外部力量对教学专业的侵蚀,对美国教师评价的发展产生了重大影响。

20世纪八九十年代是美国教师评价发展的第三个阶段,即新教师评价重点关注专业发展,终身教师评价重点关注绩效管理的双轨发展阶段。这一阶段出现了基于问责和基于标准这两种主要的教师评价思想。基于问责的教师评价思想是管理取向的教师评价思想的深化,绩效管理从关注教师的工作表现转移到关注教师的工作效果。基于标准的教师评价思想是专业取向的教师评价思想的深化,将教师的专业化水平用不同等级的专业标准进行明确限定。在实践中,本阶段州级教师评价体系快速发展。各州纷纷出台新教师评价和终身教师评价两类政策。基于问责和基于标准的教师评价实践模式也不断完善。这一阶段整合管理和发展功能于一体的教师同行评价获得了两大教师组织的赞赏和大力推广。加利福尼亚州在借鉴全美其他学区经验的基础上,率先在全州立法实施教师同行评价,并在托莱多模式的基础上,进行了大范围的创新。加利福尼亚州教师同行评价不仅有效制衡了后来席卷全美的问责制教师评价改革浪潮,还为探索全美多样化、综合化、一体化的教师评价奠定了基础。

21世纪以来是美国教师评价发展的第四个阶段,即综合化—体化的教师评价发展阶段。这一阶段教师评价在实践领域继续向问责的方向大踏步前进,从联邦到州大力推广基于学生成绩的教师评价,教师的专业素养评定越来越取决于学生的成绩表现。很多研究者对此提出批评,要求教师评价回归教学本身,即教师和学生之间促进学生全面发展的实质性交往本身,而不只是教学效果,由此形成了批判性的教师评价思想。一些研究者重新关注评价促进教师专业发展的功能,并提出评价不仅能促进教师个体的发展,民主式的专业化评价还有利于形成学习型的教师群体,消除学校科层式的管理,促进整个学校的发展,由此形成了基于学校改进的教师评价思想。在上述思想的影响下,从联邦到地方开始对问责式评价进行适度调整,形成了传统的校长实施的评价、增值评价和同行评价多种类型评价综合运用的态势。教师评价与教师人事管理、与教师专业发展的系统化设计更加突出。教师同行评价也与其他教师评价措施及整个教师政策有机地融合在一起。

本书系统论述了美国教师评价的发展历程,发现美国教师评价目的最开始是实现对教师的有效管理,逐渐过渡到通过评价促进教师的专业发展,随后发展为在新教师评价中更关注教师的专业发展,在终身教师评价中更关注教师的绩效管理,最后呈现出综合化一体化的发展趋势,初步实现教师评价绩效管理和专业发展功能的整合。

　　本书还梳理了美国教师评价发展历程中的许多重要案例,特别是教师同行评价,成功将绩效管理和专业发展功能整合为一体。这一模式自创始以来一直影响着美国教师评价发展的趋势。本书基于美国教师评价发展阶段,以及教师同行评价等案例的分析,提出了新的教师评价设想,即结合绩效管理和专业发展两个取向来设计教师评价目的,采用专业标准、学生学习状况与教师个人专业发展目标相结合的评价标准,平衡表现性和有效性评价手段,使利益相关者承担适宜的评价角色和职责,同时关注教师队伍本身在教师评价中的关键性作用,发挥教师个体乃至群体的专业自主权,并相信这是教师评价发展的未来方向。

目　录

第一章 绪论

第一节 研究源起

一、 教师政策体系完善的需要

中华人民共和国成立以来,基础教育事业不断发展,基础教育领域各项制度不断完善,教师政策体系逐步确立。特别是改革开放四十多年来,已经出台大量有关教师权利和义务、培养培训、资格认证、职务聘任、工资待遇和社会保障等方面的法律法规及政策。近年来,我国教师制度综合改革走上了快车道。国家颁布了一系列措施,包括国家教师资格考试、教师资格定期注册、教师职称改革等,大大地推动了教师管理制度的完善。有关教师评价的规定也出现在相关条文中。

不过对于当前整个教师制度来说,教师评价体系仍存在短板。例如,在实践层面,教师资格认证缺乏对教师申请人开展阶段性教学实践的评价,难以保证教师资格获得者是实践证明了的合格教师;教师试用期缺乏持续的、基于教学现场的评价,使教师聘用及转正缺乏专业的审核程序,使一些不适合教学工作的人或难以适应教学工作的人留在了教师队伍;教师定期注册缺少配套的综合教师评价,使不合格的教师或者低效教师难以被清除出教师队伍等。

以国家层面的教师评价政策为例。2012年,国务院召开了首次全口径的全国教师工作会议,印发了第一个全面部署教师队伍建设工作的纲领性文件——《国务院关于加强教师队伍建设的意见》(下简称《意见》),确定了两项教师评价的功能:教师职务(职称)评定和教师聘用。《意见》第十三条"加快推进教师职务(职称)制度改革"提出,"完善符合各类教师职业特点的职务(职称)评价标准";《意见》第十四条"全面推行聘用制度和岗位管理制度"提出,"实现教师职务(职称)评审与岗位聘用的有机结合,完善教师退出机制"。《意见》还提及建设可作为教师职务职称评定以及教师聘用依据的教师评价体系,以及教师评价体系对监控教师质量、促进教师专业发展乃至优化教师队伍的作用。但《意见》对教师评价怎样具体实施没做说明。

随着基础教育改革的深化,各地开展了一系列的探索,试图将教师资格认证和定期注册,教师聘用、安置和解雇等建立在教师评价基础上。但是,现有的教师评价制度并不完善,很多地方由校长或管理者自行实施教师评价,并在很大程度上决定教师的聘用、职称、绩效奖励等,造成学校和教师管理行政化倾向。如果不设立指导性的制度框架,继续将教师的定期注册权、聘用权放任地方或学校自行实施,则将进一步强化学校的科层制度,削弱学校专业机构的性质和功能,影响教师队伍积极性的发挥。

如果能结合国情出台教师评价政策,并以此为基础串连资格认证、聘用、定期注册、职称、绩效奖励等一系列教师管理措施,将对推动教师管理规范化、制度化,对推动教师专业的自主、自治与发展,提供有益的保障。

二、 教师评价顶层设计的需要

从国家制度层面上看,教师评价体系作为监控和促进教师质量提升的重要保障,需要进行系统的顶层设计。首先,建设系统完整的教师评价体系,需要在国家层面进一步出台有关教师评价的政策法规或指导意见;各省应在国家教师评价体系政策框架内因地制宜地形成各省的教师评价制度;各地应该制定实施国家及省教师评价政策的细则,并指导学校具体实施教师评价。这样才能使教师评价体系成为我国教师队伍质量的重要保障,改变当前教师评价孤立、零散、各自为政的局面,改变教师评价只对教师职称评定、工作业绩判定和奖惩等具体基层人事管理发挥作用的现实,为从国家层面、省级层面动态监控、调控全国教师队伍质量,推动基础教育的均衡发展提供助力。

其次,教师评价体系还需要完整设计教师评价标准,避免原则化、零散性。《意见》第十五条"健全教师考核评价制度"就教师评价的内容和标准提出指导性意见,即"完善重师德、重能力、重业绩、重贡献的教师考核评价标准"。同年稍早颁布的《教育部关于印发〈幼儿园教师专业标准（试行）〉和〈小学教师专业标准（试行）〉〈中学教师专业标准（试行）〉的通知》指出："《专业标准》是国家对幼儿园、小学和中学合格教师专业素质的基本要求，是教师实施教育教学行为的基本规范，是引领教师专业发展的基本准则，是教师培养、准入、培训、考核等工作的重要依据。"但教师评价应怎样使用这些标准并没有给出具体的方案。教师专业标准所包括的专业理念和师德、专业知识和专业能力三个部分同《意见》所提出的重师德、重能力、重业绩、重贡献四项内容应被纳入统一的框架体系，阐明相互关系，并相互辅助和支持。此外，《意见》还特别强调"严禁简单用升学率和考试成绩评价中小学教师"，但对于应该使用其他什么方法来评价教师的有效性，或运用什么其他方法来评价教师的工作业绩也缺乏指导性建议。

不过自颁布《意见》以来，国家开始探索建立教师评价体系。《意见》提出："探索实行学校、学生、教师和社会等多方参与的评价办法。"这为谁来参与建设包括教师评价目的、组织、标准、过程、方式在内的系统完整的教师评价体系提供引领。2018 年 1 月 20 日，《中共中央国务院关于全面深化新时代教师队伍建设改革的意见》颁布，要求按照"教师管理体制机制科学高效，实现教师队伍治理体系和治理能力现代化"的方向，深化中小学教师考核评价制度改革，实现教师考核评价与教师职称、教师聘用、教师定期注册、教师退出机制的衔接；进一步完善职称评价标准，建立符合中小学教师岗位特点的考核评价指标体系，坚持德才兼备、全面考核，突出教育教学实绩，引导教师潜心教书育人，不简单地用升学率、学生考试成绩等评价教师，实行提升教师队伍整体活力等要求。可以预见在不远的未来，与教师评价相关的政策将进一步规范。

2011 年《教育部关于大力加强中小学教师培训工作的意见》、2012 年幼儿园、中小学教师专业标准、2013 年《中小学教师资格考试暂行办法》、2013 年《中小学教师资格定期注册暂行办法》、2015 年《关于深化中小学教师职称制度改革的指导意见》以及 2018 年教育部印发的《新时代中小学教师职业行为十项准则》等一系列政策将纳入统一的框架，形成系统的教师评价体系，真正保证教师队伍质量的稳定和可持续发展。对他国教师评价体系进行研究，为建设我国教师评价体系提供借鉴，正逢其时。

三、 教师队伍综合治理的需要

治理是指公共事务领域的集体行为。20 世纪 90 年代以来,治理理论成为公共管理学界研究的热点之一。2010 年 7 月《国家中长期教育改革与发展规划纲要(2010—2020 年)》首次引入"教育公共治理"这一新理念,要求利用各方面的力量来保障教育中的"民主"和"公平"。教师评价"探索实行学校、学生、教师和社会等多方参与的评价办法",进而形成促进教师专业发展、激发教师队伍活力的教师评价体系,是新时期建设教师队伍治理体系的必要组成部分。

教师评价是监控教师质量的必要手段,更是教师管理及教师专业发展的依据。我国教师评价体系功能的发挥还有很大的空间。我国以往主要以教师学历达标率来判断教师队伍的整体质量。截至 2015 年,我国中小学专职教师的学历达标率达到 98%,因此需要将教师质量监控从学历达标率转移到教师评价所关注的教育教学活动及效果上来。

教师评价不仅是监控教师质量的手段,还能促进教师质量不断提升,其途径包括两个:一是运用教师评价来加强教师管理,将教师评价与教师聘用与辞退、激励或奖惩联系起来,优化教师队伍;二是基于教师评价的结果来制定并实施教师专业发展计划。在我国现行的教师人事管理体制下,多数地区教师属于事业编制,人事制度僵化。除近期实施的教师资格国考对教师职业入口进行把关外,教师的招聘、任用、职称、薪资、辞退等管理事项掌握在地方人事及教育行政部门或学校手中,在缺少正式的、规范的教师评价机制的情况下,多数时候依据非专业的、非科学化的评价做出上述人事决策。特别是在推动教育资源均衡化发展的形势下,以学区为单位管理教师资源,需要学区以教师评价为抓手,建立系统的教师人事管理体系。再看我国现行的教师专业发展项目,虽然使得广大教师不断接受各种新的教育教学理念和方法培训,但多数项目难以针对教师个体在教学中产生的困惑开展个性化的辅导和指导,存在培训效益差的问题。这正需要教师评价作为教师专业能力诊断的起点,为教师培训和教师专业发展提供依据和指引。

因此,只有从国家层面进行顶层设计、系统规划,从省级层面出台有关教师评价的指导意见,才能进一步完善教师管理体制机制,提高教师队伍治理的整体效力,提升教师队伍发展的内驱动力和专业性。从更长远的意义来看,还有助于扭转我国教育的应试倾向,使教师按照其职业或专业内在的伦理和操守开展教学,而不是按照科层管理体系中上级安排的绩效任务开展教学,使教育教学工作紧紧围绕其育人的核心,制约教育集权化、行政化、一元化的趋势,保障教育公平,促进教育民主,真正实现教育及教师队伍治理的现代化。总之,我国教师队伍治理体系中需要教师评价的专业化、系统化、一体化的制度模型,为教师队伍规范化的管理和民主化发展提供助力。

四、 教师专业权利发展的需要

从理论的层面看,教学作为一个专业领域在半个多世纪以前就得以确认,但迄今为止教师的教学专业话语权仍然非常有限。教师处于家长等外部社会需求、教育管理权威及学术话语多重势力的包围之下。各种势力通过各种管道将影响力渗透到学校及课堂教学中,干涉和压迫着教师的专业理性。教师或者接受各种功利性的诉求,并按照这样的诉求去教育学生,或者被各种学术话语包围难以发出自己的声音,各种力量互相矛盾,使得教师彷徨不知所措。现行的教师评价实践不仅没能保护教师的专业自主和自治权,反而加重了上述外界力量对教师专业的挤压。

一直以来,教育行政传导社会及家长对学校的功利性要求,压制教师的专业自主权这一问题没有得以彻底缓解,而教育学术又成为另一股影响教师专业自主的力量。自成一体的学术话语体系和模式不断渗透至学校和课堂,试图将教师限制在某些条条框框之内加以塑造,教师和学生成为不同教学模式有效性的验证者。比如,美国研究者 20 世纪六七十年代根据“过程—结果”的范式[1],得出一系列有效教师的行为特征,要求教师按照研究所得的规范,在课堂上规范行为和用语,狭隘科学化的定义完全违背了教无定法的常识。又如,近期我国教师教学设计和组织实施中也出现了普遍的模式化倾向,忽视了学生个体和群体差异的客观存在,忽视了学生学习规律和教学内容之间的内在联系。真实教育情境的复杂性决定了教师和学生之间不可能按照工厂化的规程开展行动。任何规

---

[1] 许洁英,苏丹兰. 美国教师教育改革的中心转移及其对我国的启示[J]. 教育科学研究,2009(5):76.

范化的行为和程序都不适用于像教育这样复杂的人际交往[1]。真正的教育和实施教育的方法只能根据教师以及具体的受教育对象,在具体的教育情境中发生,并通过不断的反思与尝试得到改进。

基于现场的、民主的、持续的教师评价体系的建立,将大大激发教师专业自省能力,使教师真正成为教学研究的主力,大大丰富教学专业的内容。当教师评价成为教师队伍自我完善的保障之一,教师才能掌控其专业权利,有效降低外界权威对教师教学自主权的干预,推动了教师专业自治,激发教师专业权力的回归。

在实践层面,学校系统中所实施的教师评价和教师专业发展两者之间是密不可分的。在课程改革不断推进的过程中,国家进一步加大教师专业发展工作力度,力争实现全员培训。如《中共中央国务院关于全面深化新时代教师队伍建设改革的意见》要求,开展中小学教师全员培训,促进教师终身学习和专业发展。这要求教师评价为不同教师的专业发展起点提供诊断性的依据。虽然近期国家和地方投入了大量的资金,实施了一系列"国培""省培"项目,但很多项目难以摆脱粗放式、阶段性的弊端,多是针对某类教师进行套餐式的培训,鲜有基于个体教师教学评价的个性化专业发展策略。实际上对于更多教师来说,学区或校本的日常专业发展是常态,这类专业发展活动应根据教师所处的职业生涯阶段、教师个体的专业需求来实施,而这类专业发展活动需要基于对教师日常教育教学工作的诊断和评价。

又如,学校中原有的传统的教研组也好,新近发展起来的"名师工作坊"等也好,都围绕着新课程、新教材、新教学开展了许多说课、磨课、赛课、研究课、交流课、展示课等活动,先学后教、学生自主学习、小组合作学习、研究性学习等一系列新的课程教学组织方式层出不穷,但是日常教学中多数教师仍没有改变以讲授为主的传统课堂教学形式[2],这从一定程度上归咎于教师评价仍以学生的考试成绩为标准,而多数时候直接讲授法是在规定时间内提高成绩最有效的教学

---

① [美]内尔·诺丁斯.学会关心:教育的另一种模式(第二版)[M].北京:教育科学出版社,2011:23—25.

② 丁朝蓬,刘亚萍,李洁.新课程改革优质课的教学现场样态:教育学的行为分析视角[J].课程·教材·教法,2014(5):52—62.

方式。但是在专项实施的新课程评价中,教师又要表现出新的教学方法和技能,纷纷组织小组讨论等丰富多彩的课堂活动,开展项目式、任务型教学等。

面对教师专业发展与评价之间的脱节,教师只能摇摆不定,一方面应试,一方面"做秀",割裂的专业表现在课堂中时有发生。这从一个层面说明我国教师评价实践随意性较大,缺少顶层设计,评价活动随机,评价目的多元。要想扭转上述实践中的问题,也需要建立稳定的、持续的、规范的教师评价制度,使得教师的专业发展建立在价值统一、方向一致的专业评价和诊断基础上。也只有建立促进教师专业发展的评价制度,才能使教师的专业发展摆脱粗放型的、任务驱动的现状,朝着明确的、更高的专业发展目标,朝向学生个性化而又全面的发展不断迈进。

五、 美国教师评价发展的历史经验

美国是最早建立公立中小学体系的国家之一,教师与我国一样被当作公务人员看待。有关教师评价的各项制度、研究和实践也有很长的历史。我国短短几十年所走过的历程,即从加大对师范教育的支持、促进教师学历提升、满足对教师数量的需求,到运用教师资格考试严把教师入口关,设置教师评价、专业发展和教师人事制度等各方面的教师政策以提升教师质量等,美国已开展了一个多世纪研究、探索和实践。这些探索和实践对我国有一定的借鉴意义。

就教师评价来看,美国的历史可以追溯到19世纪后半期。那时,各州相继出台义务教育法,公立中小学系统逐渐形成,其中按年龄分年级,按年级和学科设置课程,运用考试来检查教学效果等核心制度逐渐确立。教师的工作也变得越来越结构化、专业化[1],由此出现了最早的教师评价实践,并天然地与教师的聘用、解雇、薪资及晋升联系在一起。

20世纪初,在组织管理理论、社会效率理论的影响下,不断扩张的公立学校系统的科层制逐渐确立。在一些大城市学区的带领下,各州开始建立各种教师制度,其中包括教师资格认证制度、教师评价制度、教师专业发展制度、教师任期制度、教师薪资制度等。与此同时,学校工作变得越来越有预测性和程序化。学

---

① [美]韦恩·厄本,杰宁斯·瓦格纳.美国教育:一部历史档案[M].北京:中国人民大学出版社,2009:241.

校开始提倡和褒奖守时、规范和服从。在具体的课堂教学中，教师也开始用类似工厂的规范化管理来对待学生、组织课程教材、设计教学活动，对学生进行经常性的测量。效率成为教师工作的准则和评价教师的准则，进而也成为教师管理的依据。二战后，随着全美对教育机会均等要求的日益高涨，为不同种族、背景的学生提供同样的教育成为发展的重点。在各种思潮的影响下，不同地区的教师政策逐渐发展出能力本位、科学本位、绩效本位等特征，也出现了一系列创新型的教师评价实践。同时，教师政策体系也更加完备，教师终身制、单一薪资制、集体谈判制逐渐形成，也影响了教师评价功能的发挥。

20世纪六七十年代，民众在要求教育机会均等的同时，也开始要求公立学校系统配备高质量的教师，进而要求整合教师政策体系各个组成部分，使其发挥最大的效益，从而优化教师队伍。州一级的教师评价政策开始出现。同时，随着民主化运动的发展，教师逐渐被看作是解决教育质量问题的关键，而不只是问题本身。教师评价逐渐引入了强调改进和协作的思想，评价由监督和鞭策教师，渐渐发展为帮助教师改进教学或激励教师主动改进教学。这些思想和实践为教师评价实践的创新奠定了基础。

20世纪80年代以来，问责作为政府对公立学校的主要管理手段之一，对改革包括教师资格认证、教师评价、教师终身制和教师单一的薪资结构等一系列教师政策发挥了重大作用。与此同时，前期科学化和民主化运动在这一时期促成了教师专业化的潮流。两股潮流成为影响教师评价发展的主要力量。在实践中，州一级的教师评价政策更加普遍而且更加完善，出现了新教师评价和终身教师评价两类更有针对性的评价体系。新教师评价政策强调通过评价促进教师专业发展；终身教师评价政策强调通过评价优化教师队伍。

新世纪以来，教师评价继续沿着问责的道路向前推进，从联邦到州大力推广基于学生成绩的教师评价。很多研究者对此提出批评，一些研究者重新关注评价促进教师发展的功能，并提出应通过评价促进教师群体，甚至整个学校的发展。教师评价开始回归"以教师为本""以可持续发展为本""以专业文化为本"的理念。教师评价实践表现得更加综合化，出现了多种类型评价兼而有之的局面。教师评价与教师管理、教师专业发展制度的系统化特征也更加突出。

纵观一个世纪以来美国教师评价的发展，教师评价的管理功能一直处于优势地位,但从另一个角度看,教师评价又呈现出从管理取向走向专业取向不断交替螺旋上升的趋势。对美国不同历史时期教师评价发展进行细致的研究,有助于针对我国现在所处的阶段,审慎地借鉴经验、吸取教训,设计适合我国的教师评价体系。

我国与美国同样面临提高教师质量的挑战。我们有必要从美国教师评价发展的历程乃至美国教师评价的典型案例中吸取经验,融合我国特殊的国情和发展目标,创建新时期适应我国教师队伍发展需求的评价制度。本研究尝试以美国教师评价发展作为研究对象,尝试从宏观和微观两个方面,从思想和实践两个视角,揭示美国教师评价发展的轨迹,试图找到教师评价发展的固有规律,为我国新时期教师评价体系的建立提供参考。

第二节　研究问题及相关概念界定

一、 教师评价概念界定

根据《中国中学教学百科全书·教育卷》,教师评价指对教师的素质、能力及工作效果等所做的全面评价。根据《中国成人教育百科全书》,教师评价是对教师的素质和工作进行的价值判断,是教育评价的重要组成部分[①]。《中国教育大百科全书》对教师的人事、资格、职称等词条进行了限定[②],还有国内一些教育类辞书或百科全书对教师教学质量评价等给出界定,但是却没有将教师评价列为单独的词条。虽然教师评价最主要和最重要的内容就是对教师的教学工作进行评价,但随着国际国内对教师问题研究的不断深入,教师评价的内涵越来越丰富,与教师评价相关的词汇和概念就包括教师能力测试、课堂观察、学生评教、同行评价、职称评定、教师档案袋评价、传记资料评价等。教师评价已经成为一个涉及教育管理、学校管理、教育人事、教学专业等多方面问题的研究领域。

英文文献中有关教师评价使用的词汇有 evaluation、assessment、

---

① 林崇德. 中国中学教学百科全书·教育卷[M]. 沈阳:沈阳出版社,1990:54.
② 顾明远. 中国教育大百科全书[M]. 上海:上海教育出版社,2012.

measurement、appraisal 或者 supervision，还有的用 review。Measurement 直译为"测量"，通常出现在考察教师知识和能力的相关文章中，重点指通过定量的方式来鉴别教师的知识、能力等心理和行为上的特征。使用 assessment 的文献有很大一部分是讨论教师表现、教师效能的问题，如经常出现教师质量评价（teacher quality assessment）、教师有效性评估（teacher effectiveness assessment）的用法。Appraisal 多用于对有关教师阶段性发展或教师动态的评估与描述，其中包括预测的含义，如教师的职业发展评估（professional development appraisal）。Evaluation 在论述教师评价政策的相关文献中使用较多，含义较为笼统，通常侧重定性的评价，与教师决策相关，政府官方政策文件中多使用这一词汇。Supervision 则更多反映上级对下级的评价、指导和监督。Review 在英文中的相关解释是对一项出版物、一项服务或一个产品的审核。Review 在英文中的另一个含义是回顾、检查、检讨、反复考虑[1]。教师评价采用"review"这个词汇更加注重评价的过程，以及评价过程中审慎的、反复考虑的态度。

胡森《教育大百科全书》对教师评价的界定一定程度上代表了国外基于较广泛、较深入的教师评价研究所做出的界定。首先在教师评价的构成要素上，指出教师评价包括不同的标准和方法，即"针对不同类型的教师评价使用不同的标准和方法"[2]。其次指出教师评价的过程可以分为两步："第一步是要获得每个要评价的教师的相关信息；第二步是要用这些信息形成一个价值性判断"[3]。有时这两步融合在一起，边获得信息边形成判断，再获得更多的信息修正原有的判断。

本研究结合国内外教育词典或百科全书的释义，将教师评价界定为：朝向特定的目标，参照专业标准，融合评价者的经验，通过观察、测量、检查、沟通、问询、审视、诊断等，对教师能力、教育教学表现、教育教学效果得出判断并实施反馈的活动。本研究在揭示美国教师评价发展的脉络及规律时，随着不同时期教

---

[1] Longman Dictionary of Contemporary English[M]. Harlow, Essex, England：Longman Group UK Limited, 1987：1294.

[2] ［瑞典］胡森，波斯尔斯韦特. 教育大百科全书（1）·教育管理、教育政策与规划、教育评价[M]. 重庆：西南师范大学出版社，2011：671—672.

[3] ［瑞典］胡森，波斯尔斯韦特. 教育大百科全书（8）·教学、教师教育[M]. 重庆：西南师范大学出版社，2011：215.

师评价所展现的不同样貌也会出现一些专门的词汇,这些专门词汇将在不同章节给出详细解释。

二、 研究问题界定

本研究以美国教师评价发展为研究主题,一是期望从纷繁复杂的美国教师评价研究中找出美国教师评价理论和实践发展的主要脉络,二是期望美国漫长曲折的教师评价发展历程能为我国教师评价的发展提供参考。具体的研究问题包括:(1)美国教师评价发展经历了哪几个阶段,每个阶段主流的教师评价思想是什么?这些思想怎样阐述教师评价的目的、评价什么、谁来评价和如何评价?(2)美国教师评价不同阶段的代表性案例有哪些?其模式、实施状况及其效果怎样?对美国教师评价发展产生了怎样的影响?(3)美国教师评价的发展趋势及其前景怎样?(4)美国教师评价发展的规律及其启示是什么?

第三节 研究的理论基础和分析框架

通过初步的文献分析,笔者发现影响美国教师评价发展的两个主要因素是管理的需求和教师专业发展的需求,故以管理理论和专业理论作为此研究的理论支撑,尝试通过这两个视角将美国教师评价发展历程串联起来。从这两种视角出发,基本上可以确定有以下几种类型的教师评价:绩效管理取向的教师评价、专业发展取向的教师评价、绩效管理与专业发展双轨并进的教师评价,以及绩效管理与专业发展尝试融合的教师评价。本研究尝试用这几种样态来勾画美国教师评价发展的轨迹。为开展基于上述视角的探索,就需要梳理这两种理论,并据此构建基于这两种理论的分析框架。

一、 理论基础

（一）管理理论

本研究选用的理论基础之一是管理理论。教师管理是学校管理的一个重要组成部分。教师评价是教师管理的重要手段之一,不可避免要从管理理论的视角加以研究。从管理理论的发展脉络来看,主要经过了关注效率、关注人、关注环境、关注文化这四个阶段。教师评价也受此影响,表现出上述几种倾向,有时关注课堂教学的效率,有时关注对教师的激励,有时关注对整个教师队伍的影响,有时关注对学校文化及专业文化产生的作用。在上述管理理论的不同发展阶段,教师评价也表现出类似的特点。

管理理论源自如何安排组织各要素及其流程,以实现效率最大化。20世纪早期,被视为管理学之父的弗雷德里克·泰勒(Frederick Taylor)的科学管理理论影响了美国公立教育系统及中小学教师评价。科学管理理论的主要内容包括:组织的存在主要是为了实现组织目标;分工导致专业化;专业化需要专业知识;标准化、程序化有助于提高效率;控制有利于提高效率;理性化决策也有助于提高效率;等级体系产生遵守和服从;正式的结构能实现效率最大化等。

20世纪30年代到60年代,人际关系理论冲击了科学管理理论,也对教师评价产生了影响。该理论的主要内容包括:组织的存在是为了社会团体的适应与生存;个体需要是组织绩效的重要动因;在实现效能上,个体比结构更重要;个体基于兴趣而自发组织起来;共同决策可以提升效能;文化可以协调结构对组织的影响;团队合作是组织成功的关键;非正式规范、程序和结构比正式的更重要[①]。教师评价开始关注教师个体的情感体验,如果教师在评价中感到被监视监控,就难以发挥出教育教学的主动性;教师评价应摆脱科层制的控制关系,以更加平等、民主的方式加以组织,以协商的方式进行,从而实现对学校组织的改造等。

20世纪60年代以后,在结构功能主义、后结构主义和权变理论的影响下,管理理论走向综合,其主要内核包括:所有组织都是与环境相互作用的开放系统;组织行为是组织结构和个人需要的融合;没有最好的组织、激励、决策、领导与沟通的方式,这些都要依情形而定。具体到教师评价上,即没有一种适合于所有学校、所有教师的评价方式,应该根据学校的管理目标、教师的结构和状况,针对不同类型的教师及教师群体采用不断变化的、有针对性的方式开展评价。

迄今为止,美国学校的管理方式及教师评价依然受到上述理论的影响。在上述几种管理理论的影响下又出现以下四种学校管理理论模型,即金字塔理论、

---

① [美]韦恩·K.霍伊,塞西尔·G.米斯克尔.教育管理学:理论、研究与实践[M].北京:教育科学出版社,2007:35—36.

轨道理论、高效能理论和道德群体理论。根据金字塔理论,学校系统应该建立一个金字塔式的科层制度,通过计划、组织和层层指导、监督和检查来落实教育目标。轨道理论认为学校应该具有标准的工作流程、条例和工作模式,并建立监控系统确保每个程序的正常进行,比如课程标准的制定、教学目标的设置、教学方法的采用、学生评价的实施等。高效能理论属于权变理论的一种,主张目的和手段分离,设定最终的教育目标而不插手具体的学校工作,希望通过创新多种路径最终实现可测量的学习成果。道德群体理论认为学校教育目标的实现来自教师、学生等对各自责任的义务感,要为教师、校长、家长和学生提供道德联系,而道德联系根植于文化类型[①]。

教师评价发展也受到不同类型学校管理理论发展的影响。虽然金字塔理论和轨道理论在 20 世纪多数时间占据主导地位,但激发教师个体及群体的内在动力也始终是一条重要的线索。20 世纪的最后 20 年,学校管理又再次被高效能理论控制。21 世纪初,民主的、专业的、文化的变革策略越来越受到重视。教师评价的发展在上述管理理论的影响下尝试过职责、科学、民主、专业、标准、绩效、市场、合作、文化等多种策略。图 1-1 呈现了管理理论的根源及不断变化的发展脉络,受此脉络影响出现的学校管理理论,以及在不同类型管理理论和学校管

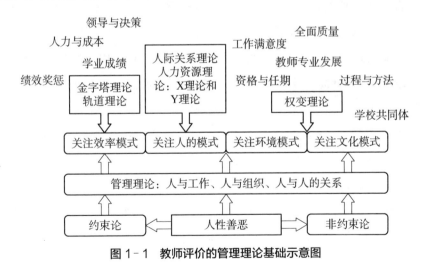

图 1-1　教师评价的管理理论基础示意图

① [美]托马斯·J.瑟吉奥万尼,保罗·凯莱赫.教育管理学[M].北京:中国人民大学出版社,2014:14—15.

理理论影响下教师评价的重点和倾向。

（二）专业理论

本研究的另一个理论基础是专业理论。教学成为一个专业,教师成为一个专业群体,是推动教育发展的一个重要力量。对专业的研究最早开始于 20 世纪早期,专业理论是专业研究逐渐深入发展起来的一个概念和理论体系,对认识教师专业发挥了重要的作用。

专业理论奠基于对专业起源的研究。1921 年,英国社会学家托尼(R. H. Tawney)在《贪婪社会》(The Acquisitive Society)一书中提出,专业是随着社会分工的出现而出现,发展而发展的。专业主义是在对抗日益蔓延的个人主义过程中应社会需求而产生的①。因此,专业具有公共性。1933 年,英国生物学家和社会学家卡桑德斯(A. M. Carr-Saunders)在《专业》(The Profession)一书中提出,专业是在市场体制和政府官僚体制外保持社会自由的一种力量②。因此,专业是平衡现代社会的另外一种力量。教师随着学科知识的分化和教学知识的发展,专业性越来越强,为其成为一个专业化的群体奠定了基础。教学工作专业性的发展也对管理这一群体的方式产生了越来越大的影响。

随后专业理论增加了对专业化的研究。休斯(Everett C. Hughes)1958 年发表的《人们和他们的工作》(Men and Their Work)一书,从微观层面剖析了法国研究者对专业社会化的研究,指出身份、共同的经验、认识和专业性(expertise)、共同面临的问题和处境是专业社会化的几个核心要素。而专业社会化是通过接受共同的教育、专业培训,拥有共同的工作经历,成为某个专业团体的成员,享有共同的文化和价值观而实现的。与此同时,专业理论还增加了对专业功能的研究。1950 年,马歇尔(T. H. Marshall)在《公民身份与社会阶层》(Citizenship and Socail Class and Other Essays)一书中提出,专业的重要特征是利他主义和服务意识,是维护民主程序的防御工事③。许多研究者还强调,现代社会劳动分工高度细化,专业建立在信任的基础之上,要求具备确证的知识,并优先照顾客户的需求,而不是用专业知识进行欺诈,由此才能具备权威、优厚的

---

① TAWNEY R H. The acquisitive society [M]. New York, NY: Hartcourt, Brace and Co., 1920.
② CARR-SAUNDERS A M, WILSON P A. The professions [M]. Oxford: Clarendon Press, 1933.
③ [英]T. H. 马歇尔,安东尼·吉登斯. 公民身份与社会阶层[M]. 南京:江苏人民出版社,2008.

报酬及较高的社会地位。专业组织与科层组织具备类似的功能和运作模式。教师通过师范教育、教师资格认证、依据专业标准的评价等不断加强其专业地位，形成其专业组织，提供专业的服务。对教师这类专业人员的评价也必须兼顾专业内部和外部两种判断，只依靠外部判断难以从根本上找到改善的方向，只依靠内部判断则难以生成改进服务的动力。

专业理论还对专业运作机制进行了解释。20 世纪五六十年代，在法国著名哲学家福柯（Michel Foucault）的影响下，研究者不再纠结于找出专业的性质和功能，而逐渐转向研究专业群体依靠专业所获得的权力及其运作奥秘。福柯认为，专业是一种治理形式，专业权威和政治权威联合在一起，在互动的过程形成了社会规训。专业群体不仅告诉社会其他群体什么是对的，什么是有益的，而且决定着人们在一些问题上的思考方式。专业势力在达到上述目标的过程中，需要依靠与政治力量的联盟。按照这一机制，很多时候专业组织的原则成为了社会运作的标准化程序①。因此，专业不仅对于实践者，而且对于管理者来说，是宏观上进行社会控制，微观上保持职业身份、职业决策和存在感的一个不可或缺的工具。由此可见教师评价不只是针对教师的，教师评价及基于此的教师资格和教师等级制度实际上是教师专业的门槛和保护机制，也是公立教育制度及学校运行的规范之一。

20 世纪 70 年代，在专业理论上出现了"垄断学派"，该学派代表人物拉尔森（Magali Sarfatti Larson）的代表作《专业主义的兴起：一项社会学分析》（The Rise of Professionalism：A Sociological Analysis）将专业得以运转归结为两个重要的制度设计：控制"生产生产者"的过程和控制"生产者的生产"。前一过程是指通过专业教育来使专业人员具备专业技能；后一过程是指通过制度和程序来控制专业人员的工作机会、标准以及专业意识②。教师评价也不断通过正式的制度和程序来转化为控制教师工作的一种机制。

20 世纪 80 年代，芝加哥大学社会学系教授安德鲁·阿伯特（Andrew Abbott）在批判传统的专业理论时认为，专业是专业人士和白领行会逐步演变进行行业控

---

① ［法］福柯. 知识考古学［M］. 北京：生活·读书·新知三联书店，2007.
② LARSON M S. The rise of professionalism：a sociological analysis ［M］. Berkeley, CA：University of California Press，1977.

制的一种特殊组织形式和文化形式。专业是由一系列用于合作、控制和工作的组织和制度所构成的。而从文化上来看,专业通过将其专业技能与大众价值观中的正当性结合,具有了与理性、效率和科学等价值相似的地位,以使其控制得以正当化①。教师评价也成为教师组织实现专业控制的一种强有力的手段。

归根结底专业理论是社会学理论的一个组成部分,从社会学理论流派发展的时间和不同专业理论的主张来看,又可以将上述专业理论归纳为自由主义、马克思主义、功能主义、批判主义几个理论流派,其主要的观点见下表(见表1-1)。教学作为一个专业,教师作为一个专业群体,在发展的过程中,其特定的组织和制度、意识和价值观等在上述理论的引导下不断发展和完善。教师评价不可避免地涉及教学专业的各项要素,对形成专业制度、专业意识和价值产生影响。因此,专业理论的视角有利于我们从教师专业的性质、教师专业的标准、服务对象的福祉以及教师专业群体与教育系统的结构等方面深入理解教师评价的意义和价值。

表1-1 教师评价的专业理论基础

理论流派	自由主义	功能主义	马克思主义	批判主义
核心观点	专业是在对抗日益蔓延的个人主义过程中应社会需求而产生的;专业是在市场体制和政府官僚体制外保持社会自由的一种力量;专业的重要特征是利他和服务,是维护民主程序的防御工事	身份、共同的经验和认识、专业性(expertise)、共同面临的问题和处境是专业社会化的几个核心要素;专业主义是基于信任、能力、工作角色意识和合作而建立起来的一种价值观;专业组织与科层组织具备类似的功能和运作模式	专业通过控制"生产生产者"的过程和控制"生产者的生产"这两个制度得以实现;专业分解为专业性和专业化两个概念,前者指专业人员的知识和技能,后者指专业群体在与社会博弈中所获得的权力	专业是一种治理形式,专业权威和政治权威联合在一起,在互动的过程形成了社会规训
对教师评价的主要影响	教师评价强调教师的工作表现和对社会的贡献,重视外部的认可	教师评价转向凝聚专业共识和建立专业组织	教师评价强调标准、制度、机制和结构对专业性及专业化的影响	警惕教师评价对教育教学民主的破坏;关注评价对形成专业垄断的作用

① ABBOTT A. Jurisdictional conflicts: a new approach to the development of legal professions [J]. American bar foundation research journal,1986(2): 187 - 224.

二、 分析框架

管理理论和专业理论是分析美国教师评价发展的两个主要理论基础。结合上述两种理论基础,形成了美国教师评价发展脉络的分析框架(见图1-2)。纵观美国各个时期的教师评价,在一定的历史阶段,都受到当时主流的管理理论和专业理论的影响,教师评价无论在理论上还是实践上都呈现出独特的两种理论交互作用的特点。为了对一个世纪以来美国教师评价的发展有更加深入细致的把握,本研究选择了教师评价思想和教师评价实践作为两条主要的线索,用于揭示一个世纪以来,在控制论掌控的学校系统中,非控制性的、以教师为本的、强调教师成长与学校价值和文化融合的另外一股推动教师评价发展的力量,怎样在与前者的拉锯与平衡中,使教师评价发展呈现出独特的发展轨迹。

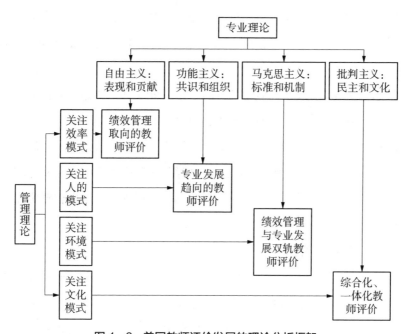

图1-2　美国教师评价发展的理论分析框架

三、 研究方法和路线

(一) 历史比较法

首先,本研究立足于历史比较法。历史比较法是19世纪在德国形成的一种学术研究方法。马克思指出："极为相似的事情,但在不同的历史环境中出现,就引起了完全不同的结果。如果把这些过程中的每一个都分别加以研究,然后再把它们加以比较,我们就会很容易地找到理解这种现象的钥匙"①。美国教师评价在漫长的一个多世纪的发展过程中,在不同的阶段呈现出各自不同的面貌,其受到怎样的观念和现实的影响,需要用历史比较的方法加以审视。

其次,本研究在使用历史比较法前,对美国教育发展情况进行了较为系统和全面的学习。由于学术全球化,现在教育学科各个分支都对国外文献有了较为丰富的把握,某些研究已经做到了精微的程度,但却对某个专题处于历史脉络中或整体文化中的研究略显不足。以美国教师评价研究为例,迄今的研究多针对当下教师评价政策和实践,最早可推及上世纪 80 年代,但对美国教师评价发展规律研究不足。看到美国实施绩效评价、增值评价,就盲目建议国内照搬,却不知这类评价只是美国教师评价发展中的阶段性表现,一直以来都有与之对抗的另一股力量,即促进教师专业发展的评价与前者形成对冲,并寻求平衡。

第三,本研究采用历史比较法的目的不在于"开药方",而在于开视野。我国自有教育发展的规律和脉络,有不同于美国的急于解决的教育问题,我国教师评价只能在我国教师政策框架中、学校教育氛围中采用适当的措施才能促进教育质量的提升。"开药方"的做法容易造成"食洋不化"和"西方中心主义"倾向,而开视野的意义在于"跳出本土看本土""跳出国外看国外",为国内教育研究提供新的思路,也为国际对话提供基础②。

（二）案例研究法

案例研究法作为一种方法广泛用于社会学、心理学和人类学研究,最近几十年来被引介到教育研究领域③,特别是在教师评价研究也多有采用。英国学者加里·托马斯(Gary Thomas)给案例研究下的定义是"案例研究指对人、事、项

---

① 马克思恩格斯全集(第 19 卷)[M].北京:人民出版社,2006:113.
② 高益民.改革开放与中国比较教育学三十年[J].清华大学教育研究,2008(6):33.
③ MACDONALD, B. WALKER, R. Case study and the social philosophy of educational research [J]. Cambridge journal of education,1975(5):2-11.

目、决策、政策、机构、一段时期或某个系统所进行的分析研究"①。案例研究是根据研究对象来定义的一种研究方法。对一个案例所进行的研究可以采用描述性、解释性的方法,描述或解释也可以采用质化或量化的手段。本研究基于对历史资料和数据的收集,采用了描述和解释的方法。有学者结合国外学者的看法,归纳出案例研究的七个特点:整体性、经验理解、独特性、丰富描述、启发作用、归纳性、自然类推②。美国教师评价思想的代表人物及美国教师评价代表性实践是本研究的案例,具有一定的独特性,也具有一定的必然性,对当下我国教师评价多种模式混合的现实具有启发作用。本研究试图通过丰富的描述,整体性的把握,解释其背景、内容、经验,归纳其特点,并据此揭示美国教师评价发展的内在矛盾。

(三)研究路线

本研究利用时间、案例、分析视角三维立体线索来展开研究。纵向的时间线索为美国各个时期的教师评价发展;横向线索为教师评价的思想和实践中关于评价目的、标准、方法和参与者的内容;问题线索则落脚于教师评价与教师管理以及与教师专业发展之间的关系。具体思路见下图。

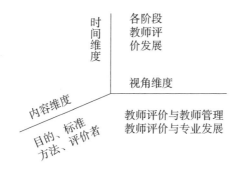

图 1-3　研究思路图

本研究还采用了经合组织(Organization for Economic Co-operation and Development,OECD)为比较各国教师评价状况所提供的内容框架,即评价目

---

① THOMS G. A typology for the case study in social science following a review of definition, discourse, and structure [J]. Qualitative inquiry,2011(6):511-521.

② 李长吉,金丹萍.个案研究法研究述评[J].常州工学院学报(社科版),2011(12):108.

的、评价内容和标准、评价的方法与过程、评价的参与者,以此来分析教师评价的思想和实践[①]。这一结构也是有关教师评价最关键的、不可回避的内容。只有选择一个被普遍接受的分析框架,才能使国家间的经验可参考、可借鉴。

---

① ISORÉ, M. Teacher evaluation: current practices in OECD countries and a literature review [DB/OL]. OECD Education Working Papers, No. 23, OECD Publishing. Paris, [2009 - 10 - 20]. http://dx. doi. org/10. 1787/223283631428.

第二章 美国教师评价研究述评

第一节 我国研究述评

一、实践经验的总结

中华人民共和国成立伊始，随着学校教育新秩序的建立，检查和总结教师的工作也走向正轨。各级政府和学校普遍坚持人民民主专政的道路，在教师评价上坚持走群众路线的原则。

以"教师评价"为检索词，在相关数据库找到的最早的文献是 1950 年刊载的《陕西省各县（市）小学员工待遇及公杂教育费暂行标准》。该文献提到："小学教职员薪粮应根据各人工作成绩、工作态度、为人民服务之年限和工作繁简等条件，民主评议，报经直接领导机构核定之"①。可见建国伊始，省级政府就开始要求对教师的工作成绩、工作态度、工作量进行评价，在评价的方法上提出了民主评议。当时指导教师评价工作的机构级别高，教师评价工作重要性强，直接与教师薪酬待遇衔接，教师评价秉持民主评议的原则，说明我国地方教师评价政策起点较高。

最早详细介绍教师评价过程的文献，来自 1950 年第五期刊载在《人民教育》上的《教学检查的经验》。文章提到学校实施的是群众性的教学检查，具体步骤包括：（1）教师个人总结。教师的总结不仅可以作为教师个人的工作情况档案，还可以督促教师进行业务思考。（2）发动学生提意见。可以是根据提纲写书面意见，也可以以座谈的形式来开展。（3）教师相互听课。每个教师必须听两个同样科目教师的课，也要被至少两个教师听课。（4）业务小组集体研讨。研讨学生

---

① 陕西省各县（市）小学员工待遇及公杂教育费暂行标准[N].陕西政报，1950-04-06.

的意见和听课中发现的问题。（5）校长或教务主任找出优秀教师做典型报告。① 可见当时的教师评价以民主性为主要原则，以评出的优秀教师为表率，目的是促进教师和学校改进教育教学工作，教师没有被置于层层管理之下，而是学校和教学的主人。

1953 年发表在《江苏教育》上的一篇《认真做好学期总结工作》进一步明确在教师评价中评价者和被评价者所承担的角色。首先，"正确的总结工作不应当是学校领导人员形式上的工作"。其次，"各个教师也应根据具体情况，有重点地总结一、二项工作……由教师拣自己较有成就或心得的细目进行专题总结。"同时，该文还指出学校领导、专家教师所扮演的角色："学校领导人对教师需具体帮助……在教师较多的学校里，可以有意识地培养一、两个典型，把他们的总结方法及时地向大家介绍……如果仅由校长、教导主任闭门造车，或是吸收少数教师参加意见而不走群众路线的话，容易流于主观空洞"。最后就阶段性教师工作总结的使用给出建议："要善于发掘点滴经验，肯定成绩，并适当地开展批评与自我批评"。②

上述文献所反映出的，各地学校称作教学检查或教学总结的做法和经验，其实质就是我们现在所说的教师的形成性评价。由于其坚持群众路线、民主原则，主张树立典型、相互学习、不断改进业务，为我国学校教师评价实践开了一个好头。

二、 国外经验的引介

改革开放后第一篇有关教师评价的文章是篇译文，介绍了巴西一所美国学校校长对教师的工作表现进行评价时所采用的标准，并将评价标准按重要程度进行了排列③。随后第一篇向国内引介美国高校教师评价的文章中提到，实施教师评价的组织可以是学校的"教学检查研究委员会"或"成立新的教研组"。同时该文第一次阐述了国外高校实施的同行评价及其原因，即"同事们对本课程有专门知识，熟悉教学大纲，还有本专业的教学实践经验"，但局限性在于"教师之

① 教学检查的经验. 人民教育,1950(5)：64—65.
② 认真做好学期总结工作[J]. 江苏教育,1953(14)：3.
③ 王英杰. 一个校长对教师的评价[J]. 外国教育动态,1980(5)：39—40.

间容易有相同的偏见,不易取得一致的标准论据"。文章还指出实施同行评价时,必须反复观察。① 随后,对美国教师评价的引介开始深入到学科领域,第一篇引介学科教师评价的文章介绍了美国华盛顿州立大学体育教学部的教授对美国中小学体育教师所开展的评价②。

　　20世纪80年代,美国兴起了中小学教师评价研究的高潮,国内研究者介绍美国中小学教师评价制度及评价实践的文章也越来越多,使对这一问题的认识逐渐深入。有的文章介绍了美国中小学如何按照教师的职责来评价教师,有的文章介绍了美国中小学如何运用学生成绩来评价教师,有的文章专门介绍美国教师同行评价等。有些文章还讨论了美国教师评价实践的优缺点,如"像教师资格考试那样诊断教师的特征,根据学生成绩测验的分数以及教师在课堂上的表现,都无法准确有效地评价教师"③。这些文章从引介一个学校的情况,到逐渐引介整个州的情况,从引介教师评价的类型到引介教师评价功能,为我国研究者打开眼界、系统研究美国教师制度奠定了基础。

三、 本土探索

　　上世纪80年代,高等教育界对教师评价进行了科学化的探索,研究更加深入,文献更加丰富。最先兴起的主张是用量化的手段对教师的教学效果进行评价。在这些量化教师评价实践研究中,有些研究者不仅主张用量化的方式评价教师的教学态度、教学水平、教学效果、教学经历乃至学术水平,而且主张数据要来自学生、教师自己、领导、同行所填写的评价表,为表中各项标准赋值,并用数学模型来计算其结果④。但大部分研究者主张量化数据应该来自学校管理人员、专家教师和学生三部分⑤。

　　有关中小学教师评价的研究仿效高等教育领域的相关研究,主张对中小学

① 李荷珍. 关于教师教学工作的评价[J]. 高等教育研究,1981(12): 73—75.
② 钟乘枢. 对体育教师的评价方法　你是一名合格的体育教师吗? [J]. 学校体育,1983(2): 60—61.
③ [美]R. S. 索,G. M. 梅利,霍默·科克. 美国教师评价方法中的弊病[J]. 外国教育资料,1986(1): 40—62.
④ 李振志、苏正身、关永深、孙宝志. 对教师教学工作质量评价的初探[J]. 辽宁高等教育研究,1983(3): 83—93.
⑤ 周鸿印. 高等学校教师教学水平的评价问题[J]. 水利电力高教研究,1985(2): 45—47.

教师评价也采用量化方法。如有研究者指出，教师评价可以分为两种：一种是传统个人总结、群众评议与领导鉴定相结合的方法；另外一种是量化的标准评分法，即将教师工作进行结构化处理，并为每部分设定标准并赋值，运用数学模型计算结果。在数据来源上也主张应由学校管理者、其他教师和学生对教师的工作评分，同时结合可直接测量的数据，如统考成绩、能力测验等①。持这类主张的研究者有很多。总体来看，这类研究标志着我国教师评价研究开始追求科学化，但最开始的这些实践研究局限于教师评价方法和程序的可操作性，并没有从教师专业理论或学校管理理论的高度上来看待教师评价。

这个时期，除了量化评价，也有研究者探索其他类型的评价，还有学者总结了当前学校教师评价实践中存在的问题。如有的学者指出，由于一些学校只用学生考试分数评价教师工作，"教师为使自己教的学生考分高，抢夺教学时间，结果'同行'变成'对头'，削弱了教师集体的合力，进而影响了学生的全面发展。因此，在评价教师时，必须坚持全面协作思想，正确评价教师集体和个人在教育教学中的作用和贡献"②。总体来看，这个时期国内的教师评价研究摆脱了建国初期经验总结式的探索，开始追求科学性和专业化。

上世纪90年代开始时，有关教师评价的研究继续沿着标准化、量化方向发展，初步开发了一系列标准、量表和数学计算模型，反复论证采用什么样的标准化指标体系、怎样调整得分的权重、采用什么样的计算模型，才能使教师评价的得分结果更加客观。评价指标体系是否客观取决于评价结果是否呈正态分布。研究者的研究思路基本是逻辑实证主义的，常用概率来修正结论。

这类研究在评价主体上都主张校长等学校管理者及学生作为评价者，凸显出较强的绩效观。校长、学生是教师工作效果最直接的利益相关者，天然具有评价教师工作的权力，但却忽视了教师评价者要具有教学评价的能力。评价者必须清楚评价标准所指代的教师工作的内涵，才能开展实质性的评价，而不只是根据成绩、体验、感受等来评价教师的工作。上述研究都隐藏两个预设的观点：一是教学工作最重要的是教学结果的呈现，不需要在评价中考虑评价者的专业性；

---

① 彭文怡.教师教学工作评价初探（上）[J].上海教育科研,1985(6)：18—20.
② 许高厚.论教师评价[J].许昌师专学报（社会科学版）,1985(4)：89—96.

二是教学工作可以用量化的数字表达[①]。对某些专业人员来说,如医生,很难仅根据管理者或者患者的意见判断医生从业水平的高低,他们的专业性更不可能单纯用治愈率这样的数字表达。

因此,有研究者提出,教师评价是个极其复杂的问题[②]。因为教师的工作具有潜在性、流动性、凝结性、全面性,工作效果具有迟效性、间接性,工作方式具有创造性和探究性等复杂特征[③],应考虑定性与定量、平时与集中、发展与激励等相结合的综合性的评价[④],在评价机制上应重视教师的自我控制与同行评议相结合[⑤],在指标体系设计时应采用群体决策模式[⑥]。也有研究者提出,应加强教师评价的主体意识[⑦]。

四、 本土探索与国外经验的结合

世纪之交我国的教师评价转向本土实践和国外经验的结合。2000 年后教师评价研究,特别是对美国等国外教师评价的研究呈爆发式增长(见图 2-1),同时对教师评价的研究也经历了一次范式转换,即从科学化转向人本化,主要表现在研究热点从教师的量化评价转为发展性教师评价。这一转换是在国内实践

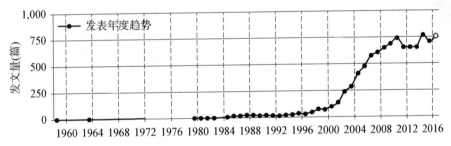

图 2-1　教师评价研究文献发展趋势[⑧]

①　周敏生. 校长对教师评价的方法和原则[J]. 江西教育,1990(Z1):26—27.
②　顾建民. 评价教师教学工作的背景因素[J]. 上海教育科研,1986(4):12—13.
③　朱东华. 全面认识教师的劳动特点,实行科学评价和综合管理[J]. 教育科学,1991(2):51—55.
④　倪炳兴. 浅议教师工作评价[J]. 中小学管理,1990(S1):40—41.
⑤　陈玉琨. 教师评价:假设、观察与对策,1993(5):16—18.
⑥　叶平. 教师工作评价指标体系设计的群决策实践[J]. 教育科学,1991(2):41—46.
⑦　阮龙培. 论教师成就、评价与教师主体意识[J]. 上海教育科研,1991(3):29—31.
⑧　中国知网. 知识脉络检索"教师评价". [2015 - 10 - 11]. http://trend. cnki. net/TrendSearch/trendshow. htm? searchword=％u6559％u5E08％u8BC4％u4EF7.

的反思和国外新潮流的引介相互作用下产生的。

　　运用知识脉络分析工具,以"教师评价"为主题进行知识脉络检索也可以发现上述趋势。2000 年以前由于相关文献数量有限,较难分析文献中的热词;从 2000 年开始有关教师评价研究的热词开始涌现。2000—2002 年间,"绩效""奖惩""管理"成为教师评价研究的热词,反映了结果导向的教师评价观;2003 年开始"形成性评价"和"发展性评价"成为热词(见图 2-2),教师评价研究重点逐渐从评价工具、评价内容等转移到教师本身,通过评价促进教师的专业发展成为热点,而不只是据此实施绩效管理、奖优罚劣。这不仅为倡导支持性的评价制度奠定了基础,也体现了研究范式的转换。

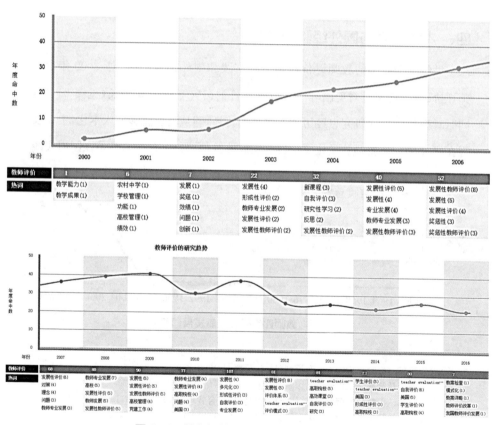

图2-2　教师评价研究文献发展趋势及热词

　　从 2004 年的热词可以看出,"研究性学习"和"反思"成为发展性或形成性教师评价的路径,在评价主体上强调"自我评价"。此后,围绕教师发展性评价进行了多年探索,研究者逐渐发现教师的专业发展不仅依靠自身,更要依靠他人如师傅教师,依靠群体或学习型组织内的合作,依靠大学和政府同中小学的合作,依靠环境和制度的保障。评价可以贯穿在各种形式的专业发展活动中,并成为一个重要的、持续的专业发展促进手段。

(一)发展性评价研究的兴起

本土实践与国外经验结合所体现出的特征之一就是发展性评价理念开始唱主角。从对国外教师评价的研究来看,有研究者介绍了美国教师评价的转型,即从传统的校长评价转向教师个别化督导与评价[①];有研究者介绍了英国教师评价的转型,即由奖惩性评价转向发展性评价[②]。无论是美国还是英国,教师评价的转型有一个共同点,即教师评价转向支持教师的专业发展。其他的特征还包括:实施教师同事之间的评价,让评价者和被评价者配对研讨,提高教师的参与意识和积极性,反映教师的个人价值及评价的真实性和针对性。

在国外理念的启发下,在新世纪的基础教育课程改革的推动下,发展性教师评价也成为国内的研究热点。《基础教育课程改革纲要(试行)》指出:"建立促进教师不断提高的评价体系。强调教师对自己教学行为的分析与反思,建立以教师自评为主,校长、教师、学生、家长共同参与的评价制度,使教师从多种渠道获得信息,不断提高教学水平"[③]。众多研究者发表大量文章支持上述政策。他们的研究及所构建出的理论或观念体系对学校管理或教师的实践产生了较大影响。这套体系包括:突出教师在评价中的主体地位;在评价中关注教师的个体差异;强调评价的过程即是自我建构的过程;在评价内容上不要过于强调教学效果或学生的成绩,要重视教学过程,重视教师在具体情境下对教学过程的解释;在评价工具上强调质性评价的工具,如档案袋、教学日志等;对于评价结果的运用,强调分享、交流、互补、反思、改进等[④]。上述主张随着国家教育政策的推广,被越来越多的地方用于实践,教师的"自我评价、自我反思"在理论界逐渐成为主流声音。

---

① 王景英,梁红梅. 当前美国中小学教师评价的特点及其启示[J]. 外国教育研究,2002(9):54—59.
② 王斌华. 发展性教师评价制度研究[D]. 上海:华东师范大学,1999:91.
③ 教育部. 基础教育课程改革纲要(试行)[EB/OL]. [2015 - 11 - 26]. http://www.moe.gov.cn/srcsite/A26/s8001/200106/t20010608_167343.html.
④ 王文静,赵希斌. 新课程实施中的教师评价改革[J]. 中小学管理,2003(7):10.

（二）教师评价综合化的发展

本土实践与国外经验结合的另一个突出特征是教师评价综合化的发展。国内随着课程改革的推进和深化,研究者逐渐超越了新课改之初所主张的发展性教师评价,提出了教师评价综合化的主张。

首先,上述趋势来自对发展性评价的重新审视。从教师评价的价值来看,有的学者认为,奖惩性评价和发展性评价是一致的,都是对教师的激励,不过一种是外在激励,一种是内在激励,没有必要主张用一种评价取代另一种评价①。从教师评价功能上来看,有些研究者指出要兼顾各类评价的不同功效,提出复合型评价才是教师评价的理性选择。比如:"奖惩性教师评价是教师动态配置的必然要求";"发展性评价颠倒了目的和手段之间的关系"②。还有学者提出,教师评价的价值取向应该是多元的,因此评价者和被评价者双方应从非此即彼的对立走向主体间性,从逻辑实证走向理解或视域融合,评价标准由预设走向生成,评价过程由静态走向动态③。有学者则指出,发展性评价标准多样化使教师发展无所依从,因此要兼顾各类评价的效用④。另外,教师工作本身的封闭性已经相对较强,如果过于强调教师自评,就会使教师的专业发展陷入死胡同。因此,我国当前不是要使发展性教师评价与奖惩性教师评价脱钩,而是需要双方挂钩。

在教师评价主体上,国内研究者主张多元主体。比如,有研究者指出,教师本人、同行、管理者、学生是教师评价的多元主体,各有效用,并在一定程度上存在相关性⑤。有学者进一步分析:"理论上学生、教师自己、家长、管理者、专家、研究者和教师同行甚至校友、雇主、市场、政府和社会等,作为教师行为绩效与专业发展直接或间接的利益关系人应该都可以成为教师评价主体"⑥。但这并不意味着任何利益关系人都是教师评价最适切的评价主体。进而研究

① 张其志. 对发展性教师评价的审视与思考——与王斌华教授商榷[J]. 教育研究与实验,2005(1): 61—72.
② 李润洲. 对教师评价的审视与反思[J]. 天津市教科院学报,2003(1):15—18.
③ 王景英,梁红梅,朱亮. 理解与对话:从解释学视角解读教师评价[J]. 外国教育研究,2003(8): 39—43.
④ 李润洲. 复合型评价:教师评价的理性选择[J]. 中小学管理,2003(3):16.
⑤ 欧本谷,刘俊菊. 多元教师评价主体分析[J]. 重庆大学学报(社会学科版),2004(10):127—130.
⑥ 王斌林. 教师评价方法及其适用主体分析[J]. 教师教育研究,2005(1):42—50.

者指出,由于教师评价工作是一项综合性和专业性极强的活动,评价者不单要熟悉教师的工作,还应具备听课、面谈、沟通等评价技能,在评价的过程中还应尊重教师的需要,经常性地与教师进行沟通,因此应慎选评价者并对其进行培训①。

在教师评价方法上,研究者介绍了国内外近十种教师评价法②。一些学者在综述各类教师评价、教师评价的各项要素及教师评价模型的基础上,为评价教师的素质和行为提供了一些工具样表③。有学者对教师评价方法进行了总结,认为其背后隐藏的是有关教学性质的终极追问:如果简单地把教学当作劳动,肯定是用量化的指标评价时间投入及产出;如果把教学作为一种工艺,就要考察教师技能的精湛及过程的精益;如果把教学当作专业,就要对教师特有的知识技能做出评估;如果把教学作为艺术,就要强调自我反思与表达④。

在辩证分析教师的绩效性评价和发展性评价后,研究者大多同意综合化的教师评价应坚持"人本主义"即以教师为本的原则。有研究者指出,在实施教师评价时,应该考虑教师之间的个体差异,如班主任和普通任课教师的差异,教师的能力、兴趣及任课科目的差异,教师所处专业发展阶段的差异,教师需求的差异等。如果评价活动不具有针对性,评价对教师专业发展自然很难起到指导作用⑤。但遗憾的是这些研究局限于从教师个体的视角来看待教师的专业态度、专业意识、专业知识、专业能力问题⑥,而没有认识到教师专业发展需要建立在开放的情境中,通过同行合作、发展学习共同体等才能有更大的发展空间。

此后,教师评价的研究热度消减,但触角逐渐深入,除了继续倡导"以教师为本"的教师评价观外,进一步关注教师评价促进教师专业发展的合作、互动和情境性,包括教师评价与学生福祉、教师评价与教师福祉、教师评价中共享领导力、

---

① 王凯,张文华.英国基础教育教师评价制度改革评鉴[J].外国教育研究,2006(12):68—72.

② 王斌华.教师评价:绩效管理与专业发展[M].上海:上海教育出版社,2005.

③ 芦咏莉,申继亮.教师评价[M].北京:北京师范大学出版社,2012.

④ 蔡永红.新教学观与教师评价[J].北京师范大学学报(社会科学版),2007(1):47—51.

⑤ 侯定凯,万金雷.中小学教师评价现状的个案调查——从促进教师专业发展的角度[J].教师教育研究,2009(9):49—53.

⑥ 陈柏华,徐冰鸥.发展性教师评价体系的构建——教师专业素养的视角[J].教育理论与实践,2006(5):50—53.

学校专业学习共同体中的评价等较为深入的话题。

五、 对美国教师评价进行了系统总结

新世纪以来,我国对美国教师评价的研究也更加深入、全面、系统。有的按照历史脉络,有的按照制度脉络,有的按照专题脉络开展研究,较为全面深入地揭示了美国教师评价的发展。例如,不同研究者分析了不同州的教师评价制度[1];也有研究者全景式地对全美教师评价政策进行了研究[2];有研究者分析了不同类型的教师评价[3];还有研究者以专题的形式对美国各类教师评价标准进行了研究[4];有研究者则专门比较了中美教师评价实践的异同[5];另有一些专著系统地对包括美国在内的国外教师评价进行了整理和分析。这些研究者给美国教师评价现状建构了一个比较系统完整的画面。一些学术文章还讨论了西方教师评价的共同特点。例如王小飞在前人研究的基础上指出,英国教师评价改革在 20 世纪 90 年代实际上存在政策上的折中,既要促进教师的专业发展,又要使评价与教师薪资联系起来,以此激励教师注重学生的成绩和表现[6]。毕竟没有教师质量的提高,教师专业发展就失去了目的。美国也出现了类似的教师评价发展趋势,既强调绩效管理也强调教师发展[7]。如 2004 年、2008 年梁红京、严玉萍详细比较了美国教师同行评价与其他评价的区别,指出其兼顾专业发展与绩效管理的特征,将绩效管理建立在专业发展之上[8]。

同时,新的研究也不断追踪美国教师评价的新变革。随着美国教育问责制的逐步推进,教师评价制度改革更加深入。2010 年后,大量研究美国教师评价最新改革的文章提出,美国出现了结合专业发展与绩效奖惩、表现性评价与有效

---

① 蔡敏. 美国中小学教师评价及典型案例[M]. 北京:北京大学出版社,2009.
② 韩玉梅. 美国中小学教师评价政策研究[D]. 重庆:西南大学,2014.
③ 梁红京. 区分性教师评价制度研究[D]. 上海:华东师范大学,2004.
④ 孙河川. 教师评价指标体系的国际比较研究[M]. 北京:商务印书馆,2011.
⑤ 严玉萍. 中美教师评价的比较研究[D]. 上海:华东师范大学,2008.
⑥ 王小飞. 英国教师评价制度的新进展——兼 PRP 体系计划述评[J]. 比较教育研究,2002(3):43—47.
⑦ 王景英,梁红梅. 当前美国中小学教师评价的特点及其启示[J]. 外国教育研究,2002(9):54—58.
⑧ 严玉萍. 美国中小学教师同行评价研究的新进展[J]. 外国教育研究,2008(7):74—77.

性评价,结合学生发展与教师支持于一体的最新评价动态,如纽约州①、加利福尼亚州、弗吉尼亚州、肯塔基州、北卡罗莱纳州②、华盛顿州③、密苏里州④、明尼苏达州⑤、佐治亚州⑥等州的教师评价政策。2010—2015 年出现的"美国""多元化""同伴互评""评价体系""评价模式"等热词,标志着美国教师评价也出现了综合化的趋势。

第二节　美国研究述评

美国有关教师评价的研究汗牛充栋。本研究的重点是美国教师评价发展,因此重点对教师评价发展的文献以及不同时期教师评价的代表性文献进行梳理。文献显示美国有关教师评价的研究大致有三个研究高潮:一是 20 世纪前半叶,主要将学校管理以及教师特征方面的研究结果应用于教师评价,重点落在评价内容、标准和工具上;二是 20 世纪 80 年代兴起了教师专业标准化运动,教师评价研究也受该潮流的影响,重点研究怎样区分和判断不同等级和类型的教师专业特征;三是 21 世纪以来,教育问责成为美国新的教育改革风向标,教师绩效评价或者说依据学生成绩评价教师成为研究的热点,有大量支持的文献,也有大量反对的文献。下面对文献总体的状况及一些代表性文献进行分析。

迄今为止,从上述各个渠道检索到的有参考价值的文献主要有四种类型。第一种是专著。专著从内容来看又分为两类:一种是以教师评价为主题的专著;一种是教育管理和督导类的专著。第二种是学位论文。第三种是发表在学

① 李俊,吴钢.美国纽约州中小学教师工作绩效评价系统述评[J].教育测量与评价,2013(5):18—22.
② 李双飞,李双雁.美国弗吉尼亚州教师表现性评价标准及其特点[J].教育测量与评价,2015(5):20—29.美国北卡罗来纳州教师评价体系及其特点[J].教育测量与评价,2011(6):19—25.美国肯塔基州教师评价体系述评[J].2014(3):21—24.
③ 孔令帅,胡慧娟.美国"华盛顿州教师及校长评价项目"[J].教育测量与评价,2014(12).14—18.
④ 蔡敏.美国"基于表现的教师评价"探析——以密苏里州为例[J].教育科学,2008(1):91—96.
⑤ 黄冠.美国明尼苏达州教师评价新模式及其启示[J].教育测量与评价,2016(11):33—39.
⑥ 邹蕾昀,晓菲孟,令奇.美国乔治亚州教师评价体系及其启示[J].教育测量与评价,2015(11):16—19.

术刊物上的学术论文。第四种是教育当局、教师组织、教育组织的政策文件、研究报告等。与教师评价相关的研究主题也非常广泛,包括学校管理、教师质量、教师专业发展、教师政策等研究主题,如近期在教师师徒制、教师领导力、教师学习共同体等研究主题中也常发现有关教师评价的论述[①]。

一、知识脉络

教师评价涉及教育思想、教育政策、教育实践等多重领域,找到教师评价文献的核心议题及其流变,对于掌握美国教师评价发展的逻辑来说十分重要。不同时期的期刊论文主题最能代表不同时期有关教师评价的研究热点。本研究以"教师评价""教师有效性""教学督导"等为主题在"web of science"社会科学索引中搜索到一万四千余篇涉及教师评价的文献。其中最早的文献出现在 1917 年,1917—1986 年间共有文献 780 篇,从 1986 年以后开始每年的文献开始超过 30 篇,近期一年的文献达到 1 000 篇以上,可见教师评价作为美国教育领域的一个重要问题也存在一个逐渐独立分化、研究不断深入和系统化的过程。根据数量多寡,对 20 世纪 80 年代以前的文献,进行逐篇阅读,试图从较少的文献中找出确凿的发展轨迹;对 20 世纪 80 年代以后的大量文献,更多地采用技术手段辅助找出知识脉络和线索。

对 1986 年以前的文献以 10 年为单位将重点文献析出,代表性文献列举见表 2-1。从这些代表性文献中可以看出,20 世纪初至 20 世纪 30 年代,教师评价研究的热点是教师评级;20 世纪 40—60 年代的教师评价文献中有关教师的个性特征、行为特征的文献数量最多,有关教师的自我评价、自我反思的研究逐渐增加;20 世纪 70 年代开始出现以学生的学习效果评价教师的文献;20 世纪 80 年代及以后,大量出现新教师、经验教师、专家教师等不同类别教师的评价研究文献,教师评价与专业发展、专业标准、绩效薪资及职业阶梯等涉及多元主题的文献越来越多。

---

① DAVIS D R. History and summary analyses of articles published in the Journal of personnel evaluation in education: documenting the first twelve years [J]. Journal of personnel evaluation in education, 1999(1): 5 - 26.

表 2-1　1986 年前不同阶段的代表性文献

出版年	作者	文献名	来源
1915	Boyce, A. C.	Methods of Measuring Teachers' Efficiency	14TH YEARBOOK, NATIONAL SOCIETY FOR THE STUDY OF EDUCATION
1921	Hill, C. W.	The Efficiency Ratings of Teachers	ELEMENTARY SCHOOL JOURNAL
1936	Shannon, J. R.	A Comparison of Three Means for Measuring Efficiency in Teaching	JOURNAL OF EDUCATIONAL RESEARCH
1946	Symonds, P. M.	Evaluation of Teacher Personality	TEACHERS COLLEGE RECORD
1955	Symonds, P. M.	Characteristics of the Effective Teacher Based on Pupil Evaluations	JOURNAL OF EXPERIMENTAL EDUCATION
1963	Ryans, D. G.	Assessment of Teacher Behavior and Instruction	REVIEW OF EDUCATIONAL RESEARCH
1974	Bryson, R.	Teacher Evaluations and Student Learning: A Reexamination	JOURNAL OF EDUCATIONAL RESEARCH
1985	Wise, A. E. Darling-Hammond, L.	Teacher Evaluation: A Study of Effective Practices	EDUCATIONAL LEADERSHIP

　　20 世纪 80 年代后文献数量快速增长,这反映出教师评价逐渐成为改革的热点。运用 citespace 文献分析软件,对 1986—2015 年这 30 年的文献进行统计,按照聚类的方式找出其关键词,发现被引频次最多的文献,其高强度关键词集中在 11 个词汇上。按照出现时间的顺序,这 11 个关键词的排列为成绩、能力、行为、教学、同行、课堂、学生、成果、建构、形成性评价、投入度;这 11 个关键词强度从高到低依次为教学、成果、课堂、学生、投入度、成绩、能力、形成性评价、建构、同行、行为(如图 2-3)。从这些关键词可以看出,20 世纪 80 年代以来有关教师评价的文献,主题非常多样化,包括了以往各种类型的教师评价,不仅有主张依据学生成绩和学习结果来评价教师的文献,课堂、教学、教师行为等关键词在教师评价文献中也热度不减,同时有关问责、专业发展、专业共同体、学校改进等与教师评价有关的文献也越来越多。

Keywords	Strength Begin End	1986—2015
achievement	4.931 2 1986 1996	
ability	4.896 9 1993 1997	
behavior	4.107 1 1993 1999	
instruction	6.693 8 1994 2002	
peers	4.265 1 1997 2002	
classrooms	5.591 1 1999 2006	
students	5.457 6 2002 2006	
outcomes	5.764 9 2007 2008	
construction	4.438 2 2011 2012	
formative assessment	4.743 2 2012 2015	
engagement	5.251 4 2013 2015	

图 2‐3　1986—2015 年文献高强关键词

二、　研究成果类型

（一）相关著作

20 世纪 80 年代以前，教师评价专题著作文献数量相对有限，对美国教师评价发展的回顾多来自教育史和教育管理学方面的专著。20 世纪 80 年代以后，有关教师评价的著作文献快速增加，其中很多回顾了美国教师评价理论或实践的发展历程。下面就一些有代表性的著作进行梳理。

首先看教师评价专著中对美国教师评价发展历史的回顾。以美国教师评价发展为专题的文献数量不多，主要有克拉拉·哈密尔顿·皮特森（Clara Hamilton Peterson）的《美国教师评价一个世纪的发展》（A Century's Growth in Teacher Evaluation in United State）[①]。该著作将 1880—1980 年这一个世纪的美国教师评价的发展分为了五个阶段：第一个阶段是 1900 年以前现代教师评价的建立期；第二个阶段是 1900—1920 年的效率期；第三个阶段 1920—1940 年是科学评价期；1940—1960 年是民主期；1960—1980 年是问责制时期。

唐纳德·麦德利（Donald Medley）在 1984 年出版的《基于测量的教师表现评价：实证的方法》（Measurement-Based Evaluation of Teacher Performance：An Empirical Approach）一书中，将 20 世纪美国教师评价分为三个时期：（1）研究好教

---

① PETERSON C H. A century's growth in teacher evaluation in the United State [M]. New York, NY：Vantage Press，1982.

师的时期;(2)参考学生学习情况来评价教师的时期;(3)考察教师表现的时期。①

安东尼·谢菲尔德(Anthony J. Shinkfield)和丹尼尔·斯塔弗尔比姆(Daniel Stufflebeam)在 1995 年出版的《教师评价:有效实践指导》(Teacher Evaluation: Guide to Effective Practice)中将美国教师评价实践的发展分为三个阶段:二战前校长对教师实施非制度化评价的阶段;二战后到 20 世纪 70 年代中期是教师评价逐步正规化并将学生学习情况作为参考的阶段;20 世纪 70 年代末到 90 年代是教师评价与资格认证一体化、教师评价法律化和制度化的阶段②。

其次来看教育管理学著作对美国教师评价发展历程的回顾,这些著作有的专门设置一章来梳理美国教师评价发展的历程,有的在梳理美国教育管理发展历史中将教师评价作为一个细目进行阐述。如雷蒙德·卡拉汉(Raymond E Callahan)在 1962 年出版的教育管理史著作《教育和效率文化:社会力量形塑公立学校管理研究》(Education and the cult of Efficiency: A Study of the social forces that have shaped the Adimistration of the Public School)中指出,20 世纪初美国的学校按照工厂模式进行管理,逐渐形成以评价工人的模式来评价教师的做法;20 世纪 30 年代以来,教师评价处于效率文化氛围中、科学管理机制下③。

1994 年,苏珊·沙利文(Susan Sullivan)和杰佛里·格兰仕(Jeffrey Glanz)的著作《教学质量监管与督导》(Supervision that Improves Teaching and Learning)回顾了不同时代教学督导的特点,认为 20 世纪初是强调社会效率的时代;20 世纪 20 年代出现了民主管理的思想;20 世纪三四十年代以科学督导和评价为主;20 世纪五六十年代提倡专业领导式的督导;20 世纪 70 年代强调客观的督导;20 世纪 80 年代出现了民主督导;20 世纪 90 年代是基于标准和问责的督导④。

---

① MEDLEY D M, COKER H, SOAR R S. Measurement-based evaluation of teacher performance: an empirical approach[M]. New York, NY: Longman, 1984.
② SHINKFIELD A J, STUFFLEBEAM D. Teacher evaluation: guide to effective practice [M]. Norwell, MA: Kluwer Academic Publishers, 1995: 9 - 30.
③ CALLAHAN R E. Education and the cult of efficiency: a study of the social forces that have shaped the adimistration of the public school [M]. Chicago, IL: University of Chicago Press, 1962.
④ SULLIVAN S, GLANZ J. Supervision that improves teaching and learning [M]. Thousand Oaks, CA: Corwin, 1994: 3 - 22.

丹尼尔·杜克(Daniel L. Duke)编著的《教师评价政策:从问责制走向专业发展》(Teacher Evaluation Policy: From Accountability to Professional Development)通过分析北卡罗莱纳州、康涅狄格州、华盛顿州教师评价政策,探讨了问责制和专业发展之间的关系,为教师评价政策的发展方向提供了参考①。

2011 年,罗伯特·马扎诺(Robert J. Marzano)在《有效督导》(Effective Supervision)一书的第二章"督导和评价的历史概况",将美国教师评价的历史分为 5 个阶段:20 世纪以前是萌芽期;20 世纪初到二战前是泰勒影响的科学管理时期;二战后是关注个体发展及教学领导的时期;20 世纪七八十年代是强调临床督导的时期;20 世纪 80 年代中期以后是强调发展、反思和合作的时期。② 这些文献都倾向于用管理理论的视角来划分美国教师评价发展的阶段。

(二)相关论文

期刊文献中也有专门对美国教师评价发展进行论述的,还有依据教师评价政策、教师评价标准、教师评价工具等划分美国教师评价发展阶段的。这些文章有的参考了相关专著,有的对已有的观点进行了整合。例如,1983 年克洛林·伍德(Carolyn J. Wood)和保罗·波兰德(Paul A. Pohland)的《教师评价和历史之手》(Teacher Evaluation and the "Hand of History")专门就不同历史发展阶段教师评价工具的变化进行了研究。文章指出美国历史上最有影响力的教师评价工具有四种:第一个是艾略特在 1910 年设计的"教师价值测量临时计划"(Provisional Plan for the Measure of Merit of Teachers);第二个是 1915 年博伊斯(Boyce)发表的模式;第三个是 20 世纪 30 年代"奥克兰公立学校模式";第四个是 20 世纪 70 年代的"新墨西哥模式"③。上述评价工具所包含的评价内容有教师的个性特征、教学、管理、社会服务、专业责任、组织服务、学生学习效果等几个方面,不同内容所占的权重有所不同。

---

① DUKE D L. Teacher evaluation policy: from accountability to professional development [M]. New York, NY: State University of New York Press, 1995.
② MARZANO R J, FRONTIER T, LIVINGSTON D. Effective supervision [M]. Alexandria, VA: ASCD, 2011: 12 - 29.
③ WOOD C J, POHLAND P A. Teacher evaluation and the 'Hand of History' [J]. Journal of educational administration, 1983(2): 169 - 81.

三、 政策研究

美国联邦和州政府、教师组织、基金会支持的研究小组是研究教师评价政策的主力，其中很多研究以咨询报告、文件、研究报告、网络文献、专题报道等形式予以发布。例如，创建于 1943 年的督导和课程发展协会（Association for Supervision and Curriculum Development）就教学督导和教师评价做了长期而大量的研究。教师组织主要是全美教育协会（National Education Association，NEA）及美国教师联盟（American Federation of Teachers，ATF）经常发布有关教师评价的文件或报告。例如，1998 年两大教师组织共同编写了《同行支持与同行评价：AFT/NEA 手册》（Peer Assistance & Peer Review：An AFT/NEA Handbook）。

不同时期，一些著名的基金会也支持了大量有关教师评价政策的研究，并发布了一些非常有影响力的报告。例如，兰德基金会（RAND Group）在 20 世纪 80 年代发布了《教师评价：有效实践的研究》（Teacher Evaluation：A Study of Effective Practice）；比尔和梅琳达·盖茨基金会（Bill & Melinda Gates Foundation）支持的"有效教学措施项目"（Measures of Effective Teaching Project，MET）发布了一系列报告。

政府机构的文献主要有联邦、各州及学区发布的教师评价法律政策文件。例如，加利福尼亚州教师的"教学表现性评价"（California Teaching Performance Assessment，简称 CalTPA），纽约州教师的"年度专业表现评价"（Annual Professional Performance Review，APPR）。联邦一级的有美国研究院（American Institutes for Research）的"国家教师质量综合中心"（National Comprehensive Center for Teacher Quality，NCCTQ）跟踪全美教师质量的变化；国家教师质量委员会（National Council on Teacher Quality，NCTQ）自 2007 年开始每年发布的各州教师政策报告《州教师政策年报》（State Teacher Policy YearBook）等等。

四、 教师评价模式研究

在一个世纪中，不同时期的学者各自主张不同的教师评价模式。不过在实践中多以一种模式的教师评价为主,同时借鉴其他模式好的做法,结合起来实施。一些学者总结了这些模式。如 1979 年班吉·利文(Benjy Levin)将美国的教师评价分为五种模式[①]:(1)通过问卷或其他调查工具由学生来评价教师;(2)由督学以及校长基于课堂观察来评价教师;(3)专业人士运用系统的课堂观察工具,比如弗兰德斯互动分析系统(Flanders' Interaction Analysis System)来评价教师;(4)教师自我评价;(5)基于学生在考试中的成绩来评价教师;(6)通过知识能力测验来评价教师。

1983 年,琳达·达林哈蒙德(Linda Darling-Hammond)则基于不同的教学理论分析各种教师评价模式。她认为:如果将教学看做一种劳动(labour),就要评价教师的工作任务及流程,如校长所实施的职责评价;如果将教学看做技能(craft),就要评价教师的知识和技巧,如教师资格考试中常见的能力评价;如果将教学看做专业(profession),不仅需要评价教师的知识和技能,还要评价教师的临场判断及行动,如教师表现性评价;如果将教学看做艺术(art),教师的技巧和行动则是不可预测的,需要进行个性化的评价。就教师评价工具来说,有教师访谈、能力测试、课堂观察、学生调查、同行评议、考试成绩、自我总结等[②]。下面简要回顾各种教师评价模式及其研究。

(一) 管理督导模式

美国教师评价最开始是由督学实施的。督学检查教师的工作本质上就是教师评价,但却是出于管理的目的。20 世纪早期,随着学区和学校规模的扩大,督学指派学科督学检查教师的工作,后来又演变为校长检查教师的工作。美国教育管理领域逐渐将教学督导与教师评价合二为一。例如,詹姆斯·诺兰(James Nolan Jr.)的《教师督导与评价:理论到实践》(Teacher Supervision and Evaluation:Theory into Practice)是一本有影响力的专著,先后再版三次,被教育管理专业作为教师评价的教材使用。该书从保障和提高学校的教育质量、加强学校管理出发,对教师评价进行了分析。可见教师评价源自教师管理,并难以

---

① LEVIN B. Teacher evaluation: a review of research [J]. Educational leadership, 1979(12): 240 - 245.

② DARLING-HAMMOND L, WISE A E, PEASE S R. Teacher evaluation in the organizational context: a review of the literature [J]. Review of educational research, 1983(3): 285 - 328.

脱离教师管理体系单独存在。

吉姆·马绍尔(Kim Marshall)的《重新思考教师督导和评价：如何巧妙实施、建立合作、缩小成绩差距》(Rethinking Teacher Supervision and Evaluation：How to work Smart，Build Collaboration，and Close the Achievement Gap)再版两次，也是从管理的视角出发，从方法上介绍了以课堂"微观察""课程设计"为主要内容的教师工作的诊断与提高，使得以评价为手段的教师管理科学性更强。

（二）临床督导模式

如果从有固定程序的教师评价模式上看，20世纪六七十年代美国学者创造了临床督导五步骤模式。虽然该模式最初是针对实习阶段的新手教师，但这种诊断性评价与支持逐渐发展为一种通用的教师评价模式，后来的各种课堂观察式评价都借鉴了观课者与被观课者在观课前后进行讨论和反馈这几个重点步骤。该模式的产生对教师评价和教师专业发展两个领域都产生了重大的影响。例如，主张学校道德管理的托马斯·瑟吉奥万尼(Thomas J. Sergiovanni)，主张利用临床督导措施激发教师改进教学的内在动力，发挥教师的领导力。吉斯·艾奇逊(Keith Acheson)的《临床指导和教师发展：职前和职后应用》(Clinical Supervision and Teacher Development：Preservice and Inservice Application)重点从教师专业发展的视角，运用案例法对教师同行作为专业人员在指导和评价教师上所发挥的作用进行了论述[①]。

（三）教师同行评价模式

教师同行评价模式是在融合临床督导模式以及教师师徒制两种实践模式基础上产生的。珍妮弗·古德斯腾(Jennifer Goldstein)的《同行评价与教师领导：连接专业主义与责任制》(Peer Review and Teacher headship：Linking Professionalism and Accountability)以加利福尼亚州一个学区为研究对象，通过长期的扎根研究，发现同行评价打破了教师评价科层制的常态，弥合了总结性评价和形成性评价的鸿沟，打破了教师工作的孤立状态，有利于专业学习共同体的建立，发展了教师的领导力，结束了长期以来教师评价与教师专业发展之间的割

① ACHESON K A. Clinical supervision and teacher development：preservice and inservice applications [M]. New York，NY：Wiley，2003.

裂状况①。丹尼尔·汉弗莱(Daniel C. Humphrey)等合著的《同行评价：认真对待教师评价》(Peer Review：Getting Serious about Teacher Evaluation)运用加利福尼亚州不同学区实施教师同行评价的实践案例，说明该措施对各种复杂环境下教师质量的提高有明显成效②。还有爱德华·劳伦斯(Edward C. Lawrence)等合著的《边缘教师：解聘程序手册》(The Marginal Teacher：a Step-by-step Guide to Fair Procedures for Identification and Dismissal)，专门就通过同行评价解聘边缘教师的一般程序进行了论述：界定边缘教师，建立相关的评价制度，开始评价，明确教师的问题，针对教师的问题密集补救，根据补救结果确定续聘还是解职，启动听证会等解聘程序③。

多数研究者认为，教师同行评价是改善美国中小学教师评价现状的一项非常有潜力的措施④。这些研究所揭示的同行评价的优势包括：比传统的教师评价更关注学科教学专业的内涵；能有效支持新教师，使他们在同行教师的帮助下，顺利度过适应期；对于辞退不合格的教师也发挥了一定的作用。有研究者根据国家教育统计中心(National center for Education Statistics)的数据，发现实施教师同行评价的学区，新教师的留任率远远高于全美平均水平⑤。对学区教师同行评价项目的研究也发现，参与项目的终身教师中有一定比例被解聘或重新安排岗位⑥。当然也有个别研究者对教师同行评价持批判性态度。例如，有的研究者认为该措施挑战了校长作为教学领导者的地位；也有人认为同行教师可能不愿意承担类似的责任，或在做出相关判断时会存在偏见；有人认为该措施会

---

① GOLDSTEIN J. Peer review and teacher leadership：linking professionalism and accountability [M]. New York，NY：Teachers College，Columbia University，2010.

② HUMPHREY D C，KOPPICH J E，BLAND J A. Peer review：getting serious about teacher evaluation [M]. Menlo Park，CA：SRI International and Koppich & Accociates，2011.

③ LAWRENCE C E，VACHON M K. The marginal teacher：a step-by-step guide to fair procedures for identification and dismissal [M]. London：Corwin Press，Inc. 2001.

④ JOHNSON S M，FIARMAN S E. The potential of peer review [J]. Educational leadership，2012 (3)：20 - 25.

⑤ MARSHALL R. The case of collaborative school reform：The Toledo experience [M]. Washingtin，DC：Economic Policy Institute，2008.

⑥ Harvard Graduate School of Education. Project on the next generation of eachers. A user's guide to Peer Assistance and Review [DB/OL]. [2016 - 05 - 07]. http://www. gse. harvard. edu/～ngt/par.

影响教师间平等主义的常态;教师工会的某些保守人士认为该措施会分裂教师
队伍。

（四）发展性教师评价模式

发展性教师评价是为教师的专业发展提供客观、全面、可持续的教学建议与
支持的评价模式。在评价目的上,不是为了教师的录用、晋升、评优、奖惩,而是
为了促进教师专业发展;在教师评价过程中,不仅仅对教师的工作表现做出定
论,而是通过评价来确定教师的教学能力以及现有的水平状态,通过评价发现优
缺点所在,扬长避短,重点加强需要改进的地方;在评价结果的应用上,依据评价
结果来制定适合教师发展的专业计划,通过评价结果的反馈来使得教师反思自
身的教学行为,不断改进。约翰·史密斯(W. John Smyth)的《教师作为合作学
习者:对主流评价的挑战》(Teachers as Collaborative Learners:Challenging
Dominant Forms of Supervision)不仅分析了传统教师评价的弊端、专业发展对
教师评价的意义,还探讨了教师合作对发展性评价的重要作用[1]。阿尔伯特·
卡普拉(Albert J. Coppola)等的《支持性评价:成为教师们的教师》(Supportive
Supervision:Becoming a Teacher of teachers)分析了发展性教师评价中教师的
作用[2]。阿兰·雷蒙(Alan Reiman)的《教师发展的指导和评价》(Mentoring and
Supervision for Teacher development)则主张用教师的发展和对教师的指导来矫
正教师评价的方向[3]。

（五）区分性教师评价模式

区分性教师评价指对处在不同职业生涯发展阶段的教师分别进行评价的模
式。当今影响力最大的教师评价问题研究者哈蒙德、夏洛特·丹尼尔森
(Charlotte Danielson)、肯尼斯·皮特森(Kenneth D. Peterson)和丹尼尔·杜克
(Daniel L. Duke)等都主张对教师实行区分性评价。丹尼尔森和托马斯·麦格
雷尔(Thomas L. McGreal)的《教师评价——提高教师专业实践力》(Teacher

① SMYTH J,Teachers as collaborative learners:challenging dominant forms of supervision [M].
Philadelphia,PA:Open University Press,1991.
② COPPOLA A J.,Supportive supervision:becoming a teacher of teachers [M]. Thousand Oaks,
CA:Corwin Press,2004.
③ REIMAN A. Mentoring and supervision for teacher development [M]. New York,NY:
Longman,1998.

Evaluation to Enhance Professional Practice)设计了三层教师评价。哈蒙德主编的《教师评价新手册：评价初等和中等学校教师》(The New Handbook of Teacher Evaluation：Assessing Elementary and Secondary School Teachers)第一部分"评价目的"第六节"初任教师的支持和评价"和第九节"终身教师的评价与解雇"，分多块内容介绍了不同类型教师的评价应该有各自的标准、评价程序和评价者①。她最新主编的《让教师评价走上正途：对绩效和提高来说最重要的事情》(Getting Teacher Evaluation Right：What Really Matters for Effectiveness and Improvement)第七章还从建立有效的评价制度来分析了不同类型教师支持和评价的效力。肯尼斯·皮特森的《教师评价：新方向、新实践综合指导》(Teacher Evaluation：A Comprehensive Guide to New Direction and Practices)主张综合使用各种教师评价方式，不同的评价方式适用于不同职业发展阶段的教师②。

（六） 教师增值评价模式

教师增值评价是指基于教师对学生成长或学业进步所做贡献的数据评价教师的模式。20 世纪 70 年代，教育经济学家艾瑞克·汉纳谢克（Eric Hanushek）提出更好的、更有效的教师比普通的或低效的教师能更大程度地促进学生的学业进步，并提出通过测量学生的学习进步幅度来衡量教师的效能。教育统计学家威廉·桑德斯(William Sanders)最早将增值法运用于教师评价实践，为田纳西州设计了教师增值评价模型。

教师增值评价模型是早期统计学家们的研究重点。为了排除学生年龄增长、社会及家庭背景乃至同伴的影响，准确计算教师对学生学业进步或成长所做的贡献而设计的增值模型有：获得分数模型(Gain Score Model)、协变量校正模型（Covariate Adjustment Model）、田纳西模型（Tennessee Value-Added Assessment Model）、交叉分类模型(Cross-classified Model)等。

教师增值评价引起了众多研究者的关注，有的承认其有效性，有的则质疑其

---

① MILLMAN J，DARLING-HAMMOND L. The new handbook of teacher evaluation：assessing elementary and secondary school teachers [M]. Newbury Park，CA：Corwin Press，1990.

② PETERSON K D. Teacher evaluation：a comprehensive guide to new directions and practices [M]. Thousand Oaks，CA：Corwin Press，Inc. ，2000.

有效性。例如,帕米拉·塔克(Pamela D. Tucker)和詹姆斯·斯特朗(James H. Stronge)认为增值评价稳固、公平、可靠、有效,复杂的统计模式能处理学生多年的成绩,能准确反映教师的教学效能①。有的学者依据不同的统计模型得出的结果差异很大、同一个统计模型针对不同学区所得结果缺乏一致性、同样的学区运用同一个模型计算不同类型的考试成绩得出的教师有效性的数据差别也很大,来质疑增值评价的有效性,建议将增值评价统计模型的计算结果仅作为一种参考,主张综合采用多种方式来评价教师②。

尽管 21 世纪美国联邦政府大力推广将教师评价与学生分数挂钩,但增值评价模式仍成为备受批评的教师评价模式之一。研究者认为,教育目的是多方面的,学生对知识和技能的掌握只是教育的目的之一,将教师评价与学生分数挂钩,极大地窄化了教师的工作内涵。有的学者还指出,增值评价在方法上还存在很多问题,因为影响学生学习成绩的变量多且复杂,包括家庭、学校、学生个人不同的发展时期都有不同的情况,将教师的数据进行横向比较缺乏可信度。

(七)校长课堂观察评价

一个世纪以来校长所实施的等级性评价是美国教师评价的主要实践模式。这种评价主要是通过校长进行课堂观察来实施。评价的工具一般是学区给定的量表,缺乏个性化。多数评价都是基于一两次课堂观察,在设计好的量表上给出等级。这种评价由于课堂采样有限,等级式的评定方式无法反映教学过程中的真实问题,信效度有限,作用有限。甚至有研究者发现"教师可观察的特征和学生学习效果之间相关性很小"③④。在具体实施的过程中,校长或其他学校管理人员也很少接受有关教师评价的专门培训。从评价结果来看,教师通常都能顺

---

① TUCKER P D, STRONGE J H. Linking teacher evaluation and student learning[R]. Alexandria VA: ASCD, 2005.
② AUDREY A, SARAH P, JESSICA H. Validating"value added" in the primary grades: one district's attempts to increase fairness and inclusivity in its teacher evaluation system [J]. Educational assessment, evaluation and accountability, 2016(2):139-159.
③ JACOB B, LEFGREN L. Can principals identify effective teachers? Evidence on subjective performance evaluation in education [DB/OL]. [2010-10-26]. http://econ. byu. edu/faculty/ Lefgren/Assets/papers/principals. pdf.
④ HARRIS D, SASS T. What makes for a good teacher and who can tell? [DB/OL]. [2010-10-26]. http://www. urban. org/UploadedPDF/1001431-what-makes-for-a-good-teacher. pdf.

利通过评价,因此被许多研究者认为是无效的评价。例如,研究者对全美进行了广泛地采样,指出采用这种评价方式的地区 99％以上的教师都得到了满意等级的评价。不管各学区评价标准中总共有多少个评价等级,94％的教师被评为最高的两个等级。因此很长时间以来,研究者呼吁改革这种残破低效、严重影响教师教学效率提升的教师评价模式①②。

（八）其他非典型性模式

美国一个多世纪的教师评价发展历程中,还出现了一些非典型性模式以及一些综合性模式。例如,20 世纪 70 年代出现了"交互受益评价"(Mutual Benefit Evaluation)模式和"目标评价管理"(Management by Objectives Evaluation)模式。20 世纪 80 年代又出现了课堂七步骤模式。20 世纪 90 年代出现了丹尼尔森模式及后来的马扎诺模式。有的模式盛行一时,但也有的招致了很多批评。

五、 两种研究视角

美国研究者多从管理和专业两种视角对教师评价进行研究。从专业的视角,教师评价的研究者关注评价对教师的专业性和专业化的影响。从管理的视角,教师评价的研究者关注教师评价对教师任期、奖惩和职业队伍结构等的影响。

（一）专业的视角

纵观美国教师评价研究的历史,很多美国研究者认为教师评价应是一种专业性的评价,应该是促进教师专业化的评价③。

首先研究者关注教师评价的专业性,这基于对教学专业性的研究。自上个世纪 80 年代舍恩提出"行动中的知识"(knowledge-in-action)后,美国教师评价领域的研究者也迅速跟进,要求关注教师的实践性知识,评价教师实际课堂管

---

① NEA. Teacher assessment and evaluation: the national education association's framework for transforming education systems to support effective teaching and improve student learning [DB/OL]. [2015 - 10 - 09]. http://www. nea. org/assets/docs/HE/TeachrAssmntWhtPaper Transform10_2. pdf.

② STIGGINS R, DUK D. The case for commitment to teacher growth: research on teacher evaluation [M]. Albany, NY: State University of New York Press, 1988: 3.

③ DUKE D L. Developing teacher evaluation systems that promote professional growth [J]. Journal of personnel evaluation in education, 1990(4): 131 - 144.

理、课堂教学和解决问题的能力[1]。研究者认为,开展有效的教师评价要基于对教学复杂性的深刻理解,发现教师在具体情境下的专业对策,而不是对教学标准的框架性内容进行简单地核对[2]。这种观点认为现在所实施的各种教师评价,忽视教学具体情境的复杂性和学生群体的巨大差异,很难达到准确,更不用说有效。在对优质教学本身的特征还不十分确定的前提下,与其抓住评价的准确性不放,不如关注教师自身所体验到的成长,关注评价过程中的对话[3]。如果评价中的交流充分而恰当,不但可以收集到许多评价信息,及时纠正评价中的偏差,还可以及时将有关信息反馈给教师,听取他们的意见,提升评价对教学专业的贡献。

其次是有关教师评价的专业化。如果专业性是从内部看待教师专业,专业化就是从外部看待教师专业[4]。教师专业标准的重要功能之一就是用于教师评价,要实现教师专业化,必须由掌控专业标准的人对教师开展评价。也有研究者认为,共同的、基础的专业标准,无论是国家的、州的或地方的,提供的只是框架性的、方向性的指示,而个体的专业情况要靠诊断和反馈[5]。如果由教师来解释和操作专业标准的话,就必须打破教学实践的个体性和封闭性,提高教学实践的透明度,使教学和评价转变为合作共享模式[6]。有研究者甚至主张,教师的评价应该是在专业群体内部开展的,依据实践性知识为主体的标准体系,对教师教学行为做出的判断[7]。因此,教师评价应该是基于实践知识的个性化诊断,是由专

① SMITH K. Teacher educators' expertise: what do novice teachers and teacher Educators say? [J]. Teaching and teacher education, 2005(2):177 - 192.

② PETERSON K D. Teacher evaluation: a comprehensive guide to new directions and practices [M]. Thousand Oaks, CA: Corwin Press, 1995.

③ GOLDSTEIN J, NOGUERA P A. A thoughtful approach to teacher evaluation [J]. Educational leadership, 2006(6):31 - 37.

④ ENGLUND T. Are professional teachers a Good thing? //GOODSON I F, HARGREAVES A. teachers' professional life [M]. Washington, DC: Falmer Press, 1996: 75 - 87.

⑤ KRUEGER J M. A top-down approach for collateral evaluation: review of teacher peer assistance and review and mentoring programs for new teachers: models of induction and support [J]. Journal of teacher education, 2004(5): 476.

⑥ OECD. teacher evaluation: a conceptual framework and examples of country practices [DB/OL]. [2015 - 10 - 09]. http://www.oecd.org/edu/school/44568106.pdf.

⑦ DUKE D L. Teacher evaluation policy: from accountability to professional development [M]. New York, NY: State University of New York Press, 1995: 22.

业人士展开的专业化评价。

第三,要使教师评价发挥促进教师专业发展的功能。研究者认为,教学不是履行职责,更不只是让学生获取理想的成绩那么简单。教学关注的是学生的学习,只有通过评价不断促进教师的专业发展,帮助教师用专业的方式促进学生的学习,才能使教师评价实现其最终的目的①。这要求教师在评价的过程中对自己的教学实践进行反思,提出问题,着手解决问题②;同时评价者要帮助教师找到专业不足,促进教师专业能力的提升③。评价关注的重点不应该是结果,而应该是过程本身,只有在评价过程中开展专业交流才能促使教师转变,达到评价促进教师教和学生学的最终目的④。

(二)教育管理的视角

教师评价一直以来被归于教育管理的范畴。从一开始,美国研究者就把教师评价看作是教育管理的一个环节,是教育督导(supervision)的一部分。美国研究者习惯于从教育管理的视角出发,考察教师评价与教师聘用、任期、薪酬奖励、职业阶梯等问题的关系。

首先来看教师评价与教师聘用和任期之间关系的研究。最早有关教师评价与教师聘用的文章发表于 1912 年,由于当时普遍根据评价来辞退教师,因此该文认为应该建立任期制来保护教师的工作⑤。此后,这类文献逐渐增加。到1946 年,甚至在教师评价领域最有影响力的阿维拉·巴尔(Arvil S. Barr)也提倡实施终身任期制保护教师的职业安全⑥。不过就算通过立法保障教师终身制

---

① TOCH T, ROTHMAN R. Rush to judgmant: teacher evaluation in public education [M]. Washington, DC: Education Sector, 2008.

② DARLING-HAMMOND L. When teachers support and evaluate their Peers [J]. Educational leadership, 2013(2): 24 - 29.

③ FIARMAN S E. Teachers leading teachers: The experiences of peer assistance and review consulting teachers [D]. Cambridge, MA: Harvard University, 2009: 88 - 96.

④ LIEBERMAN A, MILLER L. Staff development for education in the 90's: new demand, new realities, new persepectives [M]. New York, NY: Teacher College, 1991.

⑤ DRAPER A S. Necessary basis of the teacher's tenure [M]. Syracuse NY: World Public Library Association, 1912.

⑥ BARR A S, BRANDT W J. Teacher tenure [J]. Review of educational research, 1946(3): 271 - 273.

的州一般也都规定,可以开除不胜任(incompetency)的教师①。判断不胜任的教师有赖于有效的评价。根据全美教育协会 1949 年的报告,在全州实施教师终身制的州达到了 14 个,在城市学区实施教师终身制的州有 3 个,在一些学区实施教师终身制的州有 31 个。除个别州外,所有实施终身制的州都规定教师有试用期②。

有些学者主张试用期的教师只有通过评价,才能转为终身教师③;有些学者则认为终身制使教师评价陷入瘫痪,应该取消终身制④;有的学者认为支持终身制的教师并非害怕被评价,而是害怕被不公正的评价制度剥夺专业自由⑤。直到 20 世纪七八十年代以后,主张对终身教师实施评价的学者越来越多⑥。

其次来看教师评价与教师绩效奖惩之间关系的研究。20 世纪美国主要有绩效薪资和单一薪资两种教师薪资模式。教师绩效薪资与教师评价密切相关。相关文献显示,20 世纪 20 年代普遍实施绩效薪资,20 世纪 30 年代到 20 世纪 50 年代越来越多的地方接受单一薪资制。20 世纪 60 年代末 70 年代初,研究者重新开始关注教师绩效付酬。研究者指出,教师绩效薪资之所以被单一薪资替代,原因之一就是当时的教师评价信度不高,不足以支撑确定教师绩效薪资⑦。

20 世纪 70 年代,美国研究者发现各地确定绩效薪资依据的评价模式多种

① GARBER L O. The law governing the dismissal of teachers on permanent tenure [J]. The elementary school journal, 1934(2): 115 - 122.
② ANDERSON E W. Teacher tenure: analysis and appraisal by National Education Association, Committee on Tenure and Academic Freedom [J]. Educational research bulletin, 1949(3): 82 - 83.
③ HARSH J R. A look at teacher evaluation [C]. Las Vegas, Nevada: the Annual Conference of the American Association of School Personnel Administrators, 1970 - 10 - 22.
④ HIPP F L. Resolved: that teacher tenure should be abolished [C]. Atlantic City, NJ: The 104th annual convention of American Association of School Administrators, 1972 - 02 - 12.
⑤ HANSEN K, ELLENA W J. Teacher tenure aren't the problem [R]. Washington, DC: American Association of School Administrators, 1973: 20.
⑥ MUNNELLY R J. Dealing with teacher incompetence: supervision and evaluation in a due process framework [J]. Contemporary education, 1979(4): 221 - 226.
⑦ CONTE A E, NASON E R, Merit pay: problems and alternatives [R]. The division of research, planning and evaluation, New Jersey State Department of Education, 1972: 12 - 14.

多样。有的州根据教师考试,有的根据校长等评价者对教师所开展的表现性评价,有的根据教师的学位及经验等①。不过,更多学者指出教师绩效薪资的理念容易被人接受,但要设计出学校管理者和教师都认可的合理的评价体系以实施差别化薪资则很难②③。有的文献指出,校长所做的教师等级性评价不足以支撑合理的绩效薪资,但可以作为参考④;有的文献指出,经过培训的教师同行和校长所做的依照表现性标准所实施的评价最适合作为绩效薪酬的依据⑤。20 世纪80 年代以后,更多的研究者倡导依据教师评价结果、教师专业贡献、教师所承担的专业责任等多种因素综合实施绩效薪资⑥。当然也有文献指出,教师评价的目的也不只是为了奖惩,无论是绩效薪资还是教师评价都是促进教师质量提升的手段⑦。

最后来看教师评价与教师职业等级之间的关系。20 世纪 80 年代卡耐基教学专业工作组、霍尔姆斯小组先后建议设立 4 个或 3 个教师职业层级。随后,各州开始实施职业阶梯项目。有关教师评价和职业阶梯的文献快速增加。有学者认为,建立职业阶梯的初衷是为了支撑从新手教师到专业教师,再到专家教师的教师专业发展体系。但判断每个专业发展阶段,赋予这个阶段的教师应承担的专业角色和职责,并享有这个阶段的报酬,需要基于合理的教师评价⑧。20 世纪80 年代,全美优异教育委员会(National Commission on Excellence in Education)

---

① MCPHAIL J H. Teacher evaluation:A state by state analysis [J]. The southern journal of educatioanl research,1967(10):234 - 255.

② LANZARONE M R. Teacher tenure:some proposals for change [J]. Fordham law review,1974 (3):560 - 561.

③ BARBER L W,KLEIN K. Merit pay and teacher evaluation [J]. Phi Delta Kappan,1983(4): 247 - 251

④ WEBER L,MCBEE J. Teacher evaluation instruments for merit pay decisions:is their use justifiable? [J]. Evaluation review,1990(4):411 - 426.

⑤ FARNSWRTH B,DEBENHAM J,SMITH G. Designing and implementing a successful merit pay program for teachers [J]. Phi Delta Kappan,1991(4):320 - 325.

⑥ ELLIS T I. Merit pay for teachers [R]. ERIC Clearinghouse on Educational Management,1984: 2.

⑦ KOPPICH J. Addressing teacher quality through induction,professional compensation and evaluation:the effects on labour-management relations [J]. Educational policy,2005(1):90 - 111.

⑧ BACHARACH S B,CONLEY S,SHEDD J. Beyond career ladders:structuring teacher career development systems [J]. Teachers college record,1986(4):563 - 574.

主张用客观的表现性评价来区分教师等级①。这一主张被很多学者所接受②。有的研究者提出教师应该控制教师职业阶梯项目中的教师评价③,具体方式是运用同行评价来实施职业阶梯项目④;有的研究者认为职业阶梯最上层的专家教师应承担实施教师形成性评价以及指导低层级教师的责任⑤。

六、 研究方法

美国教师评价研究所采用的研究方法主要有理论研究、实证研究,多数研究属于混合型研究。理论性的研究更多对教师评价性质进行探索。这类研究指出教师的评价应该是学术评价,而不是技术性评价,由非同一学科、同一学段的教师或者非教学人员开展的评价往往会沦为对照标准进行记录的技术性评价⑥;有的研究者则认为教师评价应该是发展性的评价,教师评价有利于教师对自己的工作进行批判性反思⑦。实证性的研究,如苏珊·维兰尼(Susan Villani)的《综合新教师指导项目:导入和支持模式》(Comprehensive Mentoring Programs for New Teachers: Models of Induction and Support)从新教师指导入手,分析了俄亥俄州哥伦布学区新教师的支持与评价项目和其他一些专门的新教师导入政策的实施及其效果⑧。这类研究一般首先对项目整体状况进行介绍,其中包括对学区委员会、学区教师组织、项目管理委员会、校长、被评价的新教师、开展指

---

① National Commission on Excellence in Education. A nation at risk: the imperative for educational reform [R]. Washington, DC: US Government Printing Office, 1983.

② HAWLEY W D, Designing and implementing performance-based career ladder plans [J]. Educational leadership, 1985(3): 57 – 61.

③ PETERSON K, MITCHELL A. Teacher-controlled evaluation in a career ladder program [J]. Educational leadership, 1985(3): 44 – 47.

④ BELL T H. The peer review model for managing a career ladder/master teacher/performance pay program for elementary and secondary schools [R]. Washington, DC: Department of Education, 1983.

⑤ LAVELY C, BERGER N, BULLOCK D. Role and duties of lead teachers in career ladder programs [J]. Education, 1990(3): 388 – 396.

⑥ GARMSTON R J. How administrator support peer coaching[J]. Education leadship, 1987(5): 18 – 26.

⑦ ACHESON K A. Clinical supervision and teacher development: preservice and inservice applications [M]. New York, NY: Wiley, 2003.

⑧ VILLANI S. Comprehensive mentoring programs for new teachers: models of induction and support [M]. Thousand Oaks, CA: Corwin Press, 2009.

导和评价的专家教师的角色和功能,项目运转的程序及项目的实施效果等进行描述。在此基础之上,通过质性调查找出现象背后的深层影响因素及逻辑关系。还有研究者重点考察教师评价的工具,如增值评价统计方法的信效度等问题[①],也都属于实证性的研究。

教师评价的实证性研究对象复杂,数据多样,但重点关注在教师评价过程中所参与的人身上,这也是"以人为本"教师评价研究的特征。第一,对新教师的研究。多数研究发现,新教师一开始就能接受评价和指导,并认为评价中教学实践分析对他们帮助很大[②]。也有研究发现,新教师报告评价者在教学、管理和情感上的指导对其帮助最大[③]。还有研究就新教师和评价者的关系进行了研究,发现总共有六个因素能提高评价功效:(1)评价者到访的频率;(2)评价者反馈的性质;(3)评价者在教学计划和材料上给予的支持;(4)评价者积极地看待自身的评价角色;(5)评价者对新入职教师能力的了解程度;(6)评价者与管理者的关系和沟通[④]。还有研究就新教师评价的实施效果进行了调查,发现有的项目对择优聘用新教师效果显著。例如,有的学区的评价项目使得20%的新教师没能通过评价成为正式教师[⑤]。

第二,对被评价教师的研究。有研究者对被评价的正式教师进行了研究。研究发现,想继续从事教师职业的教师一般都有继续提高的愿望,希望提高某项特殊教学能力,希望在评价者的帮助下改进教学现状[⑥];多数教师通过评价项目

① MRASHALL K. Rethinking teacher supervision and evaluation: how to work smart, build collaboration, and close the achievement [M]. San Francisco, CA: Jossy-Bass, 2013.
② JOHNSON S M, FIARMAN S E. The potential of peer review [J]. Educational leadership, 2012 (3): 20-25.
③ STROOT S A, FOWLKES J, LANGHOLZ J. Impact of a collaborative peer assistance and review model on entry-year teachers in a large urban school setting [J]. Journal of teacher education, 1999(1): 27-41.
④ JONES D R. Bring teacher assistance and evaluation up to PAR: first-year teachers' responses to supervision in peer assistance and review [D]. University of Maryland, College Park, 2004.
⑤ DARLING-HAMMOND L. When teachers support and evaluate their peers [J]. Educational leadership, 2013(2): 24-29.
⑥ BASILIO E L. Veteran teacher perceptions of Peer Assistance and Review: Is It a viable alternative to traditional teaching evaluation? [D]. The University of San Diego, 2002.

改善了教学实践；但也有一些教师工作表现不佳是由于不愿意再从事教师职业①。有研究还进一步发现，正式教师对教师评价的看法影响其参与评价的效果。

第三，对评价者的研究。有研究对教师评价者身份确定进行了研究，指出有两种途径来确定教师评价者的身份：一是依靠组织的权威来确认评价者的身份；二是依靠专业资质来确立评价者的权威，后者效果明显好于前者②。还有研究发现，如果评价者没有特殊资格或身份，他们对所评价的教师是否接受他们的建议或判断缺乏自信③。多数研究者都同意，评价教师的人员应该具备较高的教学专业能力，并且应该接受专门的培训。研究还发现，评价者在实施评价的过程中，他们自身的专业能力得到了提高。在有关评价者的知识、技能和素养方面，有研究显示，"沟通技能和积极的态度"在评价过程中远比认知因素，如知识或具体的教学策略等更重要④。有研究则显示人际关系技能、有关教师学习或成为专家教师的知识、组织能力等都对评价者很重要⑤。多数研究都认为，评价教师的工作是教育教学领导力的一部分。

第四，对实施教师评价的校长的研究。研究者们基本都同意，依靠校长个人来开展教师课堂观察，评价教师，给予教师反馈，支持教师改进，并向教育部门提供相关材料，已经超出校长的精力和能力可以应付的范围，应该鼓励学校更多的人分享专业领导责任⑥。不过研究者对实施教师评价的校长进行研究后却发现，校长认为只要为其提供足够的支持，他们就能对教师开展更加准确有效的观

---

① DARLING-HAMMOND L. When teachers support and evaluate their peers [J]. Educational leadership, 2013(2)：24 – 29.

② 同①.

③ DONALDSON M L，JOHNSON S M，KIRKPATRICK C. Angling for access，bartering for change：how second stage teachers experience differentiated roles in schools [J]. Teachers college record, 2008(5)：1088 – 1114.

④ SCHNEIDER G E. Mandated mentoring：identifying a conceptual framework for consulting teachers in California's Peer Assistance and Review(PAR)program [D]. University of California, 2006.

⑤ STROOT S A；FOWLKE J，LANGHOLZ J. Impact of a collaborative peer assistance and review model on entry-year teachers in a large urban school setting [J]. Journal of teacher education, 1999(1)：27 – 41.

⑥ NOLAN J F. Teacher supervision and evaluation：theory into practice [M]. Hoboken, NJ：John Wiley, 2013：101.

察和评价①。有研究者也发现,校长认为开展其他形式的教师评价会是一种有益的补充②。有研究进一步发现,虽然校长们起初并不愿意接受他人对教师开展专业性评价,但在相关项目实施后校长也表示相关措施非常奏效,并能促成一种关注教学改进的合作型校园文化③。多数研究都显示,校长认可通过教师评价帮助学校清退不合格的教师的措施。

第五,对学区管理者和教师组织的研究。教师评价作为一项制度直接牵涉到教育当局和教师工会的利益。有研究者将学区的教育主管、教师工会主席等作为研究对象,从组织角度研究教师评价政策或制度。研究者认为教师评价政策的制订虽然表面上是教师工会和教育管理部门之间妥协的过程,但实质是教师和管理者超越传统责任的边界,重新分配责任的过程。不过,这个过程并不像制订政策或程序那样明确,需要透过现象分析两方诉求的变化和调整④。有研究者发现,教师评价推动了教师组织从工会组织向专业组织的转变⑤。也有研究者认为,教师评价从科层体制走向分权体制,是保障教师评价有效性的根本所在,因为从管理体制上来看,根本不可能有足够多的在教学上和学科上都能胜任的管理者从事教师评价⑥。还有研究者还指出,教师评价还会改变学区层面的劳动管理关系⑦。

---

① ELLIS D. Principal's perspectives on PAR as an effective tool for improving teachers' instructional practices [D]. University of La Verne, 2011.

② PEYTON V A. Peer assistance and review in the public schools from the Rossier school of education [D]. University of Southern California, 2003.

③ MUNGER M S. Share responsibility for teacher evaluation: a cross-site study of principal's experiences in Peer Assistance and Review programs [D]. Harvard University, 2012.

④ QAZILBASH E K. Peer assitance and review: a cross-site of labor-management collaboration required for program success [D]. Harvard University, 2009.

⑤ INGERSOLL R M. Who controls teachers' work? Power and Accountability in America's schools [M]. Boston MA: Harvard University Press, 2006.

⑥ MILLMAN J, DARLING-HAMMOND L. Teacher evaluation: assessing elementary and secondary school teachers [M]. Newbury park, California: Corwin press, 1990.

⑦ MARTINEZ J E. How do we realte to teachers as revolutionaries in a system that evaluates them [M]. //O'HARA K E. Teacher evaluation: the charge and the challenges. New York, NY: Peter Lang Publishing, Inc. , 2015.

第三节　本章小结

国内相关研究为本研究提供了非常丰富的资料,涉及评价价值导向、评价目的、评价标准、评价方法、评价过程、评价效果、评价反馈、评价主体、评价政策、评价制度,等等。通过文献梳理,本研究发现国内有关教师评价最有影响力的研究:一是发展性评价研究。研究成果被政府所采纳和推动,但在实施过程中由于各种现实因素的影响,并没能颠覆传统上处于优势地位的依据学生成绩来评价教师的做法,促进教师发展的评价与侧重绩效管理的评价仍处于割裂的状态。二是教师评价综合化研究。其中包括教师评价目的多样化、教师标准多元化、教师评价内容个性化、教师评价方法和技术科学化、教师评价主客一体化等观点。它们或体现在教师的专业发展政策中,或体现在教师绩效奖惩的实践中,或出现在教师职称评定的文件中,但非常遗憾的是上述观点较分散,在体系化建构之前,难以被广泛地采纳实施。

美国的相关研究为本研究奠定了坚实的基础。从研究内容来看,涉及教师评价发展的历程、教师评价的模式、教师评价的要素等;从研究方法来看,有实证研究,有理论研究,并相互补充;从研究视角来看,有教育管理视角、专业发展的视角等,多种视角为本研究提供了一种错综复杂的图景。这不仅为本研究在把握事实上提供了丰富的素材,更为研究者在理论上找到分析的立场提供了多种选择。不过,通过文献梳理也发现对美国教师评价发展阶段的划分多种多样,由于研究者依据不同,有相似之处,也有不同之处,这为本研究重新做出创新性的架构提供了可能。

基于国内外研究现状,本研究提出了几个需要继续深入探索的问题:(1)新时期我国应建立什么样的教师评价体系?(2)教师绩效管理和专业发展两种目的应该怎样融合兼顾?本研究试图通过研究美国教师评价发展历程及在不同阶段上的不同形态来回答目前我国中小学教师评价存在的问题,同时用美国教师评价的实践案例来探索融绩效管理与专业发展于一体的教师评价的可能性。

第三章　20 世纪前期绩效管理
取向的教师评价

历史比较法提醒我们,相对长时期的、全景式的观察有助于人们对一个具体事物的发展规律进行更准确的把握。本章回顾了较长时间跨度内美国教师评价的发展与变迁,即 20 世纪前半叶美国教师评价的发展。这一阶段出现了职责管理和科学分析取向的教师评价思想。在这两种思想的影响下,教师评价实践主要以教师工作表现和个体特征为评价内容,以督学或校长实施的等级性评价为主要方式,试图对教师的特征和表现进行分级以提高教师的工作效率。教师评价主要用于聘用或奖惩等教师管理事项。总体来看,这一阶段的教师评价无论是思想上还是实践上,都表现出较强的绩效管理特征。这一时期还出现了影响后来教师评价发展的几对重要关系,即教师评价与教师终身制的矛盾、教师评价与教师专业发展的联系。这些线索为下个历史阶段教师评价的改革变化埋下了伏笔。

第一节　职责管理和科学分析
取向的教师评价思想

教师评价思想对实践具有引领作用。美国教师评价思想发端于 19 世纪与 20 世纪之交对教育督导的研究,直到 1910 年后才出现了专门有关教师评价的著作①。20 世纪前半叶主要出现了两种取向的教师评价思想:一是 20 世纪早期基于社会效率理论的职责管理取向的教师评价思想。职责管理取向的教师评

---

① DOMAS J S, TOEDEMAN V D. Teacher competence: an annotated bibliography [J]. The journal of experimental education, 1950(12): 110-217.

价思想从评价教师职责及效率入手,逐渐关注到教师能力的差异。二是 20 世纪 30 年代以后,随着民主教育思想的传播及教育教学研究的深化,研究者开始关注教师的社会责任和文化素养,同时依靠对教师课堂教学行为的结构化、科学性分析,主张在教师评价中关注教师的专业表现及其有效性。总体来看,这一时期的评价思想是绩效管理取向的,目的是提高教育教学的效率。下面按照时间先后顺序,总结两种取向一些代表性研究者的观点,从中窥见有关教师评价思想变迁的大致形制,也为理解这一时期的教师评价实践奠定基础。

一、 20 世纪前 30 年职责管理取向的教师评价思想

职责管理取向的教师评价思想指在管理学之父弗雷德里克·泰勒 (Frederick Taylor)理论的影响下,主要将教师评价用于教师工作职责的完成度评估的思想。20 世纪初,美国的工业化和都市化进程加速,美国各行各业的人都在力争使美国变成一个与现代工业社会需求相适应的高效运作的社会。在这个阶段美国中小学规模迅速扩大,班级容量大增,特别是大城市学区致力于设计学校的教学流程,使教师的工作无缝衔接,以实现学校运转效率最大化。与此同时,学校管理的科层体制出现,教师与校长、学科督学、教育行政管理层之间形成了上下级关系,等级制度加强了职责管理,教师同行之间形成了竞争性的关系。

20 世纪初,有关教育督导的文章和大量批评公立学校缺乏效率的文章影响了这一时期的教师评价思想,其中包括撰写美国教育研究学会(National Society for the Study of Education)第十二个年报的芝加哥大学教授富兰克林·博比特 (Franklin Bobbitt)以及许多教育专刊作家,如詹姆斯·芒罗(James P. Munroe) 等。而最早就教师评价进行专题论述的是芝加哥大学亚瑟·克里夫顿·博伊斯 (Arthur Clifton Boyce)的《测量教师有效性的方法》(Methods For Measuring Teacher's Efficiency)。该研究被收录为美国教育研究学会的第十四个年报,代表了当时的主流观点。该研究搜集了 350 个人口在 1 万以上的城市学区的教师评价资料,分析了其评价目的、评价方法及其优缺点、评价标准及其相对重要性。当然相对于博伊斯较全面的教师评价观,更多的人受到泰勒《科学管理原则》 (The Principles of Scientific Management)一书的影响,认为应该按照管理工业机构的其他人员一样评价教师是否完成了其工作职责。下面对这些思想进行汇

总分类分析。

（一）评价目的： 提高教师的工作效率

1875年，美国最早出版的有关教育管理的专著就对教师评价问题进行了说明，认为必须让教师对课堂教学负责①。1911年后，全美兴起了一股批评公立学校的风潮，民众对学校效率的要求越来越高。教育家威廉·巴格莱（William C Bagley）认为"无条件的服从"是实现效率的第一原则②。这一思想直接影响了对教师的管理和评价。全美教育协会督学分会（the Department of Superintendence of the NEA）和美国教育研究学会在其报告中都表达了对教师进行科学管理和提高教师效率的观点。两位代表人物博比特和博伊斯都认为，提高教师工作效率，最终提高学校教育的效率是教师评价的最终目的。

博比特认为必须确定教师的必备素质，若无法达标，就要让他离开③。要确定教师的工作效率，就需要确定学生学习的标准。"学生成绩差了，教师立刻会察觉，教师效率低了，校长也很容易知道"④。教师的工作也要与工业机构的从业者一样与效益挂钩，可以采用扩大班级规模、降低教师工资的手段来提高效率。

博伊斯在经过更广泛的调查后发现，要提高教师的工作效率，需要将教师评价与人事管理和专业发展两者结合起来。他基于提高学校的工作效率提出了教师评价的三个目的：招聘合格教师，给教师提供职业指导以改善教师的教育服务，为晋升和解聘教师提供依据。在教师入职前，对其个人的素质进行分析，以便预估其是否能成为一名合格的教师。对于改善教师的教育服务来说，需要根据一定的标准进行测量，测量标准本身也说明对于教师的有效性来说哪些是重

---

① PAYNE W H. Chapters on school supervision： a practical treatise on superintendency grading： arranging courses of study； The preparation and use of blanks， records and reports： examination for promotion[M]. New York， NY： Van Antwerp Bragg， 1875. //苏珊·沙利文，杰佛里·格兰士. 美国教学质量监管与督导[M]. 黑龙江：黑龙江出版社，2016：10.

② BAGLEY W C. Classroom management： its principles and technique ［M］. London： The Macmillan Co.， 1907：2.

③ BOBBITT A E. Some general principles of management applied to the problems of city-school systems[M]. //The twelfth yearbook of the National Society for the study of Education， Part I， the supervion of city school. Chicago， IL： University of Chicogo Press， 1913：96.

④ ［美］雷蒙德·E. 卡拉汉. 教育与效率崇拜——公立学校管理的社会影响因素研究[M]. 北京：教育科学出版社，2011：79.

点要关注的内容。测量不仅有利于找出教师的薄弱点,帮助教师有重点地进行改善,也有利于监管者做出决策。对于晋升和解聘来说,博伊斯认为:(1)应将教师评价直接与薪水等级挂钩,改变"薪水调整通常是根据性别和服务年限以及教师所教年级高低确定"①的状况,应该根据教师的工作效率来确定薪水;(2)教师和学校官员的晋升应该消除除效率外的其他因素的影响;(3)如果教师被证明是缺乏效率的,就应该被解聘,但是应该非常明确地给出效率不高的证据。博伊斯之所以提出上述观点,是因为在当时的实践中,学区或学校往往根据教师的性别、受教育水平及工作年限来决定工资等级,如女教师薪资水平大大低于男教师。

(二)评价标准: 教师的个人素质和工作完成度

20世纪初,在效率观的主导下,评价教师的标准被锁定为教学的效率和效果。博比特说:"当问及八年级的教师,他的学生是否可以每分钟计算65道题,且准确率达到94%时,教师却不知道"②。因此应采用明确的学习效果标准,运用测验,量化教学效果。教学效果的标准应该参考工商业机构的用人要求,它们所需要的工人应在数学、英语等学科上达到什么水平,学校就应该让学生毕业后达到什么水平,再来确定教师用多长时间、什么样的工作强度来让学生达到这个水平。教师工作的每一阶段是否达到标准都要明确记录下来,无法隐瞒,责任也不能推卸。这样评价没有人会觉得不公,因为这是有依据的,并非任意、武断的评价。不过,博比特也认为在教师入职评价的时候应考察教师的人格特征③。

博伊斯发展了博比特的观点,认为要提高学校的效率,当务之急是找出好教师,并分析他们具有什么样的特征,以此来建立教师评价的标准。博伊斯在对学生眼中的好教师进行调查研究后发现,好教师应该具有以下几个特征:在学习上对学生有帮助;教师有适宜的个性,如人品好、有耐心、有礼貌、干净整洁④。将博伊斯对教师一般性格特征的限定与现今对教师的要求相比,不难发现公立

---

① BOYCE A C. Methods of measuring teachers' efficiency[M]. //National Society for the Study of Education. 14th Yearbook. Chicago, IL: University of Chicago Press. 1915: 9.

② BOBBITT A E. Some general principles of management applied to the problems of city-school systems[M]. //The twelfth yearbook of the National Society for the study of Education, Part I, the supervion of city school. Chicago, IL: University of Chicogo Press, 1913: 27 - 28.

③ 同上,62—64.

④ 同①,30.

学校当时的道德示范功能能很强。博伊斯也采纳了同时期其他研究的成果,来说明有效教师的特征。如表3-1所示,他综合这些研究成果提出了45项有效教师的指标。其中,博伊斯将教师是否关心学校的照明、整洁等也列入其中,表明当时工业管理思想对教师评价的影响是全方位的。

表3-1 博伊斯有效教师量表[①]

领域	指标	领域	指标
个人特征	1. 外表样貌 2. 健康 3. 声音 4. 智力水平 5. 主动、自立 6. 适应能力和机智 7. 严谨 8. 勤劳 9. 热情、乐观 10. 正直、真诚 11. 自控力 12. 敏捷 13. 机智 14. 正义感	社交和专业特征	15. 学术能力 16. 专业能力 17. 学科能力 18. 理解儿童 19. 关心学校生活 20. 关心社区生活 21. 满足学生的需要 22. 关心学生的生活 23. 合作、忠诚 24. 有专业兴趣和发展愿望 25. 日常工作 26. 英语运用
学校管理	27. 关心照明、温度和气氛 28. 整洁 29. 关心日常工作的开展 30. 纪律(监管能力)	教学能力	31. 目标明确、清晰 32. 习惯养成的能力 33. 激发思考的能力 34. 教会学习的能力 35. 提问的能力 36. 学科内容的选择 37. 学科内容的组织 38. 管理作业的能力 39. 提升动机的能力 40. 关注个人的需要
教育成绩	41. 关注班级成绩并做出反馈 42. 学生在科学上的进步 43. 学生的总体发展 44. 鼓舞社区 45. 道德影响		

资料来源:BOYCE A C. Methods of measuring teachers' efficiency [M]. Chicago, IL: University of Chicago Press, 1915: 45.

---

① STRAYER R. Qualities of merit in teachers [J]. Journal of edauctaion psychology, 1910(1): 271.

（三）评价方式：等级评价

按照博比特的观点,教师评价的方式简单明确,即制定测量学生学习效果的各种测验,用这些测验反映教师的教学效果。督学用这些量表,可以马上指认教师的优劣,并让平庸或不合格的教师立刻离开学校①。

博伊斯重点对当时实践领域的三种教师评价方式"考试法、等级评定法、分析法"进行了考察。为聘用而设计的考试能够鉴别教师是否具备所需要的学术知识,但是对教师有效教学只有部分的预测能力。另外还有"晋升考试"(promotional examination),有的是为了提拔教师为管理者,有的是为了提升教师薪水。虽然考试激励了在职教师的进取精神,但同时也占用了其本应投入课堂教学的精力,影响了教师的工作。

等级评价法有两种：一种是总体印象法(general impression),一种是分析法。大部分学校采用总体印象法。博伊斯指出,这说明教师评价虽然重要,但并没有被严肃对待,也没有严格的程序控制。教育官员或校长对教师的总体印象评级基本上是随机的、个体性的,对等级判断没有什么解释,也不需要证据。当时教师针对这种情况,流传着"懂得定律(principles)不如熟悉校长(principals)"②的说法。

博伊斯主张运用等级评价法中的另一种,即分析法。分析法包括四种类型：自由报告、限定内容式报告、问答式报告、计分卡。博伊斯认为自由报告、限定内容式报告都是叙述性的,除了受报告人个人风格的影响外,信息量过于庞大,很不方便使用。问答式报告内容则各有侧重。而针对当时最复杂的评价工具计分卡(最多有42项指标共1000分的计分卡),博伊斯认为,不同计分项目之间并不等价,应给予其权重。

无论是哪种评价方法,结果最后多以等级的形式呈现出来,多数地方用3到5个等级来表示,也有一些用百分比来表示的。博伊斯认为这很不客观也难以

① BOBBITT A E. Some general principles of management applied to the problems of city-school systems[M]. //The twelfth yearbook of the National Society for the study of Education, Part I, the supervion of city school. Chicago, IL: University of Chicogo Press, 1913: 30.

② BOYCE A. C. Qualities of merit in secondary school teachers [J]. Journal of educational psychology, 1912(3): 144-157.

比较①。尽管如此，博伊斯设计的教师量表（见表 3-1），每项也分为五等：优、良、中、可、差。运用这些指标评价教师后发现，教师的评价结果与其任教年限和任教年级之间具有很高的相关性。经过统计，教师最少要在任教三年后才能达到优，一般达到优需要五年或更长的时间。这说明当时的等级评价法有一定的效度，对人们认识教师提供有效教学需要一个成长的过程产生了积极的影响。

（四）评价者：专业人员或受众

对于评价的参与者，博比特认为在教育专家和心理专家为所有教育产品制定统一的标准后，应该由"长期从事这一行业的人"②来做检测。不过，一旦检测结果影响教师升职加薪，就有可能导致作弊，因此督学也是不可靠的，有必要对教育工作进行独立评价③。

博伊斯当时所研究的代表性学区，也只有教育官员参与教师评价，个别地方有教师自评工具，但是博伊斯主张让学生来描述一下好教师的特征。其研究方法是让 2—8 年级的学生回答以下三个问题：（1）老师是怎么帮助你的？（2）请回忆老师对你最有帮助的特别的行为或特别的话语。（3）用 6 句话来描述你所遇见的最好的老师。他为此搜集了 2411 份调查问卷。由此可见博伊斯认为，教师服务的直接对象应参与教师评价。

二、20 世纪四五十年代科学分析取向的教师评价思想

20 世纪 30 年代以后，影响着教师评价的教育思想更加多元。首先是对效率管理思想的反思。1934 年曾任全美教育协会主席的杰西·纽伦（Jesse H Newlon）在研究报告中指出："只有带领所有受过专业训练的教育者一起研究教育方案，才能实现学校的效率，但是教师们却处于一种从属地位"④。在杜威民

---

① BOYCE A C. methods of measuring teachers' efficiency [M]. Chicago，IL：University of Chicago Press，1915：66.

② ［美］雷蒙德·E.卡拉汉. 教育与效率崇拜——公立学校管理的社会影响因素研究[M]. 教育科学出版社，2011：81.

③ BOBBITT A E. Some general principles of management applied to the problems of city-school systems[M]. //The twelfth yearbook of the National Society for the study of Education，Chicago，IL：University of Chicogo Press，1913：32.

④ NEWLON J H. Educational administration as social policy[M]. San Francisco，CA：Charles Scribner's Sons，1934：183.

主教育思想的影响下,出现了将科学和民主相结合的主张。20 世纪 50 年代,要素主义思想开始发挥其影响力,研究者主张对教师进行全面评价,特别重视教师的学术水平和科学的教师评价手段。他们认为,只有这样才能将教师从反智主义的泥潭中拯救出来,实现教师质量的提升。

总体来看,受心理学行为学派的影响,科学分析取向的教师评价思想成为了主流。科学分析取向的评价思想在前期职责取向的评价思想的基础上,融合了民主的观念,主张对教师的个性和教学行为特征进行科学的研究,条分缕析地制定出结构化的评价标准,并运用科学的方法来开展教师评价,以实现教师教学效率最大化。科学分析取向评价思想的代表有阿维拉·巴尔和大卫·瑞恩(David G Ryan)等观察类别系统(Observational category systems)的设计者。瑞恩在 1960 年出版了影响深远的《教师的特征》(Characteristics of Teachers)。巴尔则早在 1931 年就指出,"评价教师必须分析教学"[①]。1950 年"美国教育研究联合会"(American Education Research Association,AERA)年会提议成立"教师效能标准委员会"(Committee on the Criteria of Teacher Effectiveness),深入研究教师效能的问题。鉴于巴尔在教师评价、教学评价上的地位,教师效能标准委员会推举他来撰写第一份报告,厘清教师效能的问题。巴尔本人及委员会的其他研究者就此发表了一系列有影响的研究成果。

(一)评价目的: 改进教育教学的有效性

巴尔主持的报告是当时各种教师评价思想的集合,教师评价的目的呈现出综合性的特征,但是从巴尔所代表的科学分析取向的评价思想来看,教师评价的目的就是运用测量调查来分析教师的教学,确定教师的有效性,并运用这些分析结果来帮助教师改进教学[②]。

巴尔认为教师评价的具体目的应由学校管理者来确定。在确定教师评价目的前,首先要对教师所扮演的角色和所从事的工作进行限定。巴尔提出,教师是比教学更大的范畴。教师评价比教学评价涉及更多的变量,不同的工作情境需

---

① BARR A S. An introduction to the scientific study of classroom supervision [M]. New York, NY: Appleton, 1931: 95.
② SULLIVAN S, GLANZ J. Supervision that improve teaching and learning: Strategies and techniques[M]. Thousand Oaks, CA: Corwin Press, 2013: 15 - 16.

要教师具有不同的能力。就教师扮演的角色来说,主要有以下几个:(1)学习的指导者;(2)学生的朋友和咨询者;(3)学校的员工;(4)专业集体中的一员;(5)社区的一员①。只有确定教师做哪些工作,才能判断其效能。

(二)评价标准:效果和表现

巴尔早期主张通过对教学过程进行科学分析来制定评价标准。"教学可以被拆成几个组成部分,而且必须对每个部分进行科学的研究。如果能合理地分离出好的教学程序,那么就可以制定有针对性的标准指导教师评价"②。根据他的教学分析,他提供了以下几个维度的教师教学评价标准:(1)激起学生兴趣的能力;(2)语言和思想的丰富性;(3)关注学生的练习;(4)学科专题、问题、项目的组织;(5)完善的作业体系;(6)运用说明性的材料;(7)因材施教;(8)有效的评价方法;(9)对自由和纪律的掌控;(10)学科知识;(11)学科教育的知识;(12)教学语言;(13)运用学生的经验;(14)教学仪态(包括点头、微笑、讨论);(15)提问技巧;(16)社交能力;(17)测量学习效果的能力③。

教学只是教师工作中最重要的部分之一。对教师的评价除教学外,还要对教师的能力特征和教学效果进行评价。20世纪中期巴尔指出,综合各种研究确定评价教师的标准是非常困难的事情。好教师的生活背景五花八门,好教师所处的情境五花八门,各种情况下都有可能出现好教师。通常运用知识、技能、兴趣、态度、观念和个性特征来评价教师,但用这些特征得分的平均值来衡量每个教师却毫无意义。同时,教育效果比教师特征更为重要。这些特征在某种情境下并不必然产生确定的教育效果。教育效果会随着环境的变化而变化④。

尽管如此,在巴尔的领导下,教师效能标准委员会还是试图建构一套具有广泛参考价值的评价标准。在界定标准定义的时候,巴尔指出标准是测量所依据的、有一定维度的指标。维度描述的是各种类型的特性。维度是和评价目的相

---

① BARR A. S. The evaluation and prediction of teaching efficiency [J]. The journal of educational research,1947(9):717-720.

② BARR A S. Scientific analyses of teaching procedures [J]. The journal of educational method,1925(4):361-366.

③ BASS A S. Characteristic differences in the teaching performance of good and poor teachers of the social studies [M]. Bloomington Iillinois: Public School Publishing Company,1929:122.

④ BARR A. S. The evaluation and prediction of teaching efficiency [J]. The journal of educational research,1947(9):717-720.

关的,比如将有效性作为一个维度,就要描述教师是否能使学生的行为产生一定数量和一定性质的变化,同时还要对照教育的目标,实现了目标就是有效的。而实现目标也有一个过程,因此标准应该有最终的标准和最近的标准。

他的团队在建构有效教师评价标准的时候主要朝向最终标准,原则是:(1)构建的标准是高度概括的,而不是为薪资奖惩、教师培训或改善教师教育这些具体目的而设计的。正因为标准体系是高度概括的,因此也将对所有目的都适用。(2)建构标准要保持价值中立的原则,不受国家、政治、文化等背景的影响。(3)建构标准虽然要参考经验性的研究,但要达到理论的层次。[①] 从这些原则可以看出,巴尔力图用教师评价标准概括、客观和科学地反映教师工作的本质。

按照巴尔的设想,教师评价的标准可以分为能力和表现两大维度。能力是行动前的,表现是行动后的。从能力特征来看,有效教师应该是达观、体恤、合作、客观、可靠、情绪稳定、感情丰富、坚强、具有判断力、心智灵敏、热忱与博学的。从表现上来看,有效教师应表现出计划效能、实施效能、成绩效能与社会效能等。[②]

(三)评价方法: 科学分析

20 世纪四五十年代,评价教师的数据主要来自三个方面:(1)教师给学生和社区施加影响后带来了变化,评价教师的数据可以从学生和社区来;(2)从分析教学活动中来;(3)从分析教师的个体特征来。第一方面是教师工作的结果;第二个方面是教师的行为表现;第三个方面是指教师的能力结构。第一个方面受教育目标的影响,第二个方面受具体情境的影响,第三个方面有人认为是教师稳定的能力特征,可以通过考试加以判断,但有的人认为其表现受到意愿的影响,通过教师行为来判断更加可靠。针对评价数据的三个来源,也存在三种教师评价方式:行为观察法、访谈和问卷法、纸笔测验法。

研究者认为上述每种评价方式都有利弊。观察法需要前期进行理论的思考以确定观察什么。观察过程中要为行为命名、归类,特别是要赋予其价值,而价值往往是情境性的,失去了情境就失去了价值。访谈和问卷法的缺陷不仅在于

---

① BARR A S, BECHDOLT B V, COXE W W. Supplement: report of the committee on the criteria of teacher effectiveness [J]. Review of educational research, 1952(3): 238 - 263.

② 李珀. 教学视导[M]. 台北: 五南图书出版公司,1999: 18—20.

被调查者不愿意提供真实的信息,还在于不同人运用的语言具有不同的含义。纸笔测验只能表现教师的部分能力,以情境判断题为例,就算给出模拟的场景也不足以为恰当的判断提供依据①。因此巴尔主张,对教学进行科学的情景化分析,同时还要与教师的年龄、经验、学识、专业能力联系起来综合判定②。

(四) 专业的评价者

这一时期除了督学、校长等实施教师评价外,有的研究者主张教师要进行自我评价,还要接受学生的评价。但是巴尔认为,督学或校长需要具有专业知识才能找出教师教学效果差的原因,他们必须知道教师是如何教学的,必须有指导教师教学的能力。以他的观点为代表,越来越多的研究者主张评价者应具有专业能力。为了保持评价的信度和效度,最好由专业人员设计评价方案,并对评价者进行培训。

第二节　绩效管理取向的教师评价实践

19 世纪美国的公立中小学教师的学识水平低、背景复杂。学区只要求教师具备基本的道德素养和文化基础。19 世纪末地方教育管理制度日趋完善,形成了学区委员会(School Board)、学监(Superintendent)、校长三级管理体制。直到 20 世纪初美国教师评价才基本成形,成为公立学校系统的一项管理措施。

美国教师评价实践在与教师评价思想的互动中形成了独特的发展脉络,不像思想流派那样清晰,表现得更加复杂,各种类型的教师评价实践相互交融。大体来看,20 世纪初至 20 世纪 30 年代是教师评价逐渐由职责转向效率的阶段;20 世纪四五十年代是在效率的基础上追求科学化评价的阶段。在这个阶段,教师评价与教师人事管理从自然衔接到逐渐割裂,新教师的专业发展项目得到了发展,并开始与教师评价产生联系。

---

① BARR A S, EUSTICE E D, NOE J E. The measurement and prediction of teacher efficiency [J]. Review of educational research, 1955(3): 261-269.
② 同上。

一、20 世纪前 30 年追求效率的教师评价实践

（一）由职责转向效率的教师评价实践

20 世纪头 30 年，美国的教师评价实践首先表现为监控和评估教师的工作职责完成情况。随着中小学入学人数及学校班级规模的进一步扩张，特别是在大城市学区，教师评价逐渐转为关注教师的教育教学效率。这一时期教师评价结果直接用于如聘用、辞退和奖惩等教师人事管理事项。由于教师专业发展项目还不普遍，教师评价与教师专业发展的关联并不明显。

从操作上来看，教师评价主要是应地方学区教师人事管理之需，定期或不定期开展。这种定期或不定期的评价逐渐由学区委员会转移至学监，再由学监部分转移到校长来实施。教师评价对于新教师来说，是通过某种形式的考核来确定其是否适合任教[①]。对在职教师来说，是监督其是否完成工作职责。还有一些个别学区要求教师每年都要参加考试[②]。总体来看，这一时期教师的评价是非正式的、非制度化的，主要附属于对学校工作的整体评估。

按照一定规则和程序开展的教师评价首先是从专职督学所实施的评价开始的。他们负责评价教师是否完成了交办的工作，即用学区印制好的教学大纲和材料，执行学区的教学工作安排，记录课堂诵记卡、出勤表等[③]。这已经比以当地政治角色如学区委员会的评价来决定是否聘用教师更加正规。为了评价教师是否完成上述指定的任务，大城市学区设计了复杂的教师工作等级评价表[④]。在 1915 年博伊斯的教师等级评价量表发表后，很多学区模仿该量表对教师个人特征和职责进行评价。到 1920 年，教师等级量表的使用已经很广泛了。1925 年，全美教育协会（NEA）的一份报告显示，在全国范围内的大城市中约 75％的

① BLUMENFEID L S. NEA：Trojan horse in American educaton［M］. Boise Idaho：The Paradigm Company，1984：98.
② ELSBREE S W. The American teacher［M］. New York，NY：American Book Company，1939：71.
③ ［美］雷蒙德·E. 卡拉汉. 教育与效率崇拜——公立学校管理的社会影响因素研究［M］. 北京：教育科学出版社，2011：58.
④ 同上，99.

学校开始实施各种各样的教师效率等级评价(teacher efficiency ratings)①。

20世纪早期,美国东北部是教育最发达的地区,纽约市教育局是当时美国最大的地方公立学校管理部门。20世纪20年代,管理着约25 000名公立中小学教师,学生达到90万。纽约市最早设立了教师评价制度,从纽约市的案例中,可以窥见20世纪初全美最发达的教师评价系统。

1. 评价目的: 判断教师是否为公众提供了令人满意的教育服务

从官方文件来看,纽约市规定教师评价的目的是,判断教师是否为公众提供了令人满意的教育服务。民选的教育委员会有权代表市民判断教师是否提供了令人满意的教育服务。文件提到:"在纳税人的支持下,年复一年地为教师开工资,教师工作作为一项公共服务应该对市民负责,这是教师职业的基本责任和义务"②。不过当时也有其他地方的文件表明,评价教师的目的不只是对教师的服务做例行公事的检查,也要使教师评价成为促进教师提高、改善教育教学效果的手段。纽约市的教育行政部门后来采纳了类似的政策,在开展的教师评价中除量化等级的评价外,也采用了向教师反馈评价结果,促进教师改进工作的做法。

2. 评价标准: 个性特征、工作职责及态度

20世纪早期,教师个性特征、工作职责及态度是评价教师的主要标准③。纽约市教育局评价教师的维度有五个:专业态度、教学、训导、个性特征、例行事务,代表了当时全美最详尽的教师评价标准。教学和训导等核心工作表现是判断教师等级的主要参考指标,每个指标及下级指标又有详细的解释。教师不仅按照职责要求开展日常工作,还要在评价时,提供有关这些指标的详细材料。下面根据《教师手册——纽约市学校指导用》(The Teacher's Handbook: A Guide for Use in the Schools of the City of New York),将教师评价标准汇总整理成如下表格。

① National Education Association. Standards for educational and psychological tests [M]. Washington, DC: Author, 1925.

② Department of Education, The City of New York. The teacher's handbook: a guide for use in the schools of the City of New York [M]. Honolulu, Hawaii: World Public library Association, 1921: 8 - 9.

③ PETERSON H C. A century's growth in teacher evaluation in the United State [M]. New York, NY: Vantage Press, 1982: 2.

表 3‑2　1921 年纽约市教师评价标准汇总表

维度	指标	表　现	
专业态度	出勤：旷工、迟到	如果教师无缘由旷工一天或两节课以上就视为教师对自身工作的重要性缺乏认识；如果教师在学生到校之前不能准时到校，就会将管理学生的责任推给校长和同事，是自私的表现。	
	合作：集体主义	学生在学校其他环境中，如操场、楼梯等出现状况时，教师都有责任进行必要的处理；如果学生参加学校的各种社团，带班教师应该帮助其准时出席；如果有新教师，应主动给予其帮助；积极帮助全校性活动和其他部门所组织的活动；积极与其他教师协调布置好学生的作业等。	
	社会服务	学校不仅是教育机构，还是社区的重要组成部分，要帮助社区教育公民，解决社区问题；应积极进行家访，了解周边社区，处理一些由社会带给学生的问题，如饥饿、睡眠不足、残疾、过多家务劳动、参与帮派活动等。	
	志愿者活动	学校教育不仅是围绕课程的，更是围绕学生生活的，教师应该积极参与组织学生的活动，如运动俱乐部、乐团、文学社、辩论队等。	
	学生的身体健康	学生的身体发展与智力发展同等重要，学生的身体问题会直接影响其学习；教师应与校医密切合作，关注流行病的传染，积极预防学生近视，根据学生的视力和听力测量的结果来安排座位，指导学生保持好的姿势和体态，帮助学生养成良好的生活习惯。	
	忠诚	公立学校的教师都应忠于国家和本州的共和立宪制；在工作中，教师应忠于其职业，支持公民及其选举产生的学校委员会和相应行政机构的决策。	
	自我完善	在试用期，教师要逐渐掌握教学技能和学科内容；思考教学是防止教师陷入庸常，帮助其走上自我完善的途径；鼓励教师接受继续教育，虽然有些对学科教学没有直接影响，但教师在科学、人文素养上的提高会给教师的课堂教学带来新的活力，从而确立教师在专业发展上不断进取的态度。	
教学	英语运用	英语发音、吐字和情感准确、恰当，不能出现语法错乱、俚语、不清楚词语引申含义等现象，为学生的英语运用作表率。	
	学科知识	教师不应局限于教科书，应对本学科知识有广泛而深入的了解，并在内容的呈现上适合学生心理特征；教师还应了解本学科的发展史和前沿。	
	教学技能	备课	教学计划具体、清楚：认真分析教学主题，选择素材，设计板书。例如：阅读课教师要知道需要解释的词汇和短语，能给学生分配适当的阅读材料；算术课教师能根据难度选择例题、辅助图表和卡片等；自然课教师能利用有价值的实物素材，如植物、动物等引发学生了解自然界的兴趣等。
		设定教学目标	教师要设定一节课的具体目标，围绕目标开展教学，让学生清楚本节课的目标，并朝着目标学习，一节课结束后教师应用几分钟来总结、回顾本节课的目标。

维度	指标		表　现
		采用适当的教学方法	根据教学目标来选用教学方法;无论采用什么教学方法都务必保证学生能参与到学习活动中来;尽量少用讲授的方法;无论是新授课、训练课还是复习课,教师在选择教学方法的时候不仅要考虑学科和课程,更要考虑学生的背景、家庭环境、学习经验等。
		提问技巧	教师要设计问题顺序,指向教学目标;不应重复提问,以吸引学生的课堂注意力;提问的语言应是简单直接的,问题的含义清晰明确;一个问题的提问点不应多于两个,问题串符合逻辑,能激发学生的思考,应避免简单肯定或否定问答。
		学生训练	无论教师所引发的学生学习兴趣多么高涨,如果没有扎实的练习,学生的收获会非常有限。但练习不应只是死记硬背、简单重复,教师应强调同一个问题的不同视角,同一个原理的不同运用以及个性化的解释,以求使学生印象深刻。
		课堂参与和兴趣	课堂参与度越高,学生的收获越大,个别提问会影响课堂参与度;教师可采用项目学习、自由讨论、集体朗诵等方式保持全班的兴趣;教师要在教学过程中随时关注每个学生的能力,并能通过多种方法处理走神等,否则会出现课堂纪律问题;按能力分组教学和分配课堂作业有利于每个学生进步。
	教学效果		评价教师一定要在相当程度上依据学生的学习效果;学生的学习效果不仅体现在学科知识上,更体现在自主学习的态度和能力上;还要从全面发展和健全公民的角度考察教师的教育效果。
训导	班级管理		教师能公正有效地管理班级;教师要规范学生的仪表、姿势、语言、行为,使学生有集体主义精神,但并不是一味地压制学生。
	学生自我管理		学生在楼梯间、大厅、操场、街道及其他公共场所的行为举止反映教师是否锻炼了学生的自我控制能力,主动遵守公共道德规范的能力。
	出勤管理		养成学生遵守纪律、不迟到、不旷课的习惯,避免使用粗暴或不公正的控制措施,用鼓励、表扬、督促等积极的方式。
	个性培育		教师要指导学生按照较高的道德标准行事,正规的道德教学不如教师日常的行为示范更有效。
个性特征	仪表		教师应保持整洁,着装得体、大方,不着奇装异服。
	声音		声音语调令人愉悦、有力,避免尖利刺耳、大声喊叫,这也有助于教师健康。
	情绪		热情、欢快。
	谦恭有礼		教师对管理者、同事、家长和学生都要保持谦恭有礼,特别是对学生,要像对待成人一样。
	自控		能控制自己的情绪,以保持学生对教师的尊重。

续　表

维度	指标	表　现
	领导力	有号召力，能组织好团队工作，有资源、有意愿、有能力承担责任。
	机敏	做事稳妥、优雅、考虑周到，善于交往，无论是与学生、家长，还是与同事。
	有同情心	有信心和爱心与学生建立密切的关系，参与他们的情感生活，能体察学生困难，并帮助其解决。
例行事务	汇报工作	能够为学校及管理部门准确及时提供有关学生和教学的信息、报告、表格，包括点名册、记录卡等官方记录，体现较高的执行力。
	教室管理	教室整洁干净、空气清新、温度适宜、光线适宜；教师的办公桌上有每天的计划、参考书、教学材料、图表、标本、地图仪等，有条不紊，爱护公物。

资料来源：Department of Education, The City of New York. The teacher's handbook：a guide for use in the schools of the City of New York [M]. Honolulu, Hawaii：World Public library Association，1921：12-56.

3. 等级性评价方式：总体印象法

20世纪前期，由地方教育管理者所实施的等级性教师评价占主流[1]。纽约市一直实施等级制的教师评价，通过评价将教师分为：A、B+、B、C、D五个等级。前三个等级为"满意"，后两个等级为"不满意"。纽约市一般由校长或其他教育局的官员来核定教师等级。虽然官方文件对评价标准及其指标进行了详细的描述，但并没有进一步给出操作性的建议，因此在评价的过程中，教师的等级受评价者个人因素的影响很大，即便是校长对同一所学校的教师也缺乏一致性的判断。管理机构也很难判断等级的可信度[2]。

纽约市教育当局也认识到，当时的等级评价方式无法说明个体教师的优缺点。为了弥补这一缺陷，在等级评价后添加了有关特别报告的记录栏，对教师优点的发扬和缺点的改正发挥了一定的作用。当教师被评价为不满意等级的时候，则在记录栏中指出哪些方面存在不足。因此，在1921年以后的教师评价中，纽约市将教师评价表分为两个版本，一版给教育管理机构，一版给教师。教师版设有空白处，注明除正式评价要求外的其他备注事项，比如给教师的个性化诊

[1] PETERSON H C. A century's growth in teacher evaluation in the United State [M]. New York, NY：Vantage Press, 1982：2.

[2] Department of Education, The City of New York. The teacher's handbook：a guide for use in the schools of the City of New York [M]. Honolulu, Hawaii：World Public library Association, 1921：8.

断,给教师的建议等,以引起教师的关注①。

从那时起,等级作为总结性评价的结果一直沿用至今。另外,尽管东部大城市学区已经开始推行标准化考试,教师的评价标准中也将学生的学习效果列入其中,但依据学生分数评价教师效率在更多地方只是口号。

4. 评价者: 大城市学区教师组织的参与

20 世纪早期,教师评价确立了由代表受教育者利益的公职教育管理人员来执行的制度。规模较小的学区是由教育委员会委员来评价教师,规模较大的城市学区由专职的督学及校长来评价教师。由于这时教学的专业性尚未确立,教师评价由日常管理层实施。

这一时期,在一些人口较多的城市学区,教师组织不断发展,教师利益的代言人逐渐开始介入教师管理相关事务。例如,1913 年纽约市成立了被教育委员会认可的教师委员会(The Teachers' Council),开始影响教师评价事务。该委员会由 45 位教师代表组成,其主要功能是审议教育委员会的文件,并提出教师方的意见,代表教师向教育委员会提出有关教育政策、涉及教师利益政策的建议②。后来教师协商逐渐形成制度,地方学区教育委员会在讨论有关学校或教师事务时,包括影响教师福利的问题时,需根据相关规定邀请教师委员会代表参加,教育局长或教育委员会必须听取其意见,但是教师代表在决议时并没有投票权。但是除了大城市学区,教师组织或教师协会还难以就教师政策发挥有效作用。

(二) 教师评价与教师人事管理的自然衔接

教师评价一开始就服务于教师的聘用、晋升、辞退、薪资、奖惩等。19 世纪的大部分时期,评价主要用于教师招聘。开始时,由民众或家长代表通过面试的方式对教师的读、写、算及道德操守进行评价。后来,由地方教育管理人员通过简单的考试来招聘教师。很多州及地方给符合一定条件并通过面试或考试的教

---

① Department of Education, The City of New York. The teacher's handbook: a guide for use in the schools of the City of New York [M]. Honolulu, Hawaii: World Public library Association, 1921: 9.

② New York State Teachers Association. Handbook on personnel practice of teachers: handbook on teacher's duties, right and responsibilities [DB/OL]. [2016 - 05 - 07]. http://babel. hathitrust. org/cgi/pt? id=coo. 31924013017250.

师颁发资格证书。教师一旦入职,很少由于专业能力不足被辞退,更多是由于地方财政紧张和个人道德问题被辞退。

20世纪初,随着师范教育的发展,各州逐渐将师范教育背景作为入职的条件,取消了入职考试。有些地方还建立了教师资格制度。招聘仍由地方教育管理部门实施,多根据是否具有资格证书或师范教育背景决定是否聘用,不再另行评价。以纽约市公立学校的相关法律为例,1921年时,教师是在督学委员会(board of Superintendents)建议下,由教育委员会(board of education)聘用。督学委员会有关聘用的相关建议是基于纽约州教师资格认证的相关规定,以及学区有关教师聘用的相关规定,审核申请人的资质并予以面试确定的,实际上缺乏对教师教学实践能力的考察或评价。全美的状况类似。

随着“效率崇拜”对学校系统的影响力不断加大,教师等级评定逐渐用于确定教师的薪资和续聘。1912年,纽约市学区督学约瑟夫·泰勒(Joseph S Taylor)提出:“完成任务的教师应该得到奖励,当然等级也可以与薪资挂钩;那些不能完成工作任务的教师只能被临时雇用;教师只有晋升到更高等级,并显示完全胜任这个等级时,才能得到更高的薪水”①。1915年宾夕法尼亚州碧沃瀑布(Beaver Falls)学区督学在全美教育协会督学分会会议上也说:“应用健全的工商业机构的人事管理原则管理教师,这一愿望普遍存在,促使大部分大城市和许多小城市学区的管理者采用绩效制来调控教师的薪水”②。

以纽约市的实践为例,被聘用的新教师有3年的试用期,在这3年中评价合格就可以签订终身聘用合同。新教师也可能在3年中由于各种原因,比如评价不合格、家长的投诉、出现违背道德规范的行为而被解聘。对持有终身聘用合同的教师则没有辞退的相关规定③,但是可以基于教师评价获得薪资提升。如果一个教师在低年级的工作被评价为合格,就可以提升到高一个年级任教,一直到

---

① TAYLOR J S. Measurement of educational efficiency [J]. Educational review, 1912(XIIV): 350 – 351.

② GREEN C C. The promotion of teachers on the basis of merit and efficiency[M]//NEA. Journal of proceeding and addresses of the fifty-third annual meeting and international congress on education, Chicago: University of Chicago Press, 1915: 473 – 474.

③ Department of Education, The City of New York. The teacher's handbook: a guide for use in the schools of the City of New York [M]. Honolulu, Hawaii: World Public library Association, 1921: 49.

最高年级 8 年级,之后可升任教育管理人员。如果要晋升到管理岗位,则需要对历年的评价记录进行审核。纽约市教师的任教年级、对应的薪资以及晋升的条件见下表。从全美来看,类似这样的薪资结构首先在科罗拉多州的丹佛市形成。到 1931 年,全美 22％的学校系统建立了这样的薪资制度①。到 1950 年,全美 97％的学校都采用了这样的薪资制,并将其称为单一薪资制(single salary schedule)②。

表 3-3　纽约市教师职业等级及薪资状况

任教年级	薪水	晋升
幼儿园小学 K-6 年级教师	第一年 1500 美元,每年薪水增长 150 美元,最高到 2875 美元	晋升校长助理的职务,条件主要看服务年限、教学记录、所修专业课程、书面考核等
7—9 年级教师	最低薪水 1900 美元,年增长 150 美元,最高 3250 美元	同上

资料来源:Department of Education, The City of New York. The Teacher's Handbook: A Guide for Use in the Schools of the City of New York [M]. World Public library Association. Honolulu, Hawaii, 1921: 49.

尽管当时有些学区可以根据新教师的评价状况解聘新教师,但由于教师的社会和经济地位较低、吸引力不大,除大城市学区外,其他学区较少由于评价不合格而解聘教师,反而是教师主动离职的情况较为普遍。直到 1939 年全美只有 43 起由于解聘问题发生纠纷的案例③。

(三) 教师评价与专业发展结合的萌芽

教师评价与专业发展结合的萌芽出现在以下几种实践中:教师见习制、学科督学的评价与指导、教师师徒制。美国从第一所师范学校起,就有通过教学现场指导和学习的方式来开展教学实践(practice teaching)或教学实习(student

---

① BRENNER A, DAY B, NESS I. The encyclopedia of strikes in American history [M]. New York: M. E. Sharpe, Inc. , 2009: 165.

② SHARPS D K. Incentive pay and the promotion of teaching proficiencies [J]. The clearing house, 1987(9): 406.

③ National Education Association, Committee on Tenure. Court decisions on teacher tenure reported in 1941[R]. Washington, DC, 1942: 31.

teaching)的做法①。20世纪初,地方学区开始为教师申请者设立见习制(cadet)②,边见习边教学。在制度安排上,有些学区在聘用教师前,会要求申请人进行时间不等的见习。见习期的教师有的能拿到较低的薪水,并被临时聘请(temporary appointment);有的没有薪水,但在聘用新教师的时候会被视为候补(Substitute)加以优先考虑。见习的教师不仅要观察正式教师授课,有的还要承担一小部分教学工作。例如,在俄亥俄州的辛辛那提学区,学区与当地师范教育机构合作设立了见习项目,但见习项目的主导者是师范教育机构。1913年的时候,项目规定教师资格证书申请人在师范教育机构毕业后需要在公立学校中见习两个月到1年,薪水是45美元每月,而正式教师的薪水65美元每月。见习期间每天要承担1/4的教学工作,见习期结束的时候,师范教育机构的项目负责人会按照优先顺序列出建议学区聘用的见习教师名单,学区根据需要将见习教师转为正式教师③。

与此同时,越来越多的学校委员会聘用专职的督学帮助教师提高教学水平。例如,1893年一位督学发表文章认为,"督学首先应该是教师的教师,是一位有丰富成功经验的教师,能对其他教师的教学进行评价的行家。一位成功督学的价值很大程度在于训练教师使其更好工作"④。有些督学不仅亲自上课给教师做示范,还经常组织教师进行观摩。随着学校数量和规模的进一步扩大,校长逐渐承担起听课和指导教师的工作。随着学校课程设置的增多,在一些大城市学区,逐渐出现了学科督导员(special supervisor)。1925年底特律的学科督导员通过听课、示范教学、直接辅导来培训教师,甚至协助督学聘用学科教师⑤。

随着美国公立中小学的发展、学生数量的快速增加,教师的需求量不断加大,接受过师范教育的教师供不应求。同时,教师的离职率很高,因为教师队伍

---

① MERIAM L J. The apprentice and the potential teacher [J]. Phi Delta Kappan,1938(5):160 - 161,163.

② HALL W J. Supervision of beginning teacher in Cincinnati [M]. Chicago, IL:University of Chicago Press,1913:5.

③ HALL W J. Supervision of beginning teacher in Cincinnati [M]. Chicago, IL:University of Chicago Press,1913:9.

④ 曾德琪. 美国教学督导的历史发展及其作用之演变[J]. 四川师范大学学报(社会学科版),1995(3):89—96.

⑤ 李小艳. 美国教育督导制度的历史发展研究[D]. 成都:四川师范大学,2010:17.

中绝大多数是女教师,很多女教师因结婚而离职。据估计,1925年全美短缺教师数量不少于15万人,每年约需要补充10%的新教师。以印第安纳州为例,同一时期教师的离职率达到16%,而该州每年师范学校的毕业生只有1275人①。面对这一形势,许多学区开始考虑以师徒制的形式来培养那些没有接受过师范教育或学术能力不足的新教师。

最早的教师师徒项目(apprenticeship program)可以追溯到1925年印第安纳州的格雷(Gray)学区。该学区的一所学校为新入职的9个新教师安排了一位优秀教师作为全职的指导者。该指导教师不仅能出色完成教学工作,还具有一定的管理能力。学校为指导教师安排了一个办公室,用于同新教师讨论问题,并为指导教师提供每月10美元的额外补助。学校为新教师安排的教学任务略少于一般教师,因为新教师每天要拿出1个小时来接受指导教师的指导。指导教师不仅要观察新教师上课,还要带领新教师观察其他教师的教学,每两个星期或1个月还要开1次集体研讨会议。在1个学期的指导结束后,6个教师取得了明显的进展,退出项目,第二个学期又有2个教师胜任了教学岗位,只有1名新教师又经过1年的指导后仍没有取得任何进展,主动要求离开。至此,其他新教师都顺利过渡,被聘为正式教师。②

上述案例代表了20世纪早期教师评价与教师专业发展结合的萌芽,无论是在见习项目中,还是督学的教学指导以及教师师徒制项目,教学现场已经成为教师专业诊断、评价和发展的重要场所。

二、 20世纪四五十年代追求科学化的教师评价实践

20世纪四五十年代,学区越来越多地将教师研究和教学研究的成果运用于教师评价实践。在一些大城市学区,教师评价措施更加科学化,其中包括依据上述研究建立的评价标准体系、评价程序等。但是这一时期为了维护教师职业的稳定性,一些地区开始采用教师终身制。教师评价逐渐呈现出与教师人事管理分化的趋势。不过,新教师问题受到更多的关注,新教师项目得到了发展,在这

---

① ROSSMAN G J. Apprenticing the beginning teacher [J]. The elementary school journal, 1927 (9): 663-673.

② 同上。

些项目中教师评价与教师的专业发展联系更加紧密。

（一）关注专业能力和表现的教师评价实践

20世纪四五十年代，随着美国公立中等教育快速普及和师范教育升级扩张，教师数量逐渐满足，开始关注教师质量问题。1958—1960年全美连续开展了3次教师质量大讨论，要求评价教师的专业性。两大教师组织——全美教育协会（NEA）和美国教师联盟（AFT）也主张将教师的薪水、福利和劳动保障与教师的专业性及专业地位联系起来。在此背景下，以专业能力和表现为本的教师评价制度逐渐确立。如果用一个案例来说明这一时期美国教师评价实践的新发展，经济文化教育的后起之秀——加利福尼亚州（以下简称加州）是首选。加州1950年成立了"教师人事工作联合委员会"（Joint Committee on Personnel Procedures），开始指导包括教师评价在内的全州教师政策。

1. 评价目的开始分化

20世纪四五十年代，教师评价的目的逐渐分化。首先，教师评价的首要目的仍是判断教师所提供的公共教育服务的质量，但是对公共教育质量的判断根植于公众、管理者及其他利益相关者对公共教育目的的认识。随着进步主义思潮的退却，美国有关教育目的的认识出现了分歧。教育目的上的分歧造成教师评价或看重学生的成绩（以政府的诉求为代表），或看重教师的素养和能力（以学术诉求为代表），或看重教师在工作现场的表现（以专业诉求为代表）。例如，加州"教师人事工作联合委员会"就提醒学区的教师评价者应该认识到教师评价有多种目的，如果打算由一个教师评价项目来服务各种目的，最终可能一无所获[①]。造成上述目的分歧的原因包括：随着基础教育普及，教育机会均越来越受到了关注；随着冷战的开启，公立学校学术的追求也受到重视。公民的目标、职业的目标乃至学术的目标势均力敌，教师首要的职责是帮助学生适应生活还是做好学术准备，这一摇摆不定的形势使教师评价无所依托。

这一时期，教育目的虽然没有为教师评价提供依据，教师评价却客观上起到了协调教育管理者、教师乃至教育研究者对教学或学校工作认识的功能。无论

---

① HOWSAM R B. Who's a good teacher? [M]. Burlingame, CA: California Teachers Association, 1960: 8 - 9.

教师还是教育管理者都想知道,什么样的教学对学生的发展是有价值的、有多大的价值。人们重新把关注的重点放在学校的教育教学实践上,这促进了对教学专业性的认识。同时,通过教师评价为教师管理提供决策依据仍是当时赋予教师评价的主要功能之一。例如,"教师人事工作联合委员会"提出,所有有关学校的决策都应基于教师的情况、教师工作的情况、教师人事的情况来定,如教师终身制、提升或辞退①。

2. 评价标准强调教师的专业能力及表现

20 世纪四五十年代心理学的研究对教师评价标准的科学化起到了较大影响。研究者和研究机构详细地区分了教师的各种素质和能力,并将其与学生的行为表现和学习效果联系在一起,确定为独立的评价变量。各种专业研究团体在此基础上为教育行政机构提供了各种版本的教师评价标准。下面以影响较大的"加州教师教育委员会"(California Council on Teacher Education)所制定的教师能力标准为例。该标准被加州教师联合会时任主席亚瑟·科瑞(Arthur F. Corey)所推荐。该标准共分为六个部分:教师的学习指导能力、教师的咨询指导能力、教师的文化教育能力、教师学校工作能力、教师的社区工作能力及教师的专业责任和能力,较全面详尽地体现了当时所认定的教师专业内涵。下面以教师的学习指导能力为例,来说明越来越科学化和专业化的教师评价标准。

表 3-4　1952 年加州教师教育委员会教师能力标准节选

内容	标准	指标	解释
学习指导	能运用学习心理规律来指导学生个体和群体的学习	持续有效地激发学习动机	认识并能根据学生兴趣、能力和需要进行指导
			运用学生经验和生活背景进行指导
			引发学科兴趣
			利用学生固有的内在动机
		为学生提供各种学习经验	
		为学生提供有效的实践机会	

---

① HOWSAM R B. Who's a Good Teacher? [M]. Burlingame, CA: California Teachers Association, 1960: 9.

续　表

内容	标准	指标	解释
		有效的评价措施	
		设计有意义、结构化的学习过程	
		有效传递	
		发展每个学生的能力	
	能运用学生发展规律来设计学习活动	根据学生的需要和能力设计学习活动	认识学生的发展和学习规律
			认识到学生群体的社会多样性
			认识到学生的家庭影响
			认识到学生的社区影响
		为学生安排不同的活动和任务	
		在课堂活动中运用心理原则	
		能解决学生的生理和心理健康问题	
	在课堂自由和秩序上能保持平衡	具有安排合作活动的能力	
		不断发展学生的责任感和领导力	
		建立民主的课堂组织程序	大组或小组活动
			为学生提供领导和合作机会
		为学生提供独立批判思考机会	强调自由表达和开放思维
		为各种能力水平学生提供机会	
		提供发展学生态度、情感、社会性等的机会	
	有效的教学过程	布置任务的能力	
		表达技巧	
		讨论技巧	
		使学生参与的技巧	
		激发个体兴趣和创造性活动的能力	
		监控学习的能力	为学生的学习提供方便
			教给学生学习的技巧
		发展学生的自我评价能力	

续 表

内容	标准	指标		解释
	设计有效的学习活动	帮助学生设定适当的学习目标		单元学习目标
				每日课堂学习目标
				特殊的学习活动目标
		根据学生的需要选择学科内容、组织教学程序		学科内容
				学习活动
				教学材料
		选择、制作、运用多感官参与的教学辅助用具		黑板、布告栏、平面图、模型、标本、录像、电影、幻灯等
		利用各种人脉		
		社区资源		家庭生活资源、社区访问调查等
	课堂组织的有效性	适当的活动顺序		
		妥善地运用各种材料、设施和设备		
		高效利用课堂时间		
		控制课堂物理条件：温度、亮度等		
		对学生的身体和心理状态保持敏感		
	有效运用诊断和干预措施	熟悉普通的诊断性测验		
		能准备简单的诊断性测验		
		能管理和实施诊断性测验		
		能运用其他适当的诊断性程序		
	有效运用评价措施	非正式的评价（记录、观察和问卷）		能搜集有用的信息并解释运用信息
		标准化测验		熟悉本领域的标准化测验,能选择适合特定情况的标准化测验,能管理、实施、解释并运用测验结果
		开发测验		熟练开发适当的测验,能评价、解释并运用测验结果
		准确详细记录		能开展个案研究、积累数据
		能判定等级并撰写报告		

资料来源：LUCIEN K B. Measure of a good teacher ［R］. Stanford, CA：A production of the California Council on Teacher Education, 1952：17 - 28.

3. 教师评价的系统观察法

20世纪四五十年代主要延续使用已经出现的三种主要的教师评价方式：观察法、考试法和等级评定法。考试法主要用于教师资格认证。而等级评定法在实践中暴露出越来越多的弊端，由此衍生出各种五花八门的评价指标①。尽管这一时期，等级评价表尽量包括一些非常具体的指标，但是这些指标很难综合反映高质量的教学，更谈不上根据这些等级来预测教师所教学生的发展状况。

这一时期观察法得到快速发展。为了避免观察法沦为总体印象法，20世纪50年代以后出现了系统观察法。受教育研究科学化思潮的影响，出现了一批分析取向的观察量表②。哥伦比亚大学师范学院的教授罗米耶特·史蒂文斯（Romiett Stevens）为了使系统的课堂观察和分析有据可依，还发明了"速记报告"（stenographic reports）③。这种方法被一些地方采用，通过逐字记录真实课堂，来指导教师教学工作的改进。日益复杂的系统观察法虽然能较为准确地反映教师在课堂上的一些行为，但很难确定在复杂的情况下，教师的这些行为是否有效。有的地方则将课堂观察到的教师行为与学生行为、学业成绩等证据联系在一起为教师评定等级④。

4. 重视评价者的专业性

这一时期督学或学区的学科督学、校长或规模较大的学校的副校长等教育管理者仍然是教师评价的主要实施者，但是随着各种复杂的观察量表的出现，专家对教师评价的影响越来越大。专家不仅制作各种量表、调查问卷及其他的测量和调查工具，控制评价的过程和程序，还培训教师评价者。随着民主思想的渗透，一些评价者也认识到在评价过程中与教师进行沟通和交流的重要性。

（二）教师人事管理与教师评价的分化

20世纪四五十年代，教师人事制度开始与教师评价分道扬镳。这开始于教

---

① POPHAM W. J. California's precedent-setting teacher evaluation law［J］. Educational researcher，1972(1)：13 - 15.
② 杨向东. "课堂观察"的回顾、反思与建构[J]. 上海教育科研，2011(11)：17.
③ SULLIVAN S, GLANZ J. Supervision that improve teaching and learning：Strategies and techniques[M]. Thousand Oaks，CA：Corwin Press，2013：15 - 16
④ ANDERSON L W, BURNS R B. Research in classrooms：the study of teachers，teaching and instruction［M］. Oxford：Pergamon Press，1989：5 - 6.

师争取权益的斗争。早在大萧条后期,教师们就开始抱怨工资和退休福利过低,社会保障法令的出台也没能使教师的状况得到改善。二战后,由于政府要偿还战争贷款,教师工资仍保持战时低水平,但却遭遇通货膨胀的威胁。同时,退伍军人大量涌入教师队伍,使占教师队伍多数的女教师处境更为不利①。黑人民权运动也成功启发了包括女性和教师在内的弱势群体。全美各地教师纷纷罢工,掀起了争取权益的斗争,他们要求提高待遇,保障工作岗位的稳定性。随后,教师终身制和教师集体谈判被越来越多的州所采纳,教师评价与教师人事管理开始分化。

1. 州一级教师终身制的确立

20 世纪初期,就有一些州将教师分为终身教师(permanent teachers)、试用期教师(probationary teachers)、代课教师(substitute teachers)等不同的类别。比如,加州 1922 年时法律就规定,获得教师资格证书、在教师人数多于 8 人的学区承担全日制教学工作两年以上的教师就被定为终身教师类别;承担全日制教学工作少于 2 年的是试用期教师;非全日制临时补缺的教师为代课教师②。1925 年时,全美共有 4 个州像加州一样在全州范围内做了类似规定。

1937 年,纽约州立法机构通过了《任期法》(Tenure law),被列为《教育法》第312b 条款。根据该法,教师终身教职受州法所规定的正当程序的保护。从当年起,教师在一年的试用期过后,如果被校长认定为合格,将由学区督学书面向学区教育委员会提交申请,聘用该教师。学区教育委员会确认后与教师签订终身聘用合同。被终身聘用的教师只有在资格证书到期、裁员、退休、出现身体状况或另有任用的情况下才会终止合同,或者在一些极端的情况,如玩忽职守、不胜任教学、不服从或做出不道德的行为,才会被停止聘用。如果学区要辞退教师,需要经过正当程序。如果教师申诉,学区委员会必须限期召开听证会。如果教师申请法院仲裁,学校和学区教育局要负责举证。教师组织的律师有义务维护教师的权益。解聘教师一旦走上法律程序,不仅耗时较长,而且学区要负担教师

---

① [美]韦恩·厄本,杰宁斯·瓦格纳. 美国教育:一部历史档案[M]. 北京:中国人民大学出版社,2009:414—415.

② WOOD C W. An analysis of the laws relating to tenure and salaries of teachers [M]. Los Angeles, CA: Hardpress Publishing, 2013:5-6.

这期间的薪水,成本很高。

随后,全美教育协会为了促进并调查全美教师终身聘用现状及制度的实施,成立了任期委员会(The Committee on Tenure)。该委员会1942年的调查显示,约44%的教师是被终身(permanent)聘用的,21%的教师具有续聘资格(Continuing contract statutes),7%的教师与地方学区签订的是长期聘用合同(long-term contract),只有7%的教师是年聘的,还有21%的教师没有相关聘用制度的保护①。到1947年,只有7个州没有设立教师终身制,12个州没有强制实施教师终身制,其他31个州都强制实施了教师终身制。到20世纪50年代中期,有任期保护的教师数量达到了总数的80%②,教师终身制基本形成。

伴随教师终身制的实施,确立了新入职教师的试用期制,亦称为短期聘用制或年聘制。加州最早的试用期教师(probationary teachers)是年聘(year to year)的。教师需每年向学区上交工作总结,如被认定工作令人满意,将在2年后自动转为终身聘用③。到1948年时,有5个州规定在试用期的任何时间都可以辞退教师,其他州没有对辞退试用期教师做出详细规定④。一般而言,教师是否能够转为长期聘用,要在试用期阶段接受从教学能力到教学表现再到教学效果的评价。因此这一阶段不仅视为教师发展的关键期,也是教师评价重点发挥作用的关键期。

2. 教师集体谈判制度的发展

早在20世纪初,一些地方教师群体每年召开大会讨论教师和教学问题,其中就包括教师的薪水太低、教师任期没有保障,有关教师的法律不明确等问题。1916年美国教师联盟(AFT)成立,马上投入为教师争取权益的斗争。1918年各地相继成立了地方性教师组织,负责保障教师权益。通过与地方教育委员会的协商,地方教师组织的意见逐渐体现在有关规章中。20世纪20年代以后,教师

---

① National Education Association, Committee on Tenure. Teacher tenure: its status critically appraised [R]. Washington, DC, 1942: 39.

② MCGUINN P. Ringing the bell for K-12 teacher tenure reform [EB/OL]. [2016-04-18]. http://www.americanprogress.org, Feb.

③ WOOD C W. An analysis of the laws relating to tenure and salaries of teachers [M]. Los Angeles, CA: Hardpress Publishing, 2013: 5-6.

④ ANDERSON E W. Teacher tenure: analysis and appraisal by National Education Association, Committee on Tenure, Academic Freedom [J]. Educational Research Bulletin, 1949(3): 82-83.

组织与工会组织的关系加强,例如美国教师联合会(American Teacher Association,ATA)在美国劳工联盟(American Federation of Labor)的支持下,将后者争取到的劳工权益覆盖到教师群体。从 20 世纪 30 年代开始,随着美国大萧条及罗斯福新政的实施,联邦以法律形式赋予了劳工组织谈判的权力[①]。之后,教师越来越习惯求助于教师组织来与地方教育管理机构处理争议和纠纷。

20 世纪 40 年代,教师集体谈判制进一步发展。一些州的法律规定,终身教师如被学区以不称职为由辞退,学区需要履行听证会等必要的程序,教师也可以要求教师组织予以协助[②]。1941 年时,《企业调和和仲裁法》(Industrial Conciliation and Arbitration Act)修改,将教师也算作被雇用者,教师集体谈判被正式纳入解决劳资纠纷应履行的程序[③]。此后,美国教师联盟得以快速发展。在教师组织的支持下,教师在辞退案件中不断取得胜利[④]。同时各地教师组织大力推广单一薪资制,并要求教师薪资要同社会其他行业薪资保持同样的增长比例。经过与教育当局长期斗争,到 1944 年全美成功出现第一例教师组织与地方学区经过集体谈判而签署的协议[⑤]。1948 年已经有近百年历史的全美教育协会正式宣布将集体谈判纳入行动策略[⑥]。随后,学区通过与教师集体谈判达成协议而后出台教师政策的做法在各地陆续出现。

有关教师终身聘用、薪水、职责、试用期及解聘、退休、请假和教师评价等各项教师政策逐渐形成了与教师组织协商的惯例。1962 年肯尼迪政府签署法令,允许政府雇员参加工会。同年,纽约州教师通过罢工使纽约州政府妥协,签署了一项集体谈判协议,提高了教师工资。自此,州一级的教师集体谈判进入快车道。到 1969 年,全美 50 个州中,已有 30 个州赋予公立学校教师集体谈判的合

① 王学璐. 美国教师集体谈判发展研究[D].保定:河北大学,2015:13.
② WOOD C W. An Analysis of the Laws Relating to Tenure and Salaries of Teachers [M]. Los Angeles, CA:Hardpress Publishing,2013:6-7.
③ THOMPSON E W. Collective bargaining:the first forty years [J]. ATA magazine,2005(2):41.
④ BARR A S, BRANDT W J. Teacher tenure [J]. Review of educational research, Teacher Personnel,1946(3):271-273.
⑤ [美]乔尔·斯普林. 美国教育[M].合肥:安徽教育出版社,2010:291.
⑥ U. S. Department of Health, Education, and Welfare. Collective action by public school teachers vol. Ⅰ:teacher organization and collective actions [R]. Washington, DC,1968:35.

法权利①。此后,教师集体谈判制度从维护教师直接的切身利益,如薪水、工作量、聘期等,逐渐发展到维护教师的专业权利,包括教师评价和教师专业发展等。教师同行评价就是在教师集体谈判制度下,通过协商争取教师专业自治的一项措施。

（三）新教师项目与教师评价的联系进一步加强

20世纪30年代前,教师质量的提升主要通过督学、校长和学科督学在教学评价和巡视时为教师提供专业指导。随着教师见习项目和新教师项目的推行,在教学现场通过评价和指导提高教师教学水平的做法逐渐流行起来。

20世纪四五十年代,学区对新教师项目的需求变得迫切起来。首先,20世纪40年代,一些州教师聘用制确定了新教师有1—3年不等的试用期。这一制度为新教师接受评价和指导提供了时间、身份上的便利。其次,二战前后教师离职率高,新教师所占比例越来越高。根据官方统计,1942年城市教师的离职率是9.3%,乡村教师的离职率是23.9%,全美教师平均离职率为17.3%。不过这一时期的离职率高不再是因为占教师总数很大比例的女教师因结婚而离职,而是与教师职业社会地位较低以及战时的特殊需要有一定的关系。战后教师离职率虽有一定程度的下降,但与其他职业相比,仍居高不下。再者,这一时期师范生常延迟就业。据全美教育协会1954—1955学年的统计,1/4新教师是在大学毕业1年后入职的,20%是在大学毕业后2年入职的,而10%的新教师入职时已经毕业3年及更长的时间②。最后,教师的地域流动增强,在一些西部州,如加州、内华达、俄勒冈和华盛顿州,有超过1/3的新教师不是在本州接受的师范教育③。

在上述背景下,新教师问题成为教育领域关注的热点之一,全美兴起了有关新教师的研究。如1942年俄亥俄州、1952年纽约州的教育厅都对新教师所面临的问题进行了全州或更大范围的调查。在此基础上,中北学院与中学联合会

---

① 王学璐. 美国教师集体谈判发展研究[D]. 保定：河北大学,2015：26.

② National Education Association, Research Division. First-year teachers in 1954－55[R]. Research Bulletin 1956(3)：3－47.

③ LAMBERT S M. Beginning teachers and their education [J]. Journal of teacher education, 1956 (4)：347－351.

(North Central Association of Colleges and Secondary Schools)，首都地区学校发展委员会(Capital Area School Development Association)连续召开以新教师为主题的会议，交流解决新教师问题的经验和办法。会议发现，在各学区的相关探索中，除了帮助新教师解决生活问题如住房、社交外，委派一名有经验的教师来帮助新教师是解决教学专业问题最有效的途径①。例如，帮助新教师制定教学计划、处理班级纪律问题、写工作报告、明确学校和所在社区的情况等。

这一时期，还出现了一些评价新教师的项目，通常被称作新教师监管(supervision)项目或者新教师导入(induction)项目。这些项目中负责评价、帮助、指导、监管新教师的是校长、学校中的其他管理者或学科督学②。学校管理层主要以开会的形式，将新教师介绍给所有教师，为新教师介绍学校的制度、办学目标等，将新教师介绍给社区的家长，帮助新教师使用学校或社区的图书馆等。

随着上述项目的发展，资深教师(experienced teacher)和专家教师(master teacher)也越来越多地参与其中，或采用全职的方式，或采用兼职的方式帮助新教师，有的学校将其称为"密友教师"(buddy teacher)③。指导和帮助新教师的形式也更加灵活多样，更加深入。指导教师不仅要协助新教师安置生活事宜，还要帮助新教师适应学校的日常工作，更重要的是在专业能力上帮助新教师提升。例如，与新教师讨论教学设计、一起参加家长会，邀请其他资深教师一起合议新教师的教学案例等。

在这一时期，新教师项目以帮助新教师适应学校生活为主，以指导新教师专业发展为辅，但已经为评价措施的融入奠定了基础。

第三节　本章小结

本章探讨了 20 世纪前半叶美国教师评价的发展。这一时期美国处于中小

---

① MARSCHNER R, COCHRANE J. Effective practices of 48 schools: fewer nightmares for the beginning teacher [J]. The clearing house, 1952(9): 515-517.
② EDMOMSON J B. Assisting the new teacher [J]. National association of secondary-school principals, 1954(1): 40.
③ JONES H M. Orienting new faculty menbers: "helping teacher" plan of webster High [J]. The clearing house, 1953(7): 397-400.

学制度不断完善的时期,但基本形成了教师评价的框架。教师评价思想和实践在科学管理思潮的影响下,以追求教育教学效率为目的,关注对教师能力特征和工作表现的分析与监控,从总体印象评价逐渐发展到对教师专业能力和行为的分析和测量,评价者从学区督学逐渐过渡到以校长为主,学科督学、专家乃至学生等共同参与其中。但是金字塔式的评价权力结构和专家对教师个性和能力特征的分析,在实施的过程中也逐渐表现出现各自的局限:一是过于强调评价的控制作用,忽视评价激励教师的个体能动性的作用;二是将教师及教学看做研究分析的对象,无法将诊断的结果用于改进教学实践。这为下一个阶段民主和临床督导取向的教师评价发展提供了契机。

从管理的视角来分析这一时期的教师评价,可以发现教师评价天然地与教师的聘用辞退、薪资奖惩联系在一起。但20世纪四五十年代教师终身制、单一薪资制的发展,阻碍了教师评价绩效管理功能的发挥。这使得教师评价与教师绩效管理的重新结合成为下一个阶段改革的重点。

从专业发展的视角来看,20世纪早期就出现了教师见习、教师师徒等教师现场学习的模式,20世纪四五十年代新教师项目继续发展,但教师评价与教师专业发展还缺乏实质性的联系。这使基于教师评价的教师专业发展成为下一个阶段发展的重点。

第四章　20世纪六七十年代专业发展取向的教师评价

20世纪六七十年代对美国教师评价来说,有两股力量发挥了较大的作用:一是民主化思潮冲击教育领域,教育界更关注教师的专业权力;二是来自教师教育领域的临床指导思想的传播。经过半个多世纪的发展,教师评价不再仅仅是强调管理和效率,人们越来越认识到评价应该基于对专业的深入理解和沟通,是持续的、动态的、发展的过程,被评价的教师也必须积极参与其中,只有如此才能发挥教师的主观能动性,发挥评价促进教师专业发展的功能。在教师评价实践上,也开始重视教师评价促进教师专业发展的功能。首先,评价贯穿整个新教师项目。其次,依靠评价来实施的教师职业阶梯制。在教师终身制日益巩固的情况下,教师评价依然发挥对教师人事管理的影响作用。与此同时,受到教育管理权上行的影响,州一级的教师评价制度越来越普遍。

第一节　民主和临床取向的教师评价思想

20世纪六七十年代,民主化教师评价思想和临床督导教师评价思想借鉴参考上半个世纪科学分析取向的教师评价思想,将评价定位为评价者和被评价者双方共同对课堂教学进行分析、平等对话和交流合作的活动。民主和临床取向的教师评价思想都认为,无论是为教师划分等级,还是基于证据来判断教师是否达到某些标准,都必须触及教师教学最真实、最深层次的问题,满足教师能力发展最根本的需求,否则对教师的意义就会大打折扣。只有在教师评价的过程中,评价者与教师就实际发生的教学活动进行沟通交流并合作提高,教师才会积极地参与到评价中来,最终获得专业认识和能力的提高。

一、 民主取向的教师评价思想

20世纪早期就存在的学校民主管理思想，到20世纪40年代，与管理领域出现的"人际关系"学说结合在一起。20世纪中期逐渐发展起来的社会民主化运动，进一步与上述思想呼应，形成了民主取向的教师评价思想。民主取向的教师评价思想指，在教师评价事务中强调被评价的教师具有平等地位和主体意识的思想。这种思想主张，只有教师在评价中发挥主观能动性，才能发挥评价促进教师专业发展的功能。

1941年，芝加哥大学教育系主任拉尔夫·泰勒(Ralph W Tyler)最早认识到人际关系研究将影响未来教育管理的趋势[①]。1948年肯塔基大学的校长弗兰克·迪基(Frank G Dickey)首先提出民主评价(democratic evaluation)的概念。随后督导与课程开发委员会(Association for Supervison and Curriculum Development，ASCD)的副主席罗伯特·利波(Robert R. Leeper)发表有关教育领导力的文章，倡导在教师评价问题上与教师合作。此外，艾尔西·科尔曼(Elsie Coleman)、乔治·雷德芬(George B. Redfern)等也持有类似的观点。

（一）评价目的： 合作提高

主张实施民主化教师评价的学者提出，民主就是永续发展，评价的目的就是使所有参与评价的人得到提高；要实现理想的评价必须使评价民主化；没有民主化，评价就不可能最终使学生或教师实现"理想"和"善"的目的[②]。

民主化教师评价思想指出，在确定具体的评价目标时，要对人类学习活动的灵活性和合作性予以重视，只有这样才能以创造性的思路不断解决教学中的问题。迪基指出："民主的评价根植于人类合作、创新和持续发展的能力[③]"。教师与管理者之间应围绕改善教学而合作，同行或同事之间应是服务、协调和带领的关系，最终落脚于激发每个人自我发展的热情。利波认为民主的教师评价应该：(1)以改善课堂教学为最终目的；(2)建立评价者和被评价者双方都可以接受的

---

① 陈如平. 效率与民主——美国现代教育管理思想研究[M]. 北京：教育科学出版社，2004：192.

② PETERSON C H. A century's growth in teacher evaluation in the United State [M]. New York, NY：Vantage Press, 1982：68.

③ DICKEY F G. Supervision in Kentucky [M]. Lexington, KY：University of Kentucky, 1948：10.

目标;(3)促进对教育问题的研究;(4)促进教师的专业发展①。由此可见,民主评价的核心在于平等合作,落脚于教师的发展和发展权力的保障。

(二)评价者与被评价者之间的民主关系

民主的教师评价首先要求将有关教学的各个方面的成员都纳入评价体系中来,并在熟知情况的、有能力的、有洞察力的成员的带领下以积极的、合作的态度来实施教师评价。迪基认为,在非民主的情况下,权威处于领导的位置,组织的结构是金字塔形的,少数的权威处于金字塔的顶端,脱离其他成员,其权威来自于其职位。而在民主的框架下,权威就在群体中,是通过公认或选举而产生的,其主要职责是释放群体的潜力和活力,在各种事务中分享领导力,能够保持对评价进展的持续关注②。利波则指出:作为评价教师的教育管理者必须弘扬"他们与教师关系中的民主"③。但更为关键的是,民主的评价要求将评价责任从赋予一人的模式转化为集体参与的模式,地方教育管理者、校长、监督咨询者和被评价教师都要参与进来。参与度决定着评价的成败。教师应参与制定评价的目标、计划、方法和程序。在这种情况下,管理者是教师的同事和参谋。民主评价也提倡教师进行自我评价。

(三)目标性评价方法

民主的评价主张目标性评价方法。教师评价要能够促进教师朝着评价者和教师事先所设定好的目标发生思维上或行为上的变化。例如,雷德芬评价方法(Redfern method)要求为教师设定一个特定的发展目标。具体说,就是在评价教师前,校长或其他评价者要与教师开会,就发展的目标达成一致意见④。这一目标应与学区的办学目标是一致的,并在教师的工作层面是可以实现的。评价就是目标达成度的评估,并据此决策是否需要修改目标。评价的具体方法包括

---

① LEEPER R R. Supervision: Emerging profession [R]. Washington, DC: Association for Supervision and Curriculum Development, 1969. //SULLIVAN S, GLANZ J. Supervision that improve teaching and learning: Strategies and techniques. Thousand Oaks, CA: Corwin Press, 2013: 17.

② DICKEY F G. What are good teachers worth? [J] Phi Delta Kappan 1954(4): 185 - 187.

③ 同①。

④ REDFERN G B.. How to evaluated teaching: a performance objective approach [M]. Worthington, Ohio: School Management Institute, Inc., 1972: 22.

课堂观察和评价会议。

目标性评价法的实施还要求评价者和教师开展团队工作,积极的人际关系在评价过程中是第一位的。目标评价法也不排斥教师评价标准,但是评价标准必须是教师所认同和接受的,而且能够同教师更长远的、全面的发展目标联系在一起。

二、 临床取向的教师评价思想

20世纪六七十年代,美国社会充斥着种族冲突和动荡不安,舆论将贫穷、失业、吸毒、酗酒、堕胎等问题归罪于学校教育及缺乏实际教育能力的教师。美国民众期望教师不仅在某一学科有造诣,而且还是一位有教育教学能力,在教育教学实践中善于处理各种实际问题的"临床专家"。这也是美国社会及教育发展对教师专业化所提出的新要求。过往研究者所提出的各种教师素质、能力和表现要求,各种评价标准、评价方式和评价主体,似乎对提高教师的实际教育能力作用有限。理论界进一步聚焦于教育现场,教师评价转向基于现场实践的专业化评价,形成了临床取向的教师评价思想。

"临床督导"(clinical supervision)理论是临床取向教师评价思想的基石。最早提出教师"临床督导"理论的是哈佛大学的罗伯特·古德海默(Robert Goldhammer)和莫瑞斯·科根(Morris Cogan)。同一时期,没有其他理论像"临床督导"理论一样产生如此深远的影响。1969年古德海默以及1973年科根先后出版《临床督导》一书。查理斯·瑞维斯(Charles A. Reavis)于1978年出版了《通过临床督导提升教师》(Teacher Improvement through clinical supervision)。一项研究发现,20世纪80年代90%以上的学校管理者都在一定程度上采用了"临床督导"模式[1]。1992年吉斯·艾奇逊的《临床督导和教师发展:职前和职后的应用》连续出版6次。由此可见,这一理论自出现以来几十年来热度不减。这一理论使教师评价更关注于教师现场专业能力的诊断,教师通过与评价者沟通现场诊断的发现获得专业发展。评价者与被评价者之间的沟通与对话这一做法影响了这一时期及后来所有教师评价政策和实践。

---

[1] BRUCE R F, HOEHN L. Supervisory practice in Georgia and Ohio [R]. Hollywood, FL: Paper presented at the Annual Meeting of the Council of Professors of Instructional Supervision, 1980.

（一）评价目的：促进教师专业发展

教师评价的目的大致可以分为两类：一是为聘用、留用和晋升决策提供依据；二是帮助教师改进教学①。在这一点上科根的观点与半个世纪前的主张没有什么两样。不过，教师评价目的决定着教师评价方式。第一类为了教师人事决策的目的，要求教师的评价结果之间应有可比性，因此要求评价工具必须客观公正。研究者主要考察评测工具的信效度。如果教师评价的目的是改进教学，那最关键的就是评价对教师后续行为和态度产生的影响②。对于教师的临床督导来说，科根指出其目的是后者，即通过基于现场的诊断不断提升教师的工作水平，改善教育教学。

科根指出，如果将改进教学工作的评价与人事管理类的评价分开来，教师实际上都真诚地希望有人为自己的教学改进提供建议。教师们也认为持续不断地提高专业能力才是专业人员的职业生存方式。在这个过程中，教师要自主设置目标，还要在朝向目标发展的过程中不断被反馈③。科根的合作者古德海默在推广"临床督导"这套理论时，也指出"评价应精准指向改进的目标"④。只有直接针对教师的教学，而不是根据评价表格中的指标及其描述或评价者的喜好给教师以反馈，才能帮助教师提高，最终使学生学得更好。

（二）评价者和被评价者应是同行关系

在临床督导模式中，评价者也是指导者，指导者也是评价者。评价者或指导者的英文均是"supervisor"，也有人将其翻译为"视导者"或"督导者"⑤。本研究暂将其称作"评价指导者"。科根所设计的临床督导并不是管理者的职责之一，而是专业人员的一项全职工作⑥。科根主张评价指导者主要开展课堂观察。

---

① COGAN M. Clinical supervision [M]. Boston, MA: Houghton Mifflin, 1973: IX.
② MCKENNA B H. Teacher evaluations: some implications [N]. Today's education, 1973(2): 62.
③ COGAN M. Current issues in the education of teacher [M].//RYAN K. The 74th yearbook of the National Society for the Study of Education. Chicago, IL: University of Chicago Press, 1975: 213 - 215.
④ GOLDHAMMER R. Clinical supervision [M]. New York, NY: Holt, Rinehart and Winston, Inc. , 1969: 2.
⑤ 李珀. 教学视导[M]. 台北：五南图书出版公司,1999 年.
⑥ GARMAN N B. Reflection, the heart of clinical supervision: a moden rationale for professional practice [J]. Journal of curriculum and supervision, 1986(1): 1 - 24.

"如果评价指导者将工作时间主要用在教师的课堂观察上,就能切中教学实践的要害,更准确细致地理解教师的教学"①。同时科根认为,被评价指导的教师也应该是在工作中能独立思考和自由行动的人,并能为本专业不断增加新知识②。被评价指导的教师务必要向评价指导者阐明对评价的期望是什么,自己的困难在哪里。在具体的临床督导过程中,应该由被评价指导的教师来确定课堂观察的重点,邀请评价指导者给予帮助③。

科根将评价者和被评价者两者之间的关系视作"同行关系"(collegial relationship)④。他们一起来研究课堂上发生的事情。临床督导理论的操作性内容就是为两者的共同工作提供一个程序性的框架。为了使二者更好地合作,科根特别强调要保持对教师职业的尊重,把教师作为专业人员来看待。临床督导过程中对教学的分析和指导、程序安排、讨论和反馈等,都应基于教师的教学需求并与教师进行充分的平等对话和沟通。有研究者还提出"临床督导中评价双方应作为合作者,对教学开展合作学习"⑤;有的学者提出"同行协商"(colleague consultation)的概念⑥。

(三)五步课堂观察法

科根和古德海默在医学领域临床教学的启发下,将针对教师的临床督导过程划分为五个步骤。第一步,课堂观察预备会。评价指导者要与教师召开一个课堂观察预备会。会议的主要目的是使评价指导者与教师之间建立融洽的关系,为将要开展的课堂观察、信息搜集等做好心理准备及关系的铺垫。第二步,课堂观察。预备会议之后就可以跟教师确定要观察的课,并开展课堂观察。课上评价

---

① COGAN M. Current issues in the education of teacher [M]. //RYAN K. The 74th yearbook of the National Society for the Study of Education. Chicago, IL: University of Chicago Press, 1975: 218.

② 同上, 205.

③ DRUMMOND W H. Involving the teacher in evaluation [J]. The national elementary principal, 1973(2): 32.

④ COGAN M. Toward a definition of profession [J]. Harvard educational review, 1953(XXIII): 33 – 49.

⑤ JONE S W. Teachers-as-collaborators in clinical supervision: cooperative learning about teaching [J]. Teacher education, 1984(4): 60 – 68.

⑥ GOLDSBERRY L. Colleague consultation: supervision augmented [M]. //RUBIN L. Critical issue in educational policy: an administrator's overview. Boston, MA: Allyn and Bacon, 1980: 334 – 344.

指导者要详细做好笔记,以备课后与教师展开分析。第三步,评价指导者对课堂观察所搜集的信息进行分析。科根主张根据一定的标准体系进行分析,而古德海默则反对这一主张,认为应该让"数据自己说话"①。但是两者都提醒,评价指导者应该注意自身所带的先验观念和偏见,以免影响搜集到的数据所传递出的信息。第四步,沟通。分析完成后,评价指导者要选择沟通的策略,以便教师接纳、认可并主动地进行反思。策略的选择基于评价指导者对教师的了解,比如对有些人可以直接沟通,而对另外一些人则采用示范的方式。然后与教师会面,沟通交流并确定改进计划。第五步,反思与改进。评价指导者通过跟踪观课等,诊断教师是否在所指出的方面有所改善,并帮助教师确定下一步专业发展的目标。科根和古德海默同时指出,即便是严格按照这五个步骤实施,教师的教学也未必会出现立竿见影的改善。对于临床督导来说,最重要的是真诚的同事关系和学习的氛围。

第二节 州一级教师评价体系的出现

20 世纪六七十年代,随着大城市学区教师评价政策的实施,以及《国防教育法》的影响,州政府逐渐认识到教师评价对保障和提高教师质量,乃至整体教育质量的重要性。这不仅要求教师评价真正发挥促进教师专业发展的功能,势必也要求在教师终身制的框架下使教师评价作用于教师人事管理。这一阶段美国出现了第一个州级教师评价制度,试图在州一级初步建构管理与发展相平衡的教师评价体系。

一、 州级强制性教师评价政策的出现

1965 年国会通过了《初等和中等教育法》之后,联邦和州所支付的教育经费比例进一步扩大,到 1979 年联邦和州政府对学校的投入第一次超过地方。人们憧憬着公立学校"在一种体制或框架下,进行连续不断的革新"②。此后,州级教师制度进入快速发展期,不仅包括教师资格认证,也包括教师评价。到 1967 年,

---

① GOLDHAMMER R. Clinical supervision [M]. New York, NY: Holt, Rinehart and Winston, Inc., 1969: 85.

② BAILEY S K. Political coalitions for public education [J]. Daedalus, 1981(3): 32.

已经有 13 个州出台相关法律，要求对教育工作者进行评价[①]。全美教育进展评估(National Assessment of Education Progress，NAEP)项目 1970—1971 就学生的阅读能力进行了第一次调查，1974—1975，1979—1980 的第二次、第三次调查结果公布后，对学校及教师的批评之声渐起[②]，州一级的教师管理措施不断加强。加州领风气之先，在 1971 年率先通过了州强制教师评价法——《斯托尔法》(Stull Bill)，为其他各州做出表率。

（一）全美第一部州级教师评价法

加州是美国第一个通过专门立法强制实施教师评价的州。《斯托尔法》要求各学区必须建立教师评价制度，对持有教师资格证书的教师和管理者每两年评价一次，以示对公立教育负责。《斯托尔法》还要求将学生在每个学习领域中的进展作为评价教师的依据之一。随着强制性教师评价制度的实施，依据教育效果即学生的学习进展来评价教师的威力显现出来，甚至推动州或学区建立新的课程结构并推动教学实践的创新。

《斯托尔法》还要求通过评价给教师设置一些外部的激励，并指出奖励和惩罚都能使教师调整自身的行为。通过教师评价促进教师的专业发展也没有被忽视。《斯托尔法》指出，"将教师对自身职责完成情况的评价作为调整日常工作的依据"[③]。该法还强调利用评价来促进教师学习，如教师评价应"建立确定的程序，对教师进行适当的控制，并形成一定的学习氛围"[④]。

（二）能力、表现与绩效相结合的教师评价标准

随着冷战升级，苏联卫星上天的国际局势带来的冲击，公众对学生学业水平越来越关注。公立学校管理者渐渐觉得各专业机构所推荐的评价标准缺少"牙齿"。因此，加州学校委员会联合会(California School Board Association)主张各学区使用包括教师特征、学生学业进展、教师行为等综合一体的教师评价标准。1960 年，加州学校委员会联合会与加州教师联合会（California Teachers

---

① THEODORE H L. Teacher tenure as a management problem [J]. Phi Delta Kappan, 1975(7)：459－462.

② ［美］约翰·I. 古德莱得. 一个称作学校的地方[M]. 上海：华东师范大学出版社，2014：48.

③ The Stull Bill，AB 293. Article 5. 5 of the Education Code [DB/OL]. [2016－04－03]. http://www.nusd. k12. ca. us/boardmeetings/2014. 02. 18. tee. pdf.

④ 同上.

Association)共同成立了教师人事工作联合委员会（Joint Committee on Personnel Procedures），并制定了这样的教师评价标准，具体内容见表4-1。后来加州《斯托尔法》要求学区建立不同于以往的更加详实的教师评价标准，并推荐使用以下标准框架。

表4-1 1960年加州教师人事工作联合委员会的教师评价标准框架

维度	指标领域	维度	指标领域
教师的特征	智力	学生的收获	班级水平
	学科知识		学生的阶段性总收获
	学业成就		成绩
	教育背景		期待收获与实际收获
	专业知识和教育	教师行为	特殊事件
	文化背景		课堂观察
	年龄和经验	教师个性	略
	身体状况	不同教学任务所需要的特征	略
	兴趣		
	语言语调		
	仪表		

资料来源：Rosenberg Foundation. A special project prepared for Joint Committee on Personnel Procedures[R]. San Francisco, California：California School Board Association，California Teachers Association，1960：22-31.

从全美来看，这一时期教师评价标准从最初的教师工作职责及细节，加入了教师的能力素质等专业特征，进而包含了教师的专业表现及教学目标、学生学业进展目标的达成度。教师评价标准的各部分的比重如图4-1所示。

（三）形成性评价与总结性评价的提出

20世纪60年代末和70年代初开始区分总结性评价（summative）和形成性评价（formative）。当时两种评价叫做比较性评价（comparative）和技术性评价（technology）。比较性评价是决策型的评价，技术性评价则关注教学的一系列规则和行为，被认为是改善教学质量的关键所在[1]。比较性评价逐渐发展为以学

---

[1] POPHAM W J. Designing teacher evaluation systems：a series of suggestions for establishing teacher assessment procedures as required by the Stull Bill (AB293) California Legislature [M]. Los Angeles，CA：The Instructional Objectives Exchange，1971：296.

图 4 - 1 20 世纪七十年代全美教师评价标准各维度比重抽样调查结果

资料来源：CAROLYN W J. Teacher evaluation and the "Hand of History" [J]. The journal of educational administration，1983(9)：169 - 181.

生的学业成绩为依据来评价教师的问责式评价；技术性评价则逐渐发展为以系统、持续地搜集信息来改进教师工作的发展性评价[①]。

　　加州的《斯托尔法》采用了总结性评价和形成性评价两种评价方式。一方面提出用学生在各领域中的学业进展来评价教师，另一方面也提出评价要对教师的发展起到促进作用。要评价学生在各领域中的学业进展，首先需要有各领域的学业标准，还要有前测和后测。由于标准和测试在当时都不成熟，在实际操作过程中遇到了很大的困难。

　　为了促进教师反思并改进工作，《斯托尔法》规定用两种方式来向教师呈现评价结果，即书面报告和面谈。评价报告必须在学年结束前的 60 天发给教师。书面报告要指出教师的不足及应该继续加以改善的方面。教师要对评价报告给出书面的反馈，并作为人事档案存档。评价者和教师还必须在学年结束前进行面谈，确认评价结果。《斯托尔法》还规定聘用专家来帮助教师改善那些令人不满意的工作表现[②]。

（四）教师组织和教师代表的参与

　　20 世纪六七十年代，学区和教师组织开始通过集体协商来制定教师评价政

---

① ERNEST H R. Ernest. school evaluation：The politics and process ［M］. Berkeley，CA：McCutchan Publishing，1973：158 - 159.

② The Stull Bill，AB 293. Section 13488，Article 5. 5 of the Education Code ［DB/OL］. ［2016 - 04 - 20］. http://www. nusd. k12. ca. us/boardmeetings/2014. 02. 18. tee. pdf.

策。这对教师评价形成了制约,使得评价者不能轻易给教师差评,但这也使教师评价功能的发挥受到了限制。《斯托尔法》规定,学区委员会在制定本地教师评价政策时,应听取学区教师代表或教师组织的建议①。这在美国各州中是第一次从法律上明确要求教师评价措施的制定必须建立在教育管理方与教师工会方协商的基础之上。教育管理方如果在评价措施制定的过程中,罔顾教师组织或教师代表的意见,将引发教师群体的抵制,最终导致评价政策难以实施。这在20世纪70年代不断爆发的美国教师罢工运动中也有所体现②。加州曾发生过由于保守的工会领导人签订了不利于会员的集体合同而遭到抵制的事件。但是如果在教师评价措施上过于依赖教师组织或教师代表的意见,又会使教师评价沦为形式,难以发挥其应有的功能。

二、 教师评价与教师人事管理及教师专业发展的再衔接

(一) 教师终身制、职业阶梯及绩效薪资改革

20世纪70年代,盖洛普调查(Gallup Poll)等公立学校舆论风向标显示,民众特别是家长对各州所实施的教师终身制和旱涝保收、论资排辈的工资制非常不满③。随后以下几项教师人事改革成为舆论讨论的热点:(1)打破教师终身制,制定教师辞退政策;(2)教师职业阶梯(career ladder);(3)教师绩效工资制(merit pay, performance pay, incentive pay)。这三个热点都要求教师评价与之衔接。

1971年和1972年,在全美兴起了一场从公共服务机构到私人企业的反终身制运动。这场运动虽然没能将教师终身制的条款从法律中剔除,但很多州的相关法律都做了调整。例如,纽约和旧金山取消了校长终身制④;纽约要求教师

① The Stull Bill, AB 293. Section 13488, Article 5. 5 of the Education Code [DB/OL]. [2016 - 04 - 20]. http://www. nusd. k12. ca. us/boardmeetings/2014. 02. 18. tee. pdf.

② 龚兵. 从专业协会到教师工会——美国全国教育协会角色转变之研究[D]. 上海:华东师范大学,2004:106.

③ BROWN E L. The teacher tenure battle: incompetence versus job security [J]. The clearing house, 1982(2): 53 - 55.

④ THEODORE H L. Teacher tenure as a management problem [J]. Phi Delta Kappan, 1975(7): 459 - 462.

的试用期从 3 年延长到 5 年①。与此同时,教育管理当局反对教师终身制的态度越来越坚定。1972 年美国学校管理者联合会(American Association of School Administrators)的调查显示,82% 的学校管理者反对现行的教师终身制,其中 14% 认为应该取消,84% 认为应该改革。在支持改革者中,29% 的人认为应该将试用期延长至 5 年或以上,53% 的人主张教师应每 5 年续聘一次,13% 的人主张公众代表也要参与教师辞退的决策②。1971 年到 1972 年,半数州提出重新审议或修改教师终身制条款。其中,很重要的一项内容就是要求基于教师评价的结果来决定教师是否能够续聘。

教师扁平化的职业等级状况和单一薪资制也受到批评。早在 20 世纪 50 年代末 60 年代初,纽约、特拉华、堪萨斯等州就尝试实施绩效工资制改革,但是由于计划不成熟最后放弃。据统计 1963 年时,在全美最大的 2 500 个学区中只有 5% 的学区有绩效薪资,且实施绩效薪资的学区有 2/3 学生数量低于 6 500 人③。20 世纪 70 年代末"全美州长联合会"(The National Governors Association, NGA)召开专题会议,研究实施专家教师计划(master teacher plan)、教师职业阶梯(career ladders)、绩效工资(Merit pay)等④。20 世纪 80 年代初,田纳西、德克萨斯、犹他州建立了全州范围的教师职业阶梯制度;密苏里州出台了指导性意见;佛罗里达州、加州都尝试修改法律,实施与教师职业阶梯匹配的多层级薪资改革。很多州不仅建立了与职业等级配套的薪资制,并开始考虑基于教师教学质量、教学表现的评价,实施激励性薪资改革,同时对教师承担额外的专业工作,如指导新教师、学校课程建设、年级组长等进行薪资补贴。

(二) 新教师项目推动了教师临床评价

20 世纪六七十年代,随着对教师质量越来越关注,教师专业发展问题也成为讨论的重点。首先是新教师的专业发展。当时的情况是新教师一入职就要承

---

① LANZARONE M R. Teacher tenure: some proposals for change [J]. Fordham law review, 1974 (3): 526 - 561.

② American Association of School Administrators. All about alternative [J]. Nation's schools, 1972: 28.

③ TEMPLETON I. Merit pay [J]. Educational management review series, 1972(10): 2.

④ POPHP C. Merit pay/master teacher plans attract attention in the states [J]. Phi Delta Kappan, 1983(3): 165 - 166.

担与其他教师同样的工作任务。如果是小学教师的话,需要马上承担约 30 个学生一个班全年的教学任务;如果是中学教师的话,平均每天要承担 5 个班的教学任务。甚至在一些学校,新教师比一般教师的任务更重,要承担学校公共场所的管理,接手的班级也通常是学校中较差的班级。在工作之初,学校校长等管理者会来对他们的工作做出评价,但基本上得不到什么系统的反馈。他们也没有机会观察有经验的同事是怎样开展教学的①。此外,由于新教师对学校工作流程、文化氛围不熟悉,再遭遇学生的挑战,会顿时陷入慌乱,产生挫败感。鉴于上述情况普遍存在,解决新教师问题从上个阶段的探讨和尝试,到这个时期变成了实施和推广;从上个阶段重点关注新教师的生活适应,到这个时期开始关注专业实践力的提升。

1963 年,科南特(James B Conant)发表的卡耐基基金会资助报告《美国教师教育》(the Education of American Teachers)建议地方学区对处于困境中的新教师给予帮助:(1)减轻新教师的工作责任;(2)帮助新教师准备教学材料;(3)为新教师提供有经验教师的指导,并相应地减轻指导教师的工作负担;(4)将新教师难以处理的问题学生调到有经验的教师班上;(5)为新教师介绍有关学区、社区、学校及可能遇到的情况②。

随后一些州,如威斯康辛州、佛罗里达州、俄亥俄州等开始设立新教师项目,关注新教师专业发展,对新教师的工作进行评价和诊断。在全美产生较大影响的项目当属 1963—1966 年俄勒冈州率先在全州范围内的实施"临床督导"项目。项目总负责人是"临床督导"理论的创始人科根及其团队,还有当时最知名的课堂教学行为分析专家纳德·佛兰德斯(Ned Flanders),负责教学策略的是高水平思维研究专家希尔达·塔巴(Hilda Taba)、玛丽·阿什娜(Mary Aschner)及她们的团队,指导学生探究及课堂教学评价的是理查德·萨奇曼(Richard Suchman),此外还有教师教育专家保罗·托兰斯(Paul Torrance),指导学区、大学开展合作项目并对其进行系统分析的专家詹姆斯·加拉格(James Galagher)。

---

① Commission on Public School Personnel Policies in Ohio. Realities and revolution in teacher education:report Number 6 [R]. Cleveland Ohio:Greater Cleveland Association Foundation,1972:30.
② 科南特.科南特教育论著选[M].北京:人民教育出版社,1988:226—227.

该项目与同一时期全美其他专业发展项目相比囊括了最多最有影响力的教育专家和学者,并形成了迄今影响全美的新教师指导和评价模式(见下图)。

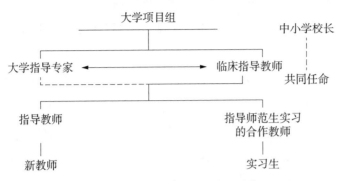

图 4-2 俄勒冈州临床督导项目①

资料来源:WARD W, SUTTLE J. The Oregon Plan to improve the induction process: The program to prepare supervising teachers and the organization of schools and colleges to accommodate the process [J]. Journal of teacher education,1966(4):444-451.

项目实施的过程中人们逐渐发现,有的分支项目主要依靠大学的力量,有的分支项目更多地依靠当地学区和学校的力量。来自大学的专家与来自中小学的指导教师各有优势,前者更具有前瞻性和科学性,后者具备丰富的教学经验。在后一类项目中,指导教师来自于学校,他们全职监控几个新教师的专业进展。

随后其他州纷纷效仿。例如,1967—1968学年,纽约州开始实施新教师项目,7个学区,20个学校,20多名专家教师为127名新教师实施了指导。次年,项目发展到10个学区,被指导的新教师数量达到200名。20世纪70年代初,马里兰州在全州实施的教师师徒项目(Maryland Mentor Teacher Program),通过了教师集体谈判(collective bargain)的程序,并在实施的过程中考虑到教师职业阶梯(career ladder)的因素,由优秀教师及资深教师对新教师进行指导,还考虑到与之配合的薪资补助。在指导结束时,项目求指导教师和新教师共同提交专业进展报告,表明其产生了一定的效果。

这一时期,终身教师也开始要求为其设置临床专业发展项目。据统计,在1971—1972学年,全美有教师专业发展预算的学区低于总数的1%。俄亥俄州的调查发现,高达 68％的教师认为他们缺乏专业发展机会①。一些地区所开展的教师专业发展主要通过两个路径：一是大学所提供的学分教育;二是学区所提供的在职培训。大学为在职教师所设计的培训课程很少关注教师的实际需要,很少关注具体的教学技能,对参与课程的教师缺少综合诊断,课程既没有针对性,更谈不上个性化。学区所开展的在职培训项目包括工作坊、习明纳(seminar)和讲座,但很多项目质量差,不能吸引教师的参加。对参加过这类项目教师的调查发现,有 56％的教师认为学区在设计和实施项目的时候根本不考虑他们的意见②。尽管如此,教师还是认为专业发展对他们来说不仅重要,而且必要。20 世纪 70 年代末对 7 个州的样本所做的研究也发现,教师的工作是孤立的,很少与同行开展合作项目。尤其是高中阶段,教师与教师之间的相互帮助及在学校改革方面的合作很少或不存在。很多人说,他们从未观摩过其他教师的课,不过样本中 3/4 的教师都希望能有机会观摩他人的教学。他们认为,这主要是因为学校系统缺乏鼓励和支持教师开展同事之间的交流、改进教学乃至解决学校问题的机制③。

由此可见,20 世纪六七十年代,无论是新教师还是终身教师都迫切需要有针对性、有价值的专业发展机会,而最能解决教师燃眉之急的是"将评价和提高结合在一起"④的专业发展项目。

第三节　教师同行支持与评价模式的出现

在民主和临床取向的教师评价思想的影响下,在州和地方教师评价措施不断出台的背景下,设计一种教师评价模式既满足教师管理的需求,同时也为教师的专业发展提供助力就成为时下所需,教师同行评价就是在这一现实背景下产

---

① Commission on Public School Personnel Policies in Ohio. Organizing for learning: a report of the Commission on Public School Personnel policies in Ohio [R]. Cleveland Ohio: Greater Cleveland Association Foundation, 1971: 49.

② 同上.

③ ［美］约翰·I. 古德莱得. 一个称作学校的地方[M]. 上海：华东师范大学出版社,2014：164—165.

④ GOOD T L, Teachers make a difference [M]. New York, NY: Holt, Rinehart and Winston, 1975: 175.

生的。俄亥俄州托莱多学区（Toledo）的教师同行支持与评价项目（Peer Assitance and Review，PAR）是全美第一个教师同行评价项目，自产生以来一直是被效仿的对象。该项目在地方教师组织和学区管理部门的集体协商下，以教师评价为线索重新整合了教师专业发展与教师人事管理。这一项目的启动，涉及地方教育规章的修改、现存各类教师项目的整合、评价权力和职责的重新分配、人力资源的开发与利用，是制度、系统和组织重建的成功样例，也对此后全美的教师评价实践产生了深远的影响。正因如此，已经有30年历史的教师同行支持与评价项目在2001年又被福特基金会和哈佛大学肯尼迪政府学院评为全美五大政府创新项目之一。

一、教师同行评价产生的背景

20世纪上半叶，随着美国中小学入学人数大增，各类大学大量增设师范教育项目。到20世纪70年代，教师数量已经供大于求。据统计，1970年全美有410万教师竞争240万教师岗位。俄亥俄州与全美的情况类似，全州有53所教师培养机构，1971年有16 325名毕业生获得了教师资格证书，而真正被聘用的新教师只有6 675名，约占41%，此外还有近2 000名外州申请者，希望能进入总数达10万人的俄亥俄州教师队伍。在这种情况下，优中选优成为保障和提升教师质量的时下所需。不过20世纪六七十年代，俄亥俄州还没有形成州一级的教师评价制度。多数学区由校长等教育管理人员作为评价者对教师进行例行评价，即将评价日程提前告知教师，教师和学生做好准备后，评价者进行课堂观察，填写学区所要求的相关记录和档案，并为教师评定等级。但教师的等级划分并不能直接用于人事决策，对实际改进教师教学作用也有限，因为俄亥俄州已经实施了教师终身制。根据州法，教师在得到专业教师资格（professional certificate）后就会获得连续服务身份（teacher continuing service status）①。同时，俄亥俄州缺少新教师指导机制，也没有终身教师的专业发展项目，这种状况不能满足优化教师队伍的需求。为改变上述状况，州和学区从20世纪70年代开始进行大刀

---

① Commission on Public School Personnel Policies in Ohio. Teacher tenure：the second report of commission on public school personnel policies in Ohio［R］. Cleveland Ohio：Greater Cleveland Association Foundation，1971：6.

阔斧的改革,层出不穷的教师创新举措和项目为托莱多学区教师同行支持与评价项目的产生提供了各种可借鉴的做法,并为其营造了良好的外部氛围。

俄亥俄州的改革是在专业团体和教师组织的支持下展开的。1970年在俄亥俄州教育厅(Department of Education)、俄亥俄教育联合会(Ohio Education Association)、俄亥俄学区委员会联合会(Ohio School Board Association)、俄亥俄教师联盟(Ohio Teacher Federation)等机构和组织的支持下,成立了俄亥俄公立学校人事政策委员会(Commission on Public School Personnel Policies in Ohio)。该组织在调查研究的基础上,推广各种有关教师的创新举措,其中包括教师评价项目、教师专业发展项目、教师合作教学项目、教师职业阶梯项目等。这些项目有教师实习(intern)项目、团队教学(team teaching)项目、巴特尔自我评价项目(Battelle Self-Appraisal Instrument)、教师分层(differentiated staffing)项目、优秀教师年聘(year-round employment of selected teachers)项目等。

俄亥俄公立学校人事政策委员会首先建议,在全州超过4200所中小学中选择1000所为新教师建立为期两年的实习项目。该项目为完成师范教育刚入职的新教师配两名有经验的教师,对其进行指导,并授予这两名教师"培训教师"(training teacher)的资格。培训教师要同新教师一起承担前两年的教学工作,共同备课,进行团队教学,培训教师要评价新教师的教学。两年结束后,新教师要提供有关材料作为实习阶段的总结和评价依据,检查通过后获得正式教师资格。该委员会还建议将这种制度常态化、普遍化,认为这不仅有利于新教师的成长,而且也有利于学校未来教学研究工作的开展。

团队教学项目,指两个或两个以上教师组成教学团队,共同诊断学生的需要,负责他们的教学任务,教师们由此可以取长补短提升教学质量。比如,春田学区(Springfield)实施了两个教师共同负责两个班级教学任务的项目;在北奥姆斯特德学区(North Olmsted)的三个小学,所有教师都参与团队教学;在托莱多学区,还为教师团队教学指派了组长①。随着项目的发展,团队教学小组长逐渐发展成为教学带头人,还获得了薪资上的补助。

---

① Commission on Public School Personnel Policies in Ohio. Organizing for learning: a report of the commission on public school personnel policies in Ohio [R]. Cleveland Ohio: Greater Cleveland Association Foundation,1971:46.

　　巴特尔自我评价项目,是由巴特尔纪念馆(Battelle Memorial Institute)和学校管理研究所(School Management Institute)联合俄亥俄州 90 个学区所实施的,通过评价教师的表现来改善教师教学的项目。该项目虽叫自我评价项目,但实际上项目设置评价咨询者(appraisal counselor)。评价咨询者可以是教师、校长、管理者或教育系统内部的其他成员。评价者咨询者要承担教师的朋友、建议人、观察者的任务,跟教师一起确定工作目标,并在实现目标的过程中检查教师日常教学中的行为和表现,找出优势和不足,给出具体的建议和指导[①]。该项目为参与的学校提供了详细的有关有效教学的资料、有关教师表现的评价工具以及有关心理、测量、儿童发展的指导信息。

　　教师分层项目,实际上是俄亥俄州的教师职业等级项目,其主要目标是在薪水和工作职责及专业水平上将教师区分为不同的等级。最低等级的教师是"助理教师"(Associate Teacher),基本由初任教师担任,教学责任最轻;上一个等级是"正式教师"(Staff Teacher),由有经验的教师担任;再上一个等级是"资深教师"(Senior Teacher),是教学的带头人,同时负责学校的课程和教学创新,也可以指导同事,但是教学任务要稍轻于正式教师;最上一个等级是"专家教师"(Expert Teacher),具有博士或同等学位,在相关领域具有高深的知识,主要负责研究及教学推广[②]。

　　优秀教师年聘项目,主要解决学校里那些最优秀的教师离开教学岗位,晋升为学校或学区管理者,由此寻求地位提升、薪水增加的问题。因为教师职业扁平化,缺乏晋升及激励渠道,很多优秀教师离开了教育岗位。例如,沃润(Warren)学区所实施的优秀教师年聘项目不仅为学区 5％最优秀的教师提供更高的薪水,也要求他们必须全年工作,包括假期,发挥他们的优势,帮助指导新教师,建设学校课程,服务于学校的教学提升等。[③]

---

① Commission on Public School Personnel Policies in Ohio. Teacher evaluation to improve Learning: The forth report of the commission on public school personnel policies in Ohio [R]. Cleveland Ohio: Greater Cleveland Association Foundation,1972:13.

② 同①,48－49.

③ Commission on Public School Personnel Policies in Ohio. Organizing for learning: a Report of the commission on public school personnel policies in Ohio [R]. Cleveland Ohio: Greater Cleveland Association Foundation,1971:52.

二、 托莱多教师同行支持与评价项目的产生

（一）托莱多已有的教师项目

20 世纪 70 年代，托莱多学区跟俄亥俄州其他学区一样，尝试实施一些创新项目来提升教师质量。这一时期，托莱多学区实施的一个教师专业发展项目叫做"导师项目"（Mentor Program）。该项目的目的是通过大学课程、工作坊、会议、工作组、独立研究、游学、课程发展、专业写作、教学观察帮助新教师提高专业知识和技能。学区为此成立了由教师和管理者代表组成的专业发展委员会（Professional Growth Board）来领导项目实施。根据项目设计，每种活动都对应职业发展积分，教师可以自主选择适合自身需要的职业发展活动，或在这些职业发展活动中贡献自己的力量，同时也能靠这些活动积分获得薪资的提升[①]。该项目有三个实施原则：教师要参与项目计划的制定，项目要为教师提供多种专业发展活动，专业发展要与薪资挂钩。

同时，托莱多学区也在实施州里推动的团队教学项目，并在这个项目的基础上实施了"同行督导"（peer supervision），即教学团队中一个资深教师或组长对整个团队的教学情况负总体责任，监管和支持整组的教学，并在一个阶段教学任务完成后，做出总结性评价，以便完善下一个阶段的教学计划。组长要履行的责任包括对团队中的每位教师的能力进行分析，并据此决定其在团队教学中所承担的任务[②]。这不仅要求团队的关系融洽，还要求教师打破个体教学的独立性，相互观摩，相互支持。教师同行支持与评价项目实际上整合了上述项目中实施最成功的、最有效的部分。

（二）教师同行支持与评价项目的创设

教师同行支持与评价项目的产生不仅建立在已有实践的基础之上，还与当地各利益相关方的态度，创始人的管理思想、工作经验，甚至一些偶然的事件及

---

① Commission on Public School Personnel Policies in Ohio. Realities and revolution in teacher education：report number 6 ［R］. Cleveland Ohio：Greater Cleveland Association Foundation，1972：51－52.

② Commission on Public School Personnel Policies in Ohio. Teacher evaluation to improve Learning：The forth report of the commission on public school personnel policies in Ohio ［R］. Cleveland Ohio：Greater Cleveland Association Foundation，1972：22.

人事安排有关。

教师同行支持与评价项目的创始人是达尔·劳伦斯(Dal Lawrence)。他从1961年就开始做教师,1967—1997年一直担任美国教师联盟托莱多分支机构托莱多教师联盟(Toledo Teacher Federation,TFT)主席。他熟知本市教师队伍状况及存在的问题,并有着与当地教育管理部门丰富的交涉经验。20世纪70年代初,劳伦斯看到本学区新教师的表现非常让人失望,认识到解决新教师的问题对于提升教师质量来说是最紧迫的。他在调查研究本州各类新教师项目后,建议学区为新教师建立一个为期5年的全方位的培训项目[1]。但是学区认为这样做投入过大,资金人员负担过重。同时学区迫于舆论压力认为,当下最需要解决的教师问题是如何辞退不称职的教师。而在辞退教师的问题上,除非教师出现了极端的行为或道德问题,学区才能启动辞退程序,学区对教学质量不高的教师束手无策。

在此基础上,劳伦斯及他的团队提出了教师同行支持和评价这个设想来照顾双方需求,让优秀教师为新教师及被认为不称职的终身教师提供支持与评价,一方面为这些教师改进教学提供机会,一方面在经过一段时间的诊断和帮助后,建议辞退那些仍然不适应的新教师和不胜任的正式教师。利用学校优秀教师为新教师提供指导,还可以节省其他形式的新教师专业发展所需的经费。劳伦斯就这一设想征求了广大教师的意见,很快得到了教师们的支持[2]。教师们认为,如果他们自己设定评价标准并对整个职业队伍自负其责,教师将获得与医生、律师一样的专业权力、地位、声望和尊重。

1971年到1981年间,劳伦斯不断游说学区接受教师同行支持与评价计划,却一再被拒绝。学区反对教师参与教师评价,特别是传统上负责教师评价并享有教学领导权的校长不想退让,认为教师工会试图侵蚀他们的权力。这样的僵局持续了约十年。20世纪70年代末,由于教师数量供大于求,全美各地教师的

---

① Project on the Next Generation of Teachers. A user's guide to peer assistance and review [EB/OL]. [2016 - 04 - 23]. http://www. gse. harvard. edu/~ngt/par/practice/toledo. html.

② Office of the Secretary of Education, California State University Institute for Education Reform, California County Superintendents Association. Peer assistance and review: working models across the country [R]. [2016 - 03 - 11]. http://www. calstate. edu/ier/reports/PARReport. pdf.

权益受到挤压,为了保护自身的权益,教师罢课风起云涌。1978年托莱多学区教师罢课,因为当地教师薪水增长远远低于通货膨胀、教育经费增长及其他行业薪水增长,教师的集体谈判权益得不到贯彻,教师组织的诉求也得不到满足。学区感受到来自教师罢课的压力。1981年托莱多学区聘请了新的教育局长,并组织了一个新的管理团队,他们认识到劳伦斯的计划可能具有缓解矛盾的潜力。学区表示,如果教师组织对开除严重不胜任的教师不过分干预的话,学区就支持教师同行评价的提议①。于是双方达成妥协,1981年3月双方签署协议,1981年9月开始实施,托莱多的教师同行指导和评价由此变为现实②。

三、 托莱多教师同行支持与评价的原创模式

解剖托莱多教师同行支持与评价项目,不仅能揭示教师同行评价本身的结构和功能,也可以由此进一步探寻其对美国教师评价所产生的影响。托莱多教师同行评价模式包括:创新多元的教师评价目的;评价标准的专业化、情景化应用;指导与评价合一的过程;教师集体参与集体负责的组织形式。托莱多教师同行支持与评价项目的实施效果也证明,教师评价不仅可以有效地将管理与专业发展的功能结合起来,还能激发教师专业群体内在的力量,保护教师的专业自主和自治。

(一) 创新多元的评价目的

教师同行支持与评价(下面简称PAR)项目的目的可以归纳为以下几个方面:(1)通过分享教学知识和技能,促进教师专业发展,特别是新教师的专业发展;(2)通过集体承担教师聘用及辞退的责任,重建共同决策的学校管理机制;(3)共享制定和维护教师专业高标准的责任,改革教学专业的外部决策制为内部协商制。

1. 专业发展

托莱多教师联盟设计PAR项目前就要求地方学区为指导和支持新教师提供资助,可见其初衷就包括促进新教师的专业发展。在制定项目计划时,托莱多

---

① Office of the Secretary of Education, California State University Institute for Education Reform, California County Superintendents Association. Peer assistance and review: working models across the country [R]. [2016 - 03 - 11]. http://www.calstate.edu/ier/reports/PARReport.pdf.

② 同上.

教师联盟还就此对教师进行了问卷调查："是否应该给所有新入职的教师在适应期提供支持？"931 个被调查者给予肯定的答复，216 名被调查者持否定态度，正反比例超过 4∶1[①]。在与学区的协商过程中，才将优秀教师或专家教师纳入其中，由他们为新教师提供指导，同时给予新教师评价并参与聘用决策。PAR 项目的实施效果也证明，参与评价指导新教师的专家教师也进一步加深了对教学的理解。PAR 项目的另一个组成部分终身教师干预（Intervention program），虽然在教师联盟与学区当局谈判之初，是作为交换条件来考虑的，但在项目实施过程中，是将教师的专业发展放在第一位考虑，尽量提升其教学能力，而不只是为辞退教师走过场。

2. 共享决策

PAR 项目是学区教师组织和教育管理当局两方妥协的产物。从教师组织来看，该项目可以使教师群体承担更大的专业责任，享有更大的专业权力。从学区来看，在当时的教师终身制、教师集体谈判法律框架的限制下，也难以找到其他有效的策略来优化教师队伍。因此，只有通过 PAR 项目让教师参与评价、共同决策，激发教师群体自我完善、自我约束的动力，才能整体提升教师队伍质量。

托莱多 PAR 项目的做法是使优秀教师分享教师人事决策权。根据对教学工作和专业水平的认定，优秀教师参与续聘有潜力的新老师、清除不能改进教学的终身教师的事务中去。托莱多 PAR 项目的创始人劳伦斯指出，公立学校一直承袭工厂管理的做法。教师尤其是优秀教师或有着更大的自我实现预期的教师，常常在"被管理"的情境中受挫折，从而萌生放弃教学职位的想法。赋予教师更多的专业责任是除提高教师经济待遇之外，唯一可以改善教师职业队伍状况的途径[②]。更多教师积极参与有关同事、学校和学区的决策，对专业和组织负责，是教师获得激励的最直接的途径。

3. 专业自治

PAR 项目赋予专家教师解释专业标准、控制专业发展、监督教学质量的责任。托莱多在 PAR 项目实施初期，教育管理当局对于专家教师是否能坚持执行

---

① LAWRENCE D. The Toledo plan for peer evaluation and assistance [J]. Education and urban society，1985(3)：347-351.

② 同上。

教学标准,对不合格的同行给出不利的评价持怀疑态度,更对教师联盟是否真能通过项目裁定辞退的教师持观望态度。教师联盟曾就此进行民意调查,除 101 名教师外,1195 名教师都认为应该坚持专业标准,执行专业裁定①。这表明了教师队伍维护专业标准的态度与决心。

劳伦斯在阐述 PAR 项目时也指出,与医生或律师等专业相比,美国教师对教学专业标准、教学工作质量尚不具有发言权②。教师的入职标准掌握在师范教育界的手中,教学工作质量则由校长来判断。但实际上,除了开展教学工作的教师之外,没有人能真正地把握并实施专业标准。包括校长在内的传统的教学评价者更多地将教学专业标准看作固定的、描述性的文件和表格,无法像长期从事教学工作的专家教师一样将教学标准转化为具体教学情境中的合理设计和恰当行为来看待。要实现教师专业自治,首先要改变专业标准的执行模式。PAR 项目首创了教学实践专家、学校管理层及教育学术专家共同掌控专业权力的模式。

(二)项目参与者的角色及功能

PAR 项目的参与者包括:学区管理当局(包括学区委员会和教育局)和教师组织共同组成的项目委员会(PAR panel)、咨询教师(Consulting Teachers,CTs)、新教师(intern/novice teacher)或工作陷入困境的终身教师(struggling veteran teacher)。

1. 决策共享的项目委员会

PAR 项目的管理机构是由教师组织和学区管理当局双方代表组成的项目委员会或评价委员会,以下统称为 PAR 委员会。该委员会是进行集中协商、表决的机构,也是项目的日常管理机构。PAR 项目是否能顺利实施很大程度上取决于 PAR 委员会的协调和管理。

(1)PAR 委员会的构成及其合法性

托莱多 PAR 委员会的主席由托莱多教师联盟的主席和学区负责人事工作的教育局副局长轮流担任,共同负责项目的管理。两方的委员分别由两方主席任命。托莱多学区 PAR 委员会共 9 人,包括 4 名管理者和 5 名教师。教师在评

---

① LAWRENCE D. The Toledo plan for peer evaluation and assistance [J]. Education and urban society,1985(3):347-351.

② 同上.

价委员会中占主导。托莱多 PAR 委员会中来自教育管理部门的代表还有负责人事工作的助理局长、学区教育局高中部主任、小学部执行主任①。托莱多项目实施几十年来,有关委员会构成的唯一变化就是将一名学区管理方面的委员由教育局官员换成了校长。

　　在 PAR 项目推广到全美其他地方后,其他地方的 PAR 委员会一般都遵守成员中教师代表比学区管理部门代表至少多一名的原则,成员数量 5—12 名不等②。委员会的成员一般要求熟悉本学区的小学、中学、高中和特殊教育,还应该体现出年龄、族群、性别等多样化的特征。委员中一般还包括一名教育当局人力资源主管,以方便处理教师聘用合同的问题。对于委员会成员的任期,多数学区并没有做出规定,但是马里兰州蒙哥马利学区规定委员会的成员任期 5 年。托莱多及其他学区 PAR 项目实施的经验还显示,委员会的两个联合主席必须是强有力的领导者,否则项目执行的力度将打折扣。

　　PAR 委员会中教师代表多于管理者代表在结构上保障了组织运作的民主性和公正性。同时,组织的合法性也来源于组织成员的代表性。人们只把真正属于共同利益群体的人视为合法代表,PAR 委员会中的教师代表具备合法性表现在以下方面③。

表 4-2　PAR 教师代表的合法性

特　征	表　现
有着至关重要的共同身份	我是你们中的一员
角色上的接近	我像你们一样
地理上的接近	我在你们中间,我就在这里
庇护关系中的亲近	我和你是一伙的
具体的亲近	我在听你说
低调的亲近	我不会装作高你一等

① LIEBERMAN M. Teachers evaluating teachers: peer review and the new unionism [M]. New Brunswick: Transaction Publishers,1998:11.
② Project on the Next Generation of Teachers. A user's guide to peer assistance and review [EB/OL].[2016-04-23]. http://www.gse.harvard.edu/~ngt/par/practice/toledo.html.
③ 让·帕斯卡尔·达洛兹.政治代表如何赢得合法性:一种符号学研究方法[J].国际社会科学杂志(中文版),2010(3):111-122.

（2）PAR 委员会的工作职责

托莱多学区 PAR 委员会的工作职责见表3-3。其中，最主要的是负责确定参与项目的被评价教师，负责挑选优秀教师作为指导教师（项目中称作咨询教师），监管咨询老师的工作，负责审议评价和指导方案。其中，最重要的是审核每一个参与项目的教师的情况，基于咨询教师所搜集的证据，就学区是否继续聘用该教师做出决定。托莱多 PAR 委员会成员兼职工作，没有额外的项目补贴。但在后来实施 PAR 的其他学区中，有的提供补助。

表4-3　PAR 委员会的主要职责列表①

● 监管新教师项目（Intern）	● 监管终身教师干预项目（intervention）
● 挑选咨询教师	● 确定参与项目的教师
● 管理项目预算	● 监管每个咨询教师的工作
● 接受或拒绝咨询教师的评价建议	● 处理相关投诉

托莱多 PAR 委员会的一般问题由两方主席在日常工作中协调处理，只有出现一些重要的、需要表决的问题才会召开正式的会议。正式会议一年有 4 次，有特别重要的事情需要决策时也会增加正式会议的次数。学期开始时，全体委员要听取咨询教师在指导、评价新教师和终身教师过程中的问题；学期结束时，全体委员要听取咨询教师的报告。PAR 委员会对正式会议必须遵守保密原则。托莱多的做法是，并不要求委员会成员事先审阅评价记录，而是主要靠会上听取咨询教师的报告。咨询教师在详细介绍相关情况后，就是否继续聘用提出建议。委员可以对咨询教师所提供的信息和建议提出质疑或进行讨论。最后委员会投票决定被评价教师续聘或解聘，并提请学区教育主管确认。托莱多 PAR 项目长期的实践显示，投票结果在教师和管理者两个群体之间没有大的分歧，只有 1 次投票结果为 5：4②。如果有被解聘的教师上诉的话，委员会还要开会听取该教

---

① Toledo Public School，Toledo federation of Teachers. The Toledo plan：practical advice for beginners [DB/OL]. ［2016－04－05］. http://aftma.net/wp-content/uploads/2010/11/Toledo-Plan.pdf.

② Toledo Public School，Toledo federation of Teachers. The Toledo plan：practical advice for beginners [DB/OL]. ［2016－04－05］. http://aftma.net/wp-content/uploads/2010/11/Toledo-Plan.pdf.

师的陈诉。比如,被评价教师以与咨询教师存在个性冲突为由书面提请复议。

在全美其他实施PAR项目的学区,PAR委员会的职责范围不仅限于项目监管,有的还负责学区现存的其他教师评价和教师专业发展项目的监管,具体情况取决于学区的政策与组织架构。但是PAR委员会的目标基本一致,就是通过履行"评价—专业发展—聘用决议"三位一体的程序,保障教师队伍的质量,提升学区的教育教学水平。其他学区PAR评价委员会开会的频率差异也很大,有的每周开会,有的只在需要开会的时候才开会。开会频率取决于项目的规模和所要决策事项的多寡,以及具体会议制度的设定。通常情况下,每个季度至少开一次全体会议。

2. 作为专业领导的咨询教师

PAR项目中为新教师或陷入困境的终身教师提供支持并进行评价的教师叫做咨询教师。咨询教师是整个项目的核心和关键。

(1) 咨询教师的选拔

项目成功与否的关键在于是否能选择到优秀、善于提供帮助又具备丰富专业资源的咨询教师。托莱多PAR项目实施公开、程序规范的咨询教师选拔,包括周知招聘信息、认真评估、公正选拔等。托莱多PAR项目要求申请者至少有5年的工作经验,有1名校长和4名教师的推荐,其中包括本校教师联盟代表(building representative)的推荐[1]。托莱多学区咨询教师申请表见附件一。

在确定咨询教师人选上,教师联盟和教育当局有平等的决策权。一般来说,双方一起组织面试,申请教师需要随机抽取有关教学的问题进行论述。面试的时候要确认候选人是否沟通顺畅、热爱教师职业、没有做过学校管理工作(否则会失去教师的信任)[2]。委员会成员或前任咨询教师还要对申请者推门观课。选择咨询教师坚持来源多样化的原则,像委员会的成员一样,体现性别、种族的多样化。托莱多PAR项目为了保障咨询教师数量充足,不仅提前选拔,还建立了咨询教师后备库。后备的咨询教师会在上岗前就开始参与PAR项目会议,提

① LIEBERMAN M. Teachers evaluating teachers: peer review and the new unionism [M]. Social Philosophy and Policy Center, 1998: 12.

② Project on the Next Generation of Teachers. A user's guide to peer assistance and review [DB/OL]. [2016 - 04 - 23]. http://www.gse.harvard.edu/~ngt/par/practice/toledo.html.

前了解项目运转情况。

（2）咨询教师的工作

咨询教师的主要职责是帮助新教师或者工作陷入困境中的终身教师达到学区所要求的专业标准，但其关键职责是对教师接下来是否续聘提供建议。

咨询教师工作量的大小一方面取决于所指导的教师数量，另一方面取决于指导每位教师所用的时间。托莱多 PAR 项目咨询教师是全职，任期 3 年，不得连任。其他学区全职的咨询教师任期为 3—5 年不等。托莱多的咨询教师平均同时指导 9 名教师，如果被指导的教师中有陷入困境的终身教师，鉴于工作的难度增加，会减少总体指导的人数①。其他学区咨询教师指导教师的数量一般也在 10—15 个之间，个别学区达到 20 名教师②。有些学区咨询教师是兼职的，还要承担教学任务。一般采用兼职做法的学区，项目实施更加关注以校为本，咨询教师多承担本校教师的指导任务。

托莱多 PAR 项目中，咨询教师每周要辅导每个被指导教师至少半天的时间。对每名教师所做的正式的课堂观察评价，平均每学期 5 次③。咨询教师可以根据具体情况灵活调控其时间。实际上咨询教师与被指导教师集体研讨或写报告的时间要更多。

托莱多学区一般咨询教师指导相同学科或相同年级的教师。如果实现不了，会聘请学科专家予以辅助，或放宽某些学科咨询教师的任期次数。在开展工作前或在指导评价的过程中要同被指导教师所在学校的校长保持沟通，实现评价信息的共享。有些学区咨询教师还负责调查学校中哪些正式教师应该被纳入PAR 项目中来。

咨询教师的主要职责包括：

- 基于教师的专业优势和不足在协商的基础上制定教师专业发展目标；
- 观课，并在课后的交流中为教师提供反馈；

---

① Project on the Next Generation of Teachers. A user's guide to peer assistance and review [DB/OL]. [2016-04-23]. http://www.gse.harvard.edu/~ngt/par/practice/toledo.html.

② 同上。

③ Toledo Public School，Toledo federation of Teachers. The Toledo Plan：Practical Advice For Beginners [DB/OL]. [2016-04-05]. http://aftma.net/wp-content/uploads/2010/11/Toledo-Plan.pdf.

- 合作备课；

- 示范教学；

- 提供教学资源和材料；

- 为教师安排专业发展活动。

在这个过程中，咨询教师要做好记录，描述教师在达到教学标准过程中的进展。咨询教师要在第一学期、第二学期分别为其指导的每一位教师撰写评价报告，提交给 PAR 委员会，其中包括教师聘用的建议。评价报告中咨询教师所给出的总结性评价结果样例见附件二。如果指导的是终身教师，咨询教师还要将相关情况向校长及学校的教师组织代表汇报。

托莱多 PAR 项目允许咨询教师在项目完成后选择教学之外的其他工作或进入管理层。但许多学区规定咨询教师在完成 3—5 年的任期后必须返回学校任教，有的学区要求至少 1—2 年内不得应聘管理职位，以此来确保咨询教师在做出人事建议时，持"同行"的立场，而不是基于未来的考虑做决策，同时也促进咨询教师作为教学领导者将项目实施中的专业收获用于改善学校的教学①。

（3）咨询教师的培训

出色地完成教学工作是被选择为咨询教师的前提，但是指导和评价同行毕竟与教学不同。承担咨询教师这一角色需要教师具备额外的技巧和能力，特别是指导成人的能力。学区在确定咨询教师人选后，对咨询教师开展培训，使其了解项目的实施目标、运作程序、操作原则。托莱多的 PAR 项目咨询教师除了在上岗前参与相关会议，从其他咨询教师那里了解项目情况外，还要专门参加为期两天的集中培训②。

有些学区的 PAR 项目对咨询教师的培训更加全面，也更加深入。例如，俄亥俄州的哥伦布学区的 PAR 项目，要求咨询教师接受为期 1 年的大学课程培训，在作为咨询教师服务期间还要隔周参加有关的工作坊③。PAR 项目为咨询

---

① Project on the Next Generation of Teachers. A user's guide to peer assistance and review [DB/OL]. [2016 - 04 - 23]. http://www. gse. harvard. edu/~ngt/par/practice/toledo. html.

② Toledo Public School，Toledo federation of Teachers. The Toledo plan: practical advice for beginners [DB/OL]. [2016 - 04 - 05]. http://aftma. net/wp-content/uploads/2010/11/Toledo-Plan. pdf.

③ 同①.

教师的培训和学分付费。有的学区规定，做过咨询教师的在今后晋升更高的职业等级时，可以将这一经历及所接受的培训算作加分条件。这也是做咨询教师的收益之一。

咨询教师培训的形式也多种多样，包括夏季集中培训或全年不定期培训。培训的内容包括成人指导技能、沟通技能、教师专业发展指导策略等。咨询教师在培训中的表现要受到 PAR 委员会、培训项目主管、咨询教师团队组长的监督。项目实施过程中，通常由有经验的咨询教师为新入选的咨询教师提供帮助。一起工作的咨询教师也要及时分享各自的指导和评价经验，以便在工作中形成共识。这些培训都有利于 PAR 项的实施保持一致性和连贯性。

3. 需要专业提升的被评价教师

（1）专业群体的预备成员——新教师

托莱多的 PAR 项目要求第一年入职的新教师都要参与其中[1]。不过根据托莱多学区的人事制度，新教师指试用期（Probationary）内的教师。一些学区的 PAR 项目除所有新教师外，还要求那些在其他学区有执教经验但刚转来本学区的教师也参加。一些学区会在评估新教师需求的基础上，确定参加项目的人选，最终只支持那些需要帮助的新教师。

为建立在相对科学的依据之上，PAR 项目参考了很多教师师徒项目的实证研究成果，使新教师获得的支持和指导在数量、类型和时间上，能够帮助其在项目周期内达到教学标准的要求。由于新教师所教学科和年级不同，为达到其各自的教学标准，在指导模式和时间分配上有所不同。

托莱多 PAR 项目要求新教师在一年的时间内获得教学、课堂管理、学科知识和专业责任等几方面的支持[2]。如果新教师在第一年通过了项目评价，第二年则由校长在同样的领域、根据相同的评价标准对其继续做出评价。也就是说，新教师在持有临时资格证书期间，咨询教师负责在第一学年评价新教师，校长负责在剩余学年评价新教师。这种安排是为了相互制约，避免评价权独揽所造成

---

① Toledo Public School，Toledo federation of Teachers. The Toledo Plan：Practical Advice For Beginners [DB/OL]. [2016 - 04 - 05]. http://aftma. net/wp-content/uploads/2010/11/Toledo-Plan. pdf.

② 同上.

的偏颇。但是,对于第一年就没能通过同行评价的新教师来说,则直接解聘。据统计,在托莱多项目实施的过程中,校长从来没有在第二学年的评价中做出过与第一学年 PAR 项目不一致的判断。

托莱多 PAR 项目中,咨询教师对新教师的支持与教师师徒制中的师傅教师对新教师的指导在性质上有所区分。PAR 项目中,咨询教师不仅代表整个专业群体对进入本专业的新教师的专业能力做出评判,还要做出续聘的建议,责任更大;而教师师徒制中的师傅教师多以个体身份给新教师以帮助,也不承担人事决策的责任,更加随意。

托莱多学区的教师用人合同包括一年期(临时教师资格)、四年期、终身期(Continuing contract)。托莱多 PAR 项目要求咨询教师在每年的 10 月 20 日和 3 月 20 日提交评价报告及所有相关证据材料。3 月 20 日所提交的评价报告中要对新教师的聘期提出建议①。

新教师的聘期建议包括以下几种②:

- 建议年聘

- 建议 4 年聘期

- 建议不聘

对于不同聘期的教师,教师工会的保护力度也大小不一,收取会费也有所不同。托莱多教师联盟收取 PAR 项目新教师的会员费仅是普通会员的一半,除了 PAR 项目所牵涉的事项外,新教师的其他福利,如工作日、工作量、休假、职责范围、薪资等,享有教师联盟与学区集体协商下与普通教师同等的权益③。而俄亥俄州哥伦布学区参加 PAR 项目的新教师需缴纳全额的会员费,这意味着教师工会在处理新教师的聘用问题上要更加慎重。不过即便如此,这两个学区的调查显示,新教师对教师联盟参与实施的 PAR 项目都持欢迎的态度④。

---

① LIEBERMAN M. Teachers evaluating teachers: peer review and the new unionism [M]. New Brunswick, NJ: Transaction Publishers, 1998: 15.

② Toledo Public School, Toledo federation of Teachers. The Toledo plan: practical advice for beginners [DB/OL]. [2016 - 04 - 05]. http://aftma. net/wp-content/uploads/2010/11/Toledo-Plan. pdf.

③ 同上,13.

④ 同上,12.

（2）专业群体的边缘人——陷入困境的终身教师

PAR 项目最敏感的部分是辨别公立学校中工作不称职的教师，通过项目的支持改善其工作或将其辞退。PAR 项目辨别陷入困境的终身教师有赖于专业内外的双重评价。首先根据学区的评价制度，由校长做出等级评价。如果被评价为"不满意"，按照托莱多 PAR 项目的要求，PAR 委员会将委派咨询教师再次进行评价。评价的方式是推门课，辅以向学校其他教师了解情况，最后向 PAR 委员会报告，由 PAR 委员会决定该教师是否被纳入 PAR 项目。有些学区则根据校长和学校教师组织代表的一致看法，确定被纳入 PAR 项目的终身教师人选。有时校长在推荐前，还要征求公立学校人事主管的意见；而学校教师组织代表在推荐前，则要征求学区教师组织的意见。在托莱多学区，学校教师组织代表在征得学区教师联盟同意后，还要召开全校教师组织会员会议通报相关情况。完成相关程序后，校长和学校教师组织代表才能填写推荐表。

与新教师项目相比，PAR 项目在终身教师干预上更加慎重。托莱多的 PAR 项目要求，要给被指派参加项目的教师发送特殊评估的通知（Notice of Special Evaluation）[1]。通知中会注明在常规评价中，哪些方面的工作不能令人满意。这里所指的常规评价，必须是在观察 2 次时长 30 分钟以上的课堂教学之后做出。校长和学校教师代表还要就通知中所注明的情况亲自向教师加以说明，此外还要向教师介绍项目的目的、咨询教师的情况、所能提供的帮助、项目的时长等[2]。有些教师在接到相关通知后，会直接辞职。终身教师一旦参加该项目，整个参与过程都会受到 PAR 委员会监督。

托莱多 PAR 项目和其他部分学区的 PAR 项目也允许终身教师自愿申请参加 PAR 项目，并将其称作 PAR 的自愿项目（voluntary program）。

（三）评价标准的专业化、情境化应用

PAR 项目一般采用现有的教学评价标准，或在 PAR 委员会及咨询教师的

---

[1] Toledo Public School，Toledo federation of Teachers. The Toledo plan：practical advice for beginners [DB/OL]. [2016 - 04 - 05]. http://aftma. net/wp-content/uploads/2010/11/Toledo-Plan. pdf.

[2] LEIBERMAN M. Teachers evaluating teachers：peer review and the new unionism [M]. New Brunswick，NJ：Transaction Publishers，1998：19.

建议下，对现有的教学评价标准进行调整。即便有现成的教师评价标准，PAR项目的咨询教师也会通过例行的工作会议或专门的工作坊，对如何在评价中解释和使用评价标准进行讨论，并达成一致意见，甚至形成书面的文件以指导实践。实际上，这种在实践中达成共识的过程就是书面的标准、规章性的标准或学术性的标准转化为专业化、情景化标准的过程。

托莱多学区PAR项目采用了已有的教学评价标准，主要由表现性评价标准及教师的专业特征组成。不过，在具体的实施过程中，PAR项目的操作更像是以评价标准为参照的目标性评价，特别是对于陷入困境的终身教师来说。

表4-4 托莱多PAR项目新教师评价标准框架

1. 个性特征和专业责任 (1) 展现出对教学真诚的兴趣 (2) 个人面貌 (3) 应变的能力 (4) 坚持执行托莱多公立学校的政策和规章 (5) 坚守课堂内外的责任 (6) 与家长和学校同事保持合作 (7) 遵守上下班制度	2. 教学过程 (1) 课程教学计划能力 (2) 评价能力 (3) 设计作业的能力 (4) 培养学习研究习惯的能力 (5) 搜集使用教学材料的能力 (6) 激发学生学习动机的技巧和能力 (7) 提问技巧和能力 (8) 识别个性差异、因材施教的能力 (9) 口头和书面沟通的能力 (10) 语言、表达和声音控制
3. 课堂管理 (1) 能有效地控制课堂 (2) 能与学生进行有效的互动 (3) 课堂教学进度流畅 (4) 自信、情绪稳定 (5) 对待学生公平、和蔼、没有偏见	4. 学科知识——学术准备 (1) 课堂教学中展现其学科知识和学术素养 (2) 在所教学科上有足够的学术准备

资料来源：Toledo Public School，Toledo federation of Teachers. The Toledo plan：practical advice for beginners [DB/OL]. [2016-04-05]. http://aftma.net/wp-content/uploads/2010/11/Toledo-Plan.pdf.

对参与项目的终身教师，咨询教师更多情况下是在初步诊断的基础上，针对终身教师某一个方面比较突出的问题，与教师一起协商改进的目标，并采取多种措施给予支持。下面是基于标准框架下的终身教师的目标性评价在"教学过程"和"学生评价"两项上的样例：

表 4−5　托莱多 PAR 项目终身教师改进目标与支持样例

教学过程	
给教师的专门的改进目标	咨询教师所提供的支持性活动
1. 课程教学计划能力 (1) 课程教学计划能使学生开展有序学习 (2) 以改变学生行为的专门目标为指导 (3) 所制定的书面课程和教学计划能被提供支持的教师或相关人员所理解 (4) 准备好上课所使用的教辅和教具 (5) 多种课堂活动类型能保持平衡 (6) 能执行教育委员会有关课程和教学计划的相关政策 (7) 在执行课程标准的时候,能兼顾学区的政策和学校办学理念的来制定课程和教学计划 (8) 教师能顺利实施每天的教学计划 其他:＿＿＿＿＿＿＿＿＿＿	1. 课程教学计划能力 (1) 提供课程计划单 (2) 提供支持性的材料,比如教师指导手册 (3) 安排专家在制定课程教学计划的细节上为教师提供帮助 (4) 与教师一起讨论课程教学计划 (5) 提供好的课程教学计划样例 (6) 对教师的课程教学计划进行阶段性的评价 (7) 为改进课程教学计划提供方法和技巧上的建议 (8) 安排教师参与有关制定课程教学计划的集体讨论 其他:＿＿＿＿＿＿＿＿＿＿
2. 评价能力 (1) 按照指定的范围和频率来准备及实施正式的考试或测验 (2) 基于学生的需要来给予其非正式的评价 (3) 能关注到学生的非语言反馈 (4) 适时巩固和复习 (5) 能准确地书面记录学生的成绩 其他:＿＿＿＿＿＿＿＿＿＿	2. 评价能力 (1) 提供例卷、样题或建议 (2) 提供评分的样例 (3) 提供评价不同水平学业的指导用书 其他:＿＿＿＿＿＿＿＿＿＿

资料来源：Toledo Public School，Toledo federation of Teachers. The Toledo plan：practical advice for beginners [DB/OL]. [2016 − 04 − 05]. http://aftma. net/wp-content/uploads/2010/11/Toledo-Plan. pdf.

（四）指导与评价合一的过程

1. 新教师支持与评价过程

PAR 项目对教师进行评价的过程也是对其进行指导的过程。咨询教师在评价新教师的过程中记录大量对新教师教学活动进行的诊断,比传统给出等级的评价包含更多有利于教师教学改进的信息。在做出最终总结性评语之前,咨询教师会不断将上述记录反馈给新教师,帮助新教师反思,或者帮助新教师找出改进的对策,甚至在必要的情况下给予示范。鉴于这一情况,托莱多学区有很多成功完成 PAR 项目的教师,仍自愿再次参与 PAR 项目,要求由咨询教师而不是校长等教育管理人员对其开展评价。学区为满足这一要求设置了"选择性同行评价"(optional peer evaluation)作为整体项目的一部分。学区认可该评价与常规校长评价具有相同的效力。有关PAR项目的调查也显示,新教师更愿意由一个优秀的、了解他们的教师对其做出评价[①]。这是因为该项目对教师的专业诊断更有实效性,更有利于教师的专业发展。托莱多PAR新教师项目评价流程如下图所示。

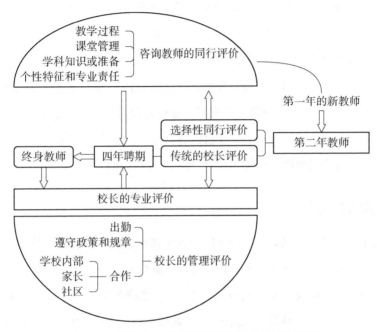

图4-3 托莱多PAR项目新教师评价流程示意图

2. 终身教师支持与评价过程

托莱多PAR项目认为,无效教学无法帮助学生有效学习,但是无效教学的原因却是复杂的。只有咨询教师最清楚需要多长时间才能使这些陷入困境教师的教学得到改善,因此项目对终身教师接受指导的时间没有限制,最短的有几个星期,最长的有两年半的时间。其他地方的PAR项目对终身教师的支持多数限制在一年左右。

---

① JONES D R. Bringing teacher assistance and evaluation up to PAR: first-year teachers' response to supervision in peer assistance and review [D]. University of Maryland, College Park, 2004: 162.

咨询教师需要与终身教师协商确定改进目标和改进方案。具体方案需要在项目实施前,经过 PAR 委员会的认可。对终身教师的支持与评价过程主要有评价前会议、观课、分析、反馈、报告等步骤。这一步骤基本符合临床督导理论所设定的五步评价法。PAR 项目改变了传统上广泛实施的校长听课、评级两步评价法,使全美各类教师评价广泛采纳评价前会议、反馈等步骤。

咨询教师为终身教师所提供的支持活动还包括一起参加其他专业发展活动,如与有关大学的专家建立联系,参与专业群体的活动,一起探访社区的各种教育资源,比如青少年活动中心等。

咨询教师无论是对终身教师进行评价还是为其提供支持,都需要进行详细的过程性记录,并基于证据最终形成有关专业发展目标实现情况的书面总结及聘用建议(见附件四)。实现了发展目标的教师续聘并退出 PAR 项目,未实现发展目标的教师则被解聘或继续延长 PAR 项目参与时间。

四、 实施效果

托莱多 PAR 项目创立时,州一级的教师评价措施和新教师项目尚不完善,但学区一级的教师评价已走上正轨。反对者虽然认为,托莱多 PAR 项目不过是变相保护教师组织及其成员利益的幌子[①]。但支持者却认为,PAR 项目的实施不仅推动了新教师项目的快速发展,还重新使终身教师评价焕发活力;不仅推动了教师评价模式的转型,使教师评价与教师专业发展相结合,还推动了教师专业阶梯制的发展,甚至开启了教师终身制改革;不仅一定程度上保护了教师的专业自主和自治,还将专家教师提升至与校长比肩的地位共同来承担教学领导力。这一教师评价改革的创新举措,不仅在当时引领时代先锋,迄今仍具有很强的生命力,并被美国教师联盟和全美教育协会标榜为教师新工会主义(new unionism)转型的重要举措之一。

(一)新教师项目

据统计,托莱多 PAR 项目从 1981—1982 学年到 2007—2008 学年这 26 年

---

① LEIBERMAN M. Teachers evaluating teachers: peer review and the new unionism [M]. New Brunswick, NJ: Transaction Pubishers, 1998: 79.

间,共有4 089名新教师参与了该项目,平均每年有158名新教师参与PAR项目。而托莱多学区在这26年间,教师总数最高时达到2 500名,最低不足1 800名,参与项目新教师平均占教师总数的8%。26年内参与项目的新教师共有319名没能续聘,约占参与项目新教师总量的8%(见下表)。

表4-6 托莱多26年PAR新教师项目实施结果

年份	参与新教师数量（人）	项目实施结果	
		解聘	辞职
1981—1982	19	3(15.8%)	0(0.0%)
1982—1983	49	1(2.0%)	0(0.0%)
1983—1984	71	2(2.8%)	3(4.2%)
1984—1985	83	3(3.6%)	1(1.2%)
1985—1986	92	2(2.2%)	3(3.3%)
1986—1987	163	2(1.2%)	4(2.5%)
1987—1988	202	7(3.5%)	4(2.0%)
1988—1989	151	7(4.6%)	4(2.6%)
1989—1990	141	5(3.5%)	5(3.5%)
1990—1991	170	8(4.7%)	9(5.3%)
1991—1992	109	9(8.3%)	4(3.7%)
1992—1993	249	8(3.2%)	17(6.8%)
1993—1994	170	8(4.7%)	10(5.9%)
1994—1995	160	8(5.0%)	8(5.0%)
1995—1996			
1996—1997	176	9(5.1%)	8(4.6%)
1997—1998	196	6(3.1%)	15(7.7%)
1998—1999	400	12(3.0%)	20(5.0%)
1999—2000	285	15(5.3%)	16(5.6%)
2000—2001	140	4(2.9%)	8(5.7%)
2001—2002	312	6(1.9%)	11(3.5%)
2002—2003	297	12(4.0%)	4(1.3%)
2003—2004	85	2(2.4%)	4(4.7%)
		解聘或辞职	

年份	参与新教师数量（人）	项目实施结果	
		解聘	辞职
2004—2005	134	6(4.5%)	
2005—2006	69	5(7.2%)	
2006—2007	69	2(2.9%)	
2007—2008	98	9(9.2%)	
26 年总数	4,089	319(7.8%)	

资料来源：Project on the Next Generation of Teachers. A user's guide to peer assistance and review [DB/OL]. [2016-04-23]. http://www.gse.harvard.edu/~ngt/par.

　　托莱多 PAR 新教师项目实施的基本原则在相当长的时间内没有发生大的变化，要求所有新教师都参与该项目。但在项目实施期间，随着教育经费和学区对教师评价态度的变化，项目实施的力度也有所不同。在 PAR 项目实施初期，学区对项目持保守态度，不愿意纳入更多新教师，通过 PAR 项目来择优。PAR 项目经过几年的实践，学区对 PAR 项目的信心增加，在教育经费较为充足时，开始招聘超过实际岗位需要的新教师，通过 PAR 项目来择优续聘，PAR 项目的选择性变得更强。这种变化直接影响了 PAR 项目实施的规模和效果。具体请见表 4-6。世纪交替时，PAR 项目新教师数量大幅增加，辞退新教师比例也大幅提高。

　　从全州的情况来看，设置新教师支持项目有利于吸引更多致力于从事教师职业的新人。但是 PAR 项目将新教师支持与聘用联系在一起，也使得一些师范生更愿意去那些一旦入职就没有解聘风险的学区任教。没有州的统一政策，会使师范生在持有全州通用教师资格证书的前提下，在学区间自由流动。这使得学区一级的 PAR 项目在俄亥俄州乃至全美教师流动率较高的状况下，面临较大的挑战。

（二）干预项目

　　托莱多学区参与 PAR 干预项目的终身教师占教师总数约 2‰，完成项目继续执教的教师数量在头十年较低，不到参与数量的 1/3，后来比例有所上升，但也不超过参与教师数量的一半，多数终身教师自动辞职或退休。总体来看，被 PAR 项目辞退的终身教师约占教师总数的为 1.5‰。被辞退的终身教师比例过低,是托莱多 PAR 项目受到质疑的重点之一。实施结果具体情况如表 4-7 所示。

表 4-7 1982—1983 学年至 1991—1992 学年托莱多 PAR 干预项目情况

年份	干预教师数量（人）	结 果
1982—1983	12	成功完成
1983—1984	9	退休
1984—1985	7	辞退
1985—1986	4	因身体状况退休
1986—1987	2	延期
1987—1988	1	死亡
1989—1990	1	辞职
1990—1991	1	因持有替代性证书继续执教
总计	44	

表 4-8 2003—2008 年托莱多 PAR 干预项目情况

年份	建议参与干预项目数量（人）	实际参与干预项目数量（人）	干预结果		
			辞退或辞职（人）	继续参与（人）	完成项目（人）
2003—2008	35	30	16	10	4

资料来源：LIEBERMAN M. Teachers evaluating teachers: peer review and the new unionism [M]. New Brunswick, NJ: Transaction Publishers, 1998: 18.

托莱多 PAR 干预项目每年实施的具体情况有所差异,参与教师数量较多的年份,成功完成项目的教师比例也较高,参与教师数量较少的年份,成功完成项目的教师比例也较低。这与不同年份学区对 PAR 项目以及教师政策的总体态度、项目实施原则存在差异有关。托莱多 PAR 项目实施的头几年,为显示负责的态度,更强调辞退不合格的教师,后面年份,在 PAR 项目获得信任后,则更强调给更多工作陷入困境的教师予以支持。

总体来看,PAR 项目重新塑造了学区的教师评价制度,但却由于外部整体环境,限制了 PAR 项目的充分发挥。托莱多 PAR 项目在对终身教师干预上是非常谨慎的,因为持有俄亥俄州教师资格证书的教师完全可以转到其他没有类似项目甚至没有教师评价制度的学区继续执教,这也说明个别学区的教师评价措施很难独自发挥作用。

第四节　本章小结

　　本章探讨了美国 20 世纪六七十年代民主和临床取向的教师评价思想。这两种思想表现出强烈的专业发展取向,强调评价者和被评价者之间合作提高的关系,强调评价应该在教育教学的现场展开、评价的标准应该考虑到教师的教育教学现状和需求、评价过程应该是持续的。在教师评价实践上,由于教师终身制、教师单一薪资制的普及,教师评价难以发挥人事和绩效管理的功能。随着临床督导模式的推广,教师评价逐渐通过诊断式回馈与教师专业发展联系在一起。这一时期,州级政府开始建立教师评价制度,加州在全美第一个出台了州一级强制性教师评价政策,希望通过教师评价促进教师队伍质量的提升。而学区一级则在之前校长等级评价的基础上,不断探索有效促进教师发展的评价新方式。俄亥俄州及托莱多学区一系列教师创新项目就反映了这一趋势。从上述实践可以看出,这一阶段美国教师评价将教师的专业发展放在突出的位置加以考虑。

　　为了使教师评价对教师专业发展提供支撑,也为了重新发挥教师评价的人事管理功能,该阶段俄亥俄州托莱多学区创造了一个独特教师评价模式,即教师同行支持与评价。托莱多教师同行支持与评价项目从吸取评价性并不突出的新教师导入制、师徒制项目经验,到评价性、诊断性日益凸显的临床督导项目经验的基础上,为解决教师终身制、教师职业等级改革的呼求,创设了集教师支持与管理为一体的评价模式。该模式对后来美国教师评价的发展产生了重大影响。该项目不仅将教师评价重新与教师聘用等人事管理相结合,也为教师提供了日常的、校内的专业发展平台;不仅保护了专业组织的集体利益,也满足了社会对优化教师队伍的呼求;不仅推动了教师专业自主与自治,还抵制了外部力量对教学专业的侵蚀;为美国此后教师评价的发展注入了活力,为提升教师质量给出了综合性的对策。

第五章 20 世纪八九十年代绩效管理与专业发展双轨教师评价

20 世纪 80 年代,美国基础教育改革进入了快车道,民众要求提高学校教育质量。随着各州教育标准的不断完善,全美教育进展评估在各州实施,衡量教育质量的标准逐渐转向标准化测验所显示的学生学业成绩,由此出现了教育领域的问责与标准化思潮①。这两种思潮也深刻地影响了教师领域,出现了基于问责和基于标准的教师评价思想。基于问责的教师评价思想要求打破教师的终身制,使教师对学生的学业成绩负责;基于标准的教师评价思想要求制定多层次的教学专业标准,实施依据标准的评价。上述教师评价思想为这一时期各州形成新教师评价和终身教师评价双轨的政策和实践奠定了基础。这一时期,由于教师同行评价在一定程度上满足了社会对教师的问责要求,同时也促进了教师的专业发展,因此在教师组织的大力推广下,教师同行评价被越来越多的地方所采纳。权力不断扩大的州教育管理机构也希望通过教师同行评价推进教师政策的改革。其中,加州成为第一个在全州推行教师同行评价的州。

第一节 基于问责和标准的教师评价思想

基于问责和标准的教师评价思想是在 20 世纪 80 年代几个著名报告所引发的教育改革浪潮中形成的。1983 年《国家处于危机之中:教育改革势在必行》(A National at Risk: the Imperative for Educational Reform)拉开了新一轮教育改革的帷幕。报告要求美国中小学采用世界一流的学业标准,同时要求各级教育部门、学校、教师对此负责。这也激发了对教学专业标准的研究热潮,州政府

---

① 杜育红.教师评价:注重绩效,还是促进发展[J].教育理论与实践,2004(7):29—31.

也纷纷采用这些的标准。该报告还明确指出:"薪酬、晋升、任期和续聘决策应该同有效的评价联系在一起,这样才能使优秀的教师得到嘉奖,普通的教师得到鼓励,表现不佳的教师改进工作或退出教师队伍"①。1986 年卡耐基教育经济论坛(Carnegie Forum on Education and the Economy)在《为培养 21 世纪的教师做准备》(A National Prepared: Teacher for the 21th Century)的报告中呼吁"学校重建"和"教学专业结构重建"②。报告主张确立教师的专业地位,要基于专业标准来培养教师,教师要基于专业标准获得资格证书,也要基于专业标准来评价教师,同时教师依据其专业水平享有专业的地位和待遇。

一、 基于问责的教师评价思想

基于问责的教师评价思想是依据学生的学业成绩评价教师,并让教师对此负责的思想。1971 年美国教育经济学者艾瑞克·汉纳谢克最早提出运用学生学业成绩来判断教师的有效性③。20 世纪 80 年代,"问责制"逐渐成为教育改革浪潮中的一个热点。民众要求保障公立中小学的质量,而教育质量最终窄化为学生的学业成绩(student achievement)。学生在全美教育进展评估或州标准化考试中的表现不好,各级政府、教师教育机构、学校及教师都要对其负责。问责思想逐渐蔓延开来。

一批研究者致力于设计科学的方法测量教师对学生学业成绩的影响。20世纪 90 年代,统计学家威廉·桑德斯首先向田纳西和北卡罗莱纳州的学区介绍运用增值(value-added)评价工具开展教师评价。1992 年建立的田纳西州增值性评价体系(Tennessee Value-added Assessement System, TVAAS)成为全美教师增值评价的代表。联邦政府在 2001 年以后大力推广增值教师评价,使州、学区、学校、教师本人层层对教学质量负责。

① National Commission on Excellence in Education. A nation at risk: the imperative for educational reform [R]. Washington, DC: U. S. Government Printing Office, 1983: 30.
② Carnegie Forum of Education and the Economy's Task Force on Teaching as a Profession. A Nation Prepared: Teachers for the 21st Century[R]. New York, NY: Carnegie Corporation, 1986: 39.
③ HANUSHEK A E. Teacher characteristics and gains in student achievement: estimation using micro-data [J]. American economic review, 1971(2): 280-288.

（一）以提高学生的学业成绩为目的

20世纪八九十年代，人们质疑公立学校系统存在严重不均衡，特别是教育投入方面。地方教育投入主要来自地方的财产税，这导致各地公立学校投入状况差异很大。德克萨斯州首先就此提出法律诉讼，希望在州的层面保持教育投入均衡。但包括汉纳谢克在内的一批经济学家作为辩护学者，认为学校和学生之间的差距并不是由于投入差距造成的，而是由于教师质量的差异所导致的①。持类似新自由主义、新管理主义观念的教育经济学者也指出，几十年来教育经费不断增长，但学生的SAT分数却没有变化，甚至还有降低②，这说明不是公立学校投入出了问题，而是办学效率出了问题，应该发放学券支持家长自由选择学校③；建立特许学校给公立学校带来竞争压力④；找出不合格的教师，开除不合格的教师，让教师对学生成绩负责⑤；让各级政府对学生成绩负责，以此来解决公立学校间教育质量的差异⑥。

持类似观点的学者认为，教育投入的数量并不是最重要的，重点是怎么投入最有效⑦。对于教育投入来说，对教师加大投入是继小班化之后的另一个重要选项；而对于教师投入来说，最重要是的奖励那些高效的教师，替换掉那些不能提高学生分数的教师。汉纳谢克认为，"替换掉最差的6%—10%的教师就可以使美国学生的数学和科学成绩领先世界"⑧，只有高质量教师才能创造高经济价值。

---

① HANUSGEK A E, LINDSETH A. Schoolhouses, courthouses, and statehouses: solving the funding-achievement puzzle in america's public schools [M]. Princeton University Press, 2009: 270.
② SCULLY M B. Drop in attitude test scores is largest on reord [N]. Chronicle of higher education, 1975-09-15.
③ [美]米尔顿·弗里德曼. 自由选择[M]. 北京: 机械工业出版社, 2008: 151—153.
④ BUDDE R. Education by charter [J]. Phi Delta Kappan, 1989(7): 518-520.
⑤ CUTTANCE P. Monitoring educational quality through performance indicators for school practice [R]. Chicago, IL: the Annual Meeting of the AERA, 1991: 3-7.
⑥ 王丽佳, 卢乃桂. 教育问责的理论基础与实践模式: 英、美、澳三国的考察[J]. 比较教育研究, 2013 (1): 93—97.
⑦ LESSINGER L M. Every kid a winner: accountability in education [M]. Science Research Associates College Division, 1970: 20-24.
⑧ HANUSHEK E A. Making schools work: improving performance and controlling costs [M]. Washington, DC: Brookings Institution, 1994: 62.

按照这一逻辑,教师评价的根本目的是为了促进学生学业成绩提高。要开展有效的教师评价必须将学生的成绩作为重要的衡量标准;教师评价改革的关键是实施绩效问责制①。例如,在工资改革方案中,应该给予高质量教师更高的奖励。支持这一观点的学者甚至还指出,鲜有研究表明硕士及其以上学历或较长教龄能够带来更高的教师效能,而现行教师工资体系奖励那些高学历和长教龄的教师,应该取消给高学历和长教龄的教师更高的工资,用于奖励高效教师②。

(二) 以学业成绩及学业成绩的增长作为评价标准

尽管科尔曼(James S. Coleman)的报告早就指出,学校之间资源的分配,其中包括教师的分配,只能影响学校成绩差异的一小部分,影响学生学业成就最主要的因素不是教师和教学,而是学生的家庭背景,特别是家长的受教育程度③。但政策制定者采纳了主张教师绩效问责研究者的观点,将学生的学业成绩归于教师教学水平的高低。社会舆论也倾向以下观点:无论学生入学水平如何,社会、家长都有权要求学校和教师促进学生的学业进步,或者说所有学生都能够并且应该获得与他们能力相吻合的进步,只有做到这一点的教师才是称职的教师。

问责的教师评价思想也认识到,在判断教师对学生成绩的影响时,应尽量参考多种来源的学生成绩数据,以便使评价更加客观。例如,将全州的、学区的、学校的、班级的以及该教师以前所教同年级、同学科学生以及每名学生历年的学业成绩纵横比较,来综合判定教师的绩效。

(三) 增值评价法及其他

增值(value-added)评价是以学生的相对发展来解释教师效能高低的方法,即以学生成绩的增值来评价教师④。增值评价主要用统计的方法来实施,需要

---

① HANUSHEK E A, JORGENSON D W. Improving America's schools: the role of incentives [R]. Washington, DC: National Academies Press, 1996: 29 - 52.
② 艾瑞克·A.汉纳谢克. 高质量教师的经济价值[J]. 教育学报,2013(4):31—37.
③ COLEMAN J S. Equality of educational opportunity [R]. Washington, DC: Govermant Printing Office, 1966.
④ SANDERS W. Value-added assessment from student achievement data: opportunities and hurdles [J]. Journal of personnel evaluation in education, 2000(4): 29 - 39.

一个较复杂的成绩统计模型,并尽可能考虑到学生个体背景变量、学校背景变量的影响,准确地呈现出教师教学前后学生成绩的变化。评价过程有前测、后测、统计、判断四个步骤。不过,学生个人及家庭背景变量是非常复杂的,有时难以控制。学生个人背景变量一般包括性别、年龄、是否转学、是否有特殊教育需求等;家庭背景变量包括父母文化程度、家庭经济条件、家庭对学生学习的支持。学校背景变量则包括生源特征、贫困学生的比例、低学业成就学生比例、教育投入、学校管理等。实施增值评价还要求建立教育大数据系统,因为数据量越大,统计的准确性就越高。

在增值法的基础上,为了更准确地反映学生在一定时期内的发展,不受学生学习基础的影响,同时使教师的教学效果可以跨年级、跨学科比较,又有人发明了学生进步百分数法(student growth percentile,SGP)[①]。对于所任教领域没有标准化考试的教师,则发明了学习目标达成法(student learning objectives,SLO)[②]等量化方法来评价教师。

(四) 教育统计者在评价中发挥重要作用

教师的增值评价主要基于学生的标准化考试做出,主要依赖数据模型和统计专家的指导。评价过程中,学生首先要参加州及学区举办的标准化学业成就测验,再将学生测验结果交由统计专家设计统计模型,州、学区、学校负责判断和使用统计结果。教师通过系统查询获得自己有效性的数据及与同类教师群体的比较数据。为了逐步推进评价,桑德斯也认为,可以给州和学区更大的灵活性,学校作为对教师情况的主要掌控者,在实施过程中有着充分的发言权,可以参与评价模型的设计和选择,选择适当学段和学科的教师进行评价。而为了政治或政策考量,数据的使用应该非常谨慎,以免引起不良的社会反应。例如,桑德斯主持的田纳西州不仅以 3—5 年的数据为基础,还规定评价结果只能通报给教师、有关行政人员、学校委员会成员,不得向社会公布,州只向公众公布学校及学

---

① BETEBENNER D W. Toward a normative understanding of student growth[M].//RYAN K E, SHEPARD L A. The future of test-based educational accountability. New York, NY: Taylor & Francis, 2008: 155-170.

② GOE L, HOLDHEIDE L. Measuring teachers' contributions to student learning growth for nontested grades and subjects [R]. Princeton, NJ: National Comprehensive Center for Teacher Quality, 2011.

区的数据,而不能通报个体教师的数据①。

二、 基于标准的教师评价思想

基于标准的教师评价思想是指教师评价应依据不同层级的专业标准来实施的思想。20 世纪 80 年代开始的"基于标准的教育运动"(Standard-based education movement),除了要求为学生制定课程和学业标准,学者及专业组织还投入到制定教师专业标准的热潮中。作为卡耐基教育经济论坛的成果,1987 年成立的全美教学专业标准委员会(National Board for Professional Teaching Standards,NBPTS),制定了全美通用的优秀教师专业标准。同年,还成立了州际新教师评价和支持联盟(Interstate New Teacher Assessment and Support Consortium,INTASC),制定了全美通用的教师入职标准。1994 年,国家教学和未来委员会(National Commission on Teaching and America's Future,NCTAF)成立,呼吁各州成立教师专业标准委员会,建立包括教学知识技能、学科知识技能、教学实践能力等在内的系统的、完整的、贯穿职前职后的专业标准②。在此期间出现了一批研究者制定了各类教师专业标准体系,为教师评价提供依据。代表性人物有哈蒙德、丹尼尔森、马扎诺等。

20 世纪 90 年代,哈蒙德在曾是 NBPTS 的成员、INTASC 示范标准委员会(Model Standard Committee)的主席、NCTAF 的执行主任、纽约州课程和评价委员会的主席。她在 INTASC 主持制定的教师专业标准影响了超过 40 个州的教师资格认证标准。2000 年后,哈蒙德以斯坦福大学为基地,在基于标准的教师评价基础上吸收了很多人本主义的评价思想,成为加州教师表现性评价(Performance Assessment for California Teachers,PACT)体系的奠基人。

20 世纪 90 年代,丹尼尔森曾在教育考试中心(Education Test Service,ETS)做普瑞克斯系列新教师专业评价(Praxis Series:Professional Assessment for Beginning Teachers)的培训工作。她在这一体系的基础上设计了自己的教

---

① KUPERMINTZ H. Teacher effects and teacher sffectiveness: a validity investigation of the Tennessee Value Added Assessment System [J]. Educational evaluation and policy analysis,2003 (3):287 – 298.

② 秦立霞. 美国教师资格认证制度研究[M]. 教育科学出版社,2010:60.

学标准框架,被新泽西、纽约和肯塔基等州所采用。马扎诺作为私人教育研究机构的创办者,在其先前的有关教学研究的基础上推出了"归因教师评价模式"①(Causal Teacher Evaluation model)标准框架,被佛罗里达州所采用。他们都是基于标准的教师评价思想的代表者。

(一) 评价目的: 基于专业分层的教师管理和发展

哈蒙德、丹尼尔森和马扎诺都认为教师评价必须分层才能有效实施,只有有效的教师评价才能作为绩效管理和专业发展的依据。实践中教师评价存在的问题是,既不能反映教学质量,也不能为教师的专业发展提供参考②。

丹尼尔森认为,教师评价具有选择、留住或辞退教师的功能。教育系统可以将教师评价与教师的任期及薪资补助相联系,但证据应来自多个时间点、多种教学情境下、运用多种方式对教师所进行的分类评价。教师评价本身不会提高教师队伍的质量,就算是通过评价开除不合格的教师,也不能整体提升教师队伍的质量。只有通过教师评价致力于处于不同职业阶段教师的专业发展,才能最终提升教师队伍的质量③。马扎诺对教师评价目的所做的调查显示,76%的教育者认为应该有绩效管理和专业发展双重目的,不过这两种目的的实现,应针对不同层级类型的教师,否则笼统实施的评价,无论是奖惩还是专业发展,都可能无效甚至出现负面效果④。学校可以通过评价建立责任制,要求不同层级和类型的教师建立目标导向的合作改进计划。

(二) 结构化、系统化的教师评价标准

哈蒙德认为,教师评价标准应该覆盖完整的教学门类和层级。从层级来看应该有从实习,到入职,到胜任,再到高水平教师等不同层级的教师评价标准,这一体系要连贯地运用于教师培养、教师资格认证和职级提升。从内容来看,应该分为两部分:一部分是教师标准;一部分是教学标准。教师标准适用于评价任

---

① 蔡敏,徐越.美国"追踪原因"的中小学教师评价模式[J].世界教育信息,2013(325)13:50—55.

② DANIELSON C, MCGREAL T. 教师评价——提高教师专业实践力[M].中国轻工业出版社,2005:8.

③ JASON M, DARLING-HAMMOND L. The new handbook of teacher evauation: assessing elementary and secondary school teachers [M]. Newbury Park, CA: Sage Publication, 1996: 21 - 25.

④ MARZANO R J. Teacher evaluation: what's fair? what's effective? [J]. Educational leadership, 2012(3): 14 - 19.

何学科的任何教师,一般包括教师的综合知识和能力、理解不同类型学生及其发展的能力、教育教学的知识和能力、专业的判断力,还有一些专业的态度。而教学标准是针对具体学科学段、具体领域和门类教学的标准,是与具体学生学业标准相对应的教学评价指标。例如,在某一领域或学科,学生的学业标准要求培养学生的高阶思维、探究、解决复杂问题的能力,教学评价标准就应该关注于教师是否帮助学生在某一领域形成了概念、逻辑思维,是否帮助学生提升了分析、综合、质疑、证明和设计的能力等①。

丹尼尔森和马扎诺根据教学活动的各个步骤、程序和要素,构建了结构化的教师评价标准。丹尼尔森提出的教学专业标准框架,包括 4 类 22 个标准,详见表 5-1。

表 5-1 丹尼尔森教学专业标准框架②

一、计划和准备:包括对教学内容、学生背景知识的理解以及设计教学和评价的能力 ● 说明教学内容和教学方法 ● 说明学生的学习背景 ● 选择教学目标 ● 说明知识来源 ● 设计连贯性的教学 ● 评价学生的学习	二、教学:包括教师引导学生学习方面的能力,以及帮助学生学习的一系列教学技巧 ● 清楚、准确地交流 ● 运用提问和讨论的技巧 ● 吸引学生参与学习 ● 为学生提供反馈 ● 展示出教学的灵活性和反应的灵敏性
三、课堂环境:强调教师在建立促进学习的教学环境时的能力 ● 创设充满尊重的和睦气氛 ● 建立有利于学习的氛围 ● 管理课堂的程序 ● 控制学生的行为 ● 空间管理	四、专业责任:包括教师的自评和反思,与学生家长的沟通,参与专业发展活动,为学校和社区贡献力量 ● 教学反思 ● 工作记录 ● 与家长沟通 ● 为学校和社区出力 ● 专业成长和发展 ● 专业贡献

马扎诺提出的教学专业标准的框架,也包括四类 59 个标准,详见表 5-2。

---

① DARLING-HAMMOND L. Access to quality teaching: an ananlysis of inequality in California's public school [R/OL]. http://decentschools.org/expert_reports/darling-hammond_report.pdf.
② DANIELSON C. 教学框架——一个新教学体系的作用[M]. 中国轻工业出版社,2005:2—5.

表5-2 马扎诺教学专业标准框架①

一、课堂教学策略和行为	二、计划和准备
● 提供清晰的学习目标和范围 ● 追踪学生进展 ● 认可学生取得的进步 ● 保持课堂纪律和程序 ● 设计教室空间方便学生开展学习活动 ● 指出需要审辨的信息 ● 组织学生就新知识进行交流 ● 新知识导入 ● 组织知识以便于学生掌握 ● 帮助学生接触新内容 ● 帮助学生分析新内容 ● 帮助学生记录和呈现知识 ● 帮助学生进行学习反思 ● 复习 ● 组织学生实践,深入掌握知识 ● 布置管理家庭作业 ● 帮助学生分析异同 ● 帮助学生检查推理错误 ● 帮助学生操练技能、策略和程序 ● 帮助学生知识改造 ● 组织学生开展复杂认知活动 ● 让学生参与假设、归纳、验证 ● 提供资源和指导 ● 提醒不投入的学生 ● 开展学习游戏 ● 实施反馈评价 ● 脑体结合 ● 保持适当的步调 ● 松紧有度 ● 友好论战 ● 给学生提供机会说明自己 ● 呈现不寻常和有趣的信息 ● 机智灵活 ● 使不遵守规则和程序的学生认识后果 ● 明确程序和规则 ● 理解学生的兴趣和背景 ● 运用语言和非语言行为表达感情 ● 客观理智 ● 证明差生的价值并保持尊重 ● 关心差生的问题 ● 察觉差生的问题	● 计划准备课堂使用的资料夹 ● 做单元的计划和准备,促进学生深入理解和知识迁移 ● 对要达到的内容标准做适当的计划和准备 ● 计划和准备各种有用的素材 ● 计划和准备使用各种技术设备和资源 ● 为英语学习者做专门的计划和准备 ● 为特殊需要的学生做专门的计划和准备 ● 对家庭背景差的学生做专门的计划和准备 **三、教学反思** ● 明确教学优缺点 ● 评价每节和单元的教学效果 ● 评价针对不同学生使用不同教学策略的有效性 ● 制定书面的发展计划 ● 控制专业发展 **四、同事关系及专业化** ● 积极与同事互动 ● 积极与学生和家长互动 ● 根据兴趣或需要寻求不同领域的支持 ● 支持其他教师,分享专业策略和观点 ● 参与学校和学区的活动

---

① MARZANO R J. The Marzano teacher evaluation model [DB/OL]. [2016-07-03]. http://www.k12.wa.us/TPEP/Frameworks/Marzano/Marzano_Teacher_Evaluation_Model.pdf

（三）区分性、等级性和真实性评价

哈蒙德和丹尼尔森都认为应对教师实施分层评价。哈蒙德所设计的分层评价体系包括新教师、合格教师和优秀教师。丹尼尔森所设计的区分性评价包括新教师、合格教师和面临困难的教师。新教师的评价旨在通过频繁的观察、支持和指导促进新教师的学习和成长，判断并激发新教师的专业潜力；对合格教师即教师队伍中大多数的评价，应鼓励教师主动积极地参与自我评价，制定改进目标、收集数据、参加学习活动、行动反思等；针对任职期内遭遇困难、需要帮助的教师，应通过诊断式评价和指导，帮助他们克服教学中的困难[①]。

丹尼尔森、马扎诺的教师评价体系也使用等级性评价方法，对每个标准在每个等级上的表现进行描述，评价时不仅需要对照这些描述，还需要就相关表现进行说明。丹尼尔森的评价体系包括 4 个等级：优秀、熟练、基本满意和不满意。丹尼尔森认为应该综合使用课堂观察、教师自评报告、教案、教学资料、学生作业或其他证明学生学习情况的材料、教师专业发展档案、学生家长或同事的反馈等多种证据来做出评价。马扎诺的教师评价体系设置了 5 个等级：创新、应用、发展、初始、无表现。马扎诺则将证据分为两类：一类是来自教师的证据，另一类是来自学生的证据。

哈蒙德认为有效的教师评价方式是真实的、基于标准的表现性评价[②]。表现性评价证据中最重要的是教学实践的证据，其中包括课程计划、教学实施及教师专业贡献的证据。例如，NBPTS 对优秀教师的认证是通过教学实践采样的方式进行的，要求申请教师提供一个档案夹，其中包括学生的作业、课堂教学的录像，教师书面的针对上述材料的解释、分析与反思等。这种采样是教师根据真实的学生需求、真实的课程教学目标所提供的真实的工作图景，能够证明教师是否达到了专业标准中有关课程和教学设计、教学实施、学生评价、与家长及同事互动等方面的要求[③]。

---

① 陆如萍. 丹尼尔森教师评价体系构建及应用研究[D]. 上海师范大学，2006：35.

② DARLING-HAMMOND L. Getting teacher evaluation right: what really matters for effectiveness and improvement [M]. New York, NY: Teachers College, Columbia University, 2013：22.

③ National Board for Professional Teaching Standards. The impact of national board certification on teachers: a survey of national board certified teachers and assessors[R]. Arlington, VA: Author, 2001.

（四）教师评价参与者各负其责、通力合作

哈蒙德分析了各类教师评价参与者所扮演的角色,其中州负责制定专业标准,学区具体实施教师评价[①]。哈蒙德也特别强调教师本身在教师评价中所扮演的重要角色。她认为,只有让教师自己搜集信息,回顾检查自身的教学实践,学会描述使用学生学习的证据,教师才能在评价的过程开展积极地反思,自主监控教学效果,在今后的教学实践中改进教学。教师评价者在这个过程中扮演的是支持者的角色,其本身也能从教师的上述材料中获得启发,与被评价教师就高质量教学达成共同的理解与认识。

丹尼尔森认为学校和学区应该允许或者是要求其他教师参与到新教师的评价中,但是由于新教师的评价往往涉及人事决策,因此还是应该由管理人员起主导作用。她也认为,教师同行评价在不久的将来会成为一种趋势。当然督学、校长、学区部门领导或教师专业发展专家等都应该在适当的时候参与到教师评价中来。

哈蒙德和马扎诺都认为,要顺利实施教师评价还需要为此设立保障机制。例如:保障评价者接受培训,保障在评价中为教师提供必要的支持和指导,保障依据评价对教师的人事做出公正的决策等[②]。只有整个系统协调、有序,才能最终促进教师及教育质量的提升。而竞争性的、割裂又孤立的教师评价根本很难取得上述效果。在这个系统中,教师应找到自己的位置,养成长期积极进行专业反思的习惯,成为评价数据的生产者和消费者[③]。

第二节　基于标准和问责的教师评价实践

20世纪八九十年代之前,教师与学生学习的因果关系并没有受到重视,特别是1966年科尔曼报告长期主导着人们对教师工作的认识。该报告认为学生学业成绩主要是由各种环境因素,特别是学生的家庭环境和生活背景所决定的,

---

① DARLING-HAMMOND L. Getting teacher evaluation right: What really matters for effectiveness and improvement [M]. New York, NY: Teachers College, Columbia University, 2013: 28.

② 同上,Ⅷ.

③ 同上,2.

只在很小的程度上与学生在学校的学习和生活有关系①,因此并不要求教师对学生的学习和发展负责。但在 1983 年《国家处于危机中:教育改革势在必行》报告发布之后,美国社会普遍认识到师资危机对学生的学业成就造成的不良影响,开始要求关注教师的工作表现和工作绩效,呼吁聘用有效教师并留住有效教师,强调基于教师的工作表现和工作绩效来制定相应的标准,实施科学的评价,并给予有效教师相应的资格和待遇。因此在这一时期,"标准本位的问责管理"代替了以往的"职责本位的行政管理",到世纪末已经成为联邦、各州以及地方学区教师政策的主流。

在问责思想影响下,一系列有关教师问责的政策逐渐出现。1987 年国家教学专业标准委员会(NBPTS)和州际新教师评价和支持联盟(INTASC)相继成立,目的是建立一套从教师入职到成为优秀的专家教师的评价标准。1996 年成立的国家教学和未来委员会(NCTAF)发布《什么最重要:为美国未来而教》(What matters most:Teaching for America's Future)报告,基于大量强有力的研究成果,提出教师对学生学习的影响是最大的,并进一步总结了 20 世纪八九十年代教师政策的改革主线:(1)对学生和教师都建立严格的标准;(2)对教师培养和专业发展进行革新;(3)重新审视教师聘用制度,让高质量教师进入每一间教室;(4)对教学知识和技能突出的教师进行鼓励,让其晋升;(5)创建使学生和教师都能获得成功的学校。②

一、 基于问责思想的教师评价实践

基于问责的教育体系包括:政府部门要就教育投入产出对纳税人负责;学区分解责任,要求学校和教师提高运作的效能,对学生的学习成绩和学习效果负责;学区通过评价等手段对教师进行聘用解聘、奖励惩罚,提高教师的责任意识。在问责制环境下,教师会产生"危机意识",从而致力于最佳的工作表现,同时进行自我反思,关注自身专业技能的发展与提高。这一时期最能体现问责思想的

---

① COLEMAN J S. The equality of educational opportunity study [DB/OL]. [2016 - 11 - 18]. https://www.icpsr.umich.edu/icpsrweb/ICPSR/studies/06389.

② National Commission on Teaching and America's Future. What matters most:teaching for America's future [DB/OL]. [2016 - 11 - 18]. https://eric.ed.gov/?id=ED395931.

教师评价模式是基于专业标准的表现性评价,以及在20世纪90年代开始试点、在21世纪初被大力推广的增值评价。

(一)密苏里州教师表现性评价

密苏里州于1983年首次通过立法的形式,要求该州各学区施行教师绩效评估,重点关注教师的课堂教学表现和专业发展。经过十多年的实践,1997年由教师、学区督学、学校行政人员、高校专家、州议员等组成的教师评价委员会重新对教师评价体系进行了大规模的整合完善,形成了系统的教师表现性支持和评价体系。

1. 评价原则

根据州立法,每个学区有权在参照州教师评价政策的基础上,根据各学区情况具体实施教师评价。州为学区提供的教师评价原则包括:(1)必须由教师与学校行政人员共同参与评价;(2)教师评价必须对教师人事决策产生影响,教师评价必须起到促进教师专业发展的作用;(3)在评价过程中,给予教师充足的时间、机会发展专业能力,如导师制、同行支持、职业团队合作等;(4)评价标准中必须涉及教师与学生表现,评价的重点要放在教师发展与学生进步上;(5)教师评价必须促进反思、合作,致力学习共同体的发展;(6)确保评价者的素质水平,应对评价者进行有关有效教学、组织讨论会议、管理档案文件、发挥教师领导力等方面的专门训练①。上述评价原则充分体现了对教师专业发展的支持。

2. 评价内容和过程

评价的过程共有三个环节:课堂观察、档案袋数据收集和审阅、做出评价报告。

课堂观察是表现性评价的重要环节。针对不同的教师适用不同的课堂观察规则。新入职的教师在前三年的评价周期里,要接受一次计划性课堂观察和两次非计划性课堂观察。正式教师在五年一次的评价周期里,要接受一次计划性课堂观察和一次非计划性课堂观察。

---

① Missouri Department of Elementary and Secondary Education. Guidelines for performance-based teacher evaluation [DB/OL]. [2016 - 11 - 19]. https://eric. ed. gov/? id=ed257785.

在计划性课堂观察实施前必须召开观察前会议。会议召开前,教师必须完成课程计划评审表。课程计划评审表主要是让评价者了解教师对于课程的理解,教师在表格中必须对如下问题做出清楚地阐述与说明:(1)对所教的课程内容简要概述;(2)教学中所要达到的预期目标以及所组织的活动,还有期待学生收获到什么,是否与整个课程单元相关;(3)解释教学目标设置的原因;(4)阐述教学计划的实施步骤以及为学生安排的学习任务;(5)列举出学生学习过程中可能会遇到的问题,以及解决此类问题的做法;(6)阐述所用到的教学材料以及其他相关资源;(7)阐述任何在教学中可能会影响学生学习的因素①。教学观察完成以后,评价者还要与教师共同举行观察后会议,主要对照教师的上述材料回顾课堂教学各环节,就观察到的情况与教师进行沟通。如果教师表现不佳的话,那么就要共同制定专业促进计划(Professional Improvement Plan),并根据学区政策加以实施。

档案袋由两类资料组成:第一类是评价者记录教师的教学能力、教学行为表现等;第二类是由教师提供的相关材料。评价者(通常指的是督学或校长)通过课堂观察、会议、录像光盘或者其他渠道获得教师教学行为表现的资料都装入档案袋。教师则利用录像设备拍摄三个或以上的课堂教学片段,然后对此进行自我评估,教师将评估结果记录在书面表格上,也放进档案袋。档案袋中的资料还可以分为观察性、非观察性两类。其中,观察性资料主要是现场记录;非观察性资料一般指教师与学生的实践活动记录以及学生作业样本。评价者会对档案袋中的资料进行系统地审查,选择出具有代表性的资料,最后对教师的表现做出等级评定。受到前期同行评价及临床督导思想的影响,这些过程都需要基于双方沟通交流而完成。

完成上述环节之后,评价者将进行评价报告的撰写。评价者首先要对教师行为所有方面的材料进行审查和评估,对教师教学表现的评价则主要基于教学专业标准和所收集的数据资料进行对照。新入职教师的评价结果主要依据评价报告与评价会议中的讨论做出。评价结果则作为校方确定教师是否留任的依据。

---

① 林凯华. 美国中小学教师评价发展历程探析[D]. 福建师范大学,2012,60—62.

3. 评价标准

密苏里州在借鉴各类教师评价标准的基础上,以教师的能力为内核,以教师的表现为外壳,制定了本州使用的教师评价标准,具体标准框架见表5-3。在实施的过程,还制定了针对每项标准的表现及其评价等级建议。相较于各类教师评价标准,密苏里州的教师评价标准更强调教师内隐能力的外在表现。

表5-3　密苏里州教师表现性评价标准

维度	指　标
教师引导学生积极参与并成功完成学习任务	教师引导学生掌握必要的知识与技能,并将其运用于收集、分析和应用信息
	教师引导学生掌握知识与技能,以便有效地在课堂内外进行交流
	教师引导学生掌握知识与技能,用于认知与解决问题
	教师引导学生掌握知识与技能,做出学习决策
教师采用多种评估方式监督和管理学生学习	教师采用多种可持续的评估方法监督教学有效性
	教师对单元教学目标、教学策略进行自我评估
	教师帮助学生发展自我评估能力
	教师不断向学生及家长提供反馈
	教师所用的评估技能应适应学生的特性以及发展需要
教师熟悉学科知识内容,有效地提升学生完成任务的表现	教师表现出对教学做了充分的准备
	教师选择实施适合的教学方法与多种教学策略,以适应学习者的多样性
	教师创设积极的学习环境
	教师有效管理学生的行为
教师与学校社区以专业方式进行交流与沟通	教师与学生、家长、社区、学校人员进行适当的交流
	教师与学生、家长、社区、学校人员建立合作关系
教师既要保持现有的教学水平,又要不断地拓展更新教学方式以促进学生发展	教师参与的专业发展活动要符合学区、州的发展目标
	教师积极参与专业发展活动
教师要履行职业责任以完成学区赋予的使命	教师遵守学区、州的各项政策、规章
	教师帮助维持一个安全、有序的环境
	教师致力于整个学区目标策略的施行

资料来源：Missouri Department of Elementary and Secondary Education. Guidelines for performance-based teacher evaluation [DB/OL]. [2016-11-19]. https://eric. ed. gov/? id ＝ed257785.

从密苏里州教师评价实践可以看出,该州吸纳了问责的思想,试图建立教师绩效评价体系,并使其建立在教师的专业表现之上。同时,密苏里州的教师评价也继承了自 20 世纪六七十年代以来关注教师专业发展,为教师的教学活动提供现场指导等做法,建立了一个基于标准的、重视教师专业发展的、指向问责的表现性评价制度。

(二) 教师增值评价的先锋——田纳西州

增值评价是以学生的相对发展来解释教师的效能高低,即以学生成绩的增值来评价教师的方法①。提出问责思想的统计学家是桑德斯,因此增值评价也被称为"桑德斯模式"(The Sanders Model)。田纳西州首先运用增值法开展教师评价。最初,该州的学校系统仅在 3—8 年级数学、科学、阅读、社会等学科的教师评价中采用增值法。1991 年,田纳西州通过了《教育改进法》,教师增值评价被正式作为田纳西州教育改革的一项重要措施。1992 年《教育改进法》(Education Improvement Act)生效,田纳西州增值性评价体系(Tennessee Value-added Assessement System,TVAAS)形成。

《教育改进法》规定:(1)1993 年 4 月 1 日前,田纳西州增值评价系统必须向全州报告各学校对 3—8 年级学生学业进步的促进程度,报告每年更新一次;(2)1994 年 7 月 1 日前,增值评价系统必须公布第一批学校对学生学业进步影响的报告;(3)1995 年 7 月 1 日前,增值评价系统必须向教师、有关教育行政人员、学校委员会成员公布有关 3—8 年级教师对学生学业进步影响的报告,报告以 3—5 年的数据为基础,但不向社会公布;(4)1999 年 7 月 1 日前,增值评价系统的适用范围从原来的 3—8 年级扩展到 9—12 年级②。田纳西州教师增值评价系统成为全美教师增值评价的代表。

1. 增值评价的基础——学生的标准化考试成绩

增值评价实施的基础是学生成绩。如果没有学生标准化考试成绩,也就无法进行增值评价。随着 20 世纪 80 年代问责思想的传播,评估全美学生学业进展的项目出现,美国开始对各州学生进行抽样测试,每四年进行重复检测,结果

---

① SANDERS W. Value-added assessment from student achievement data: opportunities and hurdles [J]. Journal of personnel evaluation in education,2000(4):29 - 39.
② 王斌华. 教师评价:绩效管理与专业发展[M]. 上海教育出版社,2005:139—140.

公开发布。这一评估由美国教育部教育科学研究所(The Institute of Education Science at the U.S. Department of Education)下属的国家教育统计中心(NCES)组织实施。该评价主要包括全美范围内的评价和各州范围内的评价。其中,全美评价在4、8、12三个年级进行,包括阅读、数学、科学等基础学科以及世界历史、地理等一般学科;各州评价在4、8两个年级进行,涉及的学科仅包括阅读、数学、科学和写作。这一评估提供了大量有关美国中小学生学业表现的基础数据,也使得各州能够基于学生多年的考试成绩,实施教师增值评价。

田纳西州的增值评价采用了三个全州常模参照测验的结果:(1)田纳西州综合评价项目(Tennessee Comprehensive Assessment Program,TCAP),主要涉及3—8年级科学、数学、社会、语言及阅读等学科开展;(2)高中学科课程结业考试,适用于9—12年级的主要学科;(3)5、8、11年级的写作测验①。田纳西州每年都对3—8年级学生进行TCAP统考。田纳西州主要分析学生在数学、阅读、语言艺术、社会科、科学5个学科上的学业进步,通过分析学生目前学业成绩和过去的成绩,揭示教师乃至学校的效能。

2. 评价方法——统计法

增值评价主要采用统计的方法来实施,需要一个较复杂的成绩统计模型。桑德斯最开始为田纳西州所设计的增值统计模型,基于同一个学区、同一个学校乃至同一个学生之前的平均成绩来计算教师在一段时期内对所教班级、学生成绩的贡献,不需要考虑学生的背景因素。其理论依据是一个学生以前多门学科、多个年级的成绩测试可以预测该生未来的学业情况。换句话说,如果教师发挥同样的效用,无论学生当前的情况怎么样,他们都应该按照相对平均的速度不断取得学业上的进步。实际上,学生的成绩数据显示弱势学生在同样的一段时期远远没有社会背景好的学生学业进步快。这一现象是否要归因于教师的效能难以判断。因为,往往是弱势学生所在的低质量学校所聘用的教师质量也较差。

要确定教师的效能究竟是多少,就需要控制学生的社会背景等影响因素。田纳西州的达拉斯独立学区(Dallas Independent School District)修正了增值评

---

① HARVILLE P A. A review of the Tennessee Value-Added Assessment System(TVAAS)[DB/OL]. 〔2016/11/27〕. http://www.cgp.upenn.edu/pdf/Harville-A% 20Review% 20of% 20TVAAS.pdf.

价模型。除了将学生的分数进行纵向对比外,还使用人口学统计特征控制影响学生成绩的其他变量,包括性别、种族、母语以及是否享受午餐减免政策等。这样一来,通过把学生的成绩与他们自己过去的成绩相比,以及与他们类似背景的学生群体成绩相比,就可以甄别任教老师对学生学业进步的贡献。尽可能考虑到学生个体背景变量、学校背景变量的影响,更能准确地呈现出教师教学前后学生成绩的变化。

按照达拉斯独立学区的统计方法,最终学生的成绩由三个部分的加总组成,即某年级学生某年度的成绩＝本地区该年度该年级的平均成绩＋任课教师该年度对学生成绩的贡献＋学生个人因素对成绩的影响。因此,教师效能＝学生的成绩－地区学生平均成绩－学生个人因素对成绩的影响。[1]

3. 评价过程及结果应用

实施增值评价主要依赖数据模型和统计专家的指导。评价过程中,学生首先要参加州及学区举办的标准化测验,再将学生学习成绩交由统计专家输入统计模型,州、学区、学校负责判断和使用统计结果。教师通过系统查询获得自己教学有效性的数据及与教师群体的比较数据。学校作为对教师情况的主要掌控者,在实施过程中有着充分的发言权,可以参与评价模型的设计和选择,选择适当学段和学科的教师进行评价。这种结果性评价还要提交给州和学区,作为师资配置和教师人事决策的参考。大部分实施增值评价的州或学区为了政治考量,数据的使用非常谨慎,以免引起不良的社会反应。田纳西州以历时3—5年的成绩数据为评价教师的基础,还规定评价结果只能通报给教师、有关行政人员、学校委员会成员,不得向社会公布,州只向公众公布学校及学区的数据,而不能通报个体教师的数据[2]。

实施增值评价要求建立教育大数据系统,因为数据量越大,统计的准确性就越高。

---

[1] SANDERS W L, RIVERS J C. Cumulative and residual effects of teacher on future student academic achievement [R]. Knoxville: University of Tennessee Value-added Research and Assessment Center, 1996: 1.

[2] KUPERMINTZ H. Teacher effects and teacher sffectiveness: a validity investigation of the Tennessee Value Added Assessment System [J]. Educational evaluation and policy analysis, 2003 (3): 287 - 298.

二、 基于标准的教师评价实践

一直以来,教育系统缺乏一套健全的教学专业标准,教师评价无法建立在科学的证据基础之上,也缺乏整体化、连贯性。因此,由专业组织掀起了一场影响范围较广的改革运动,针对教师资格和处于不同专业水平的教师完善了相关的评价标准,提出了标准本位的改革计划。其中以教育组织为主要代表,这些组织在国家教育目标的基础上,设置了主要学科教师的评价标准,整合了各种评价项目,建立起一套完整的、示范性的教师评价系统。下面分别以国家教学专业标准委员会(NBPTS)和州际新教师评价和支持联盟(INTASC)为例,阐述其教师评价的具体实施。

(一) 国家教学专业标准委员会的教师评价

NBPTS 成立于 1987 年,目的是通过开发优质教学的专业标准以提高基础教育教与学的质量;建立全美优秀教师认证和评估体系,为全美学校中的优秀教师授予"国家委员会资格证书"(National Board Certification,NBC),使优秀教师成为教育改革的中坚力量;为各州的教师评价体系做示范。NBPTS 成员来源广泛,成立之初由 63 名来自社会各界的代表组成,其中大多数是具有丰富教学实践经验的中小学一线教师代表,其他成员包括州长、学校董事会领导、中小学管理人员、高校官员、商界领袖、基金会代表和关注教育的美国民众等。到 20 世纪90 年代末,该组织已经开发出从幼儿园到高中四个学段近 30 个学科领域的专业标准,全美已有上万名教师通过评价获得了优秀教师证书。

1. 优秀教师评价的内容和标准

NBPTS 在《教师应知应能》(What Teacher Should Know and Be Able to Do)报告中总结了其开展优秀教师评价的理念,即教师应知应能"五项核心内容"以及"四类基本知识",以此制定标准来评估教师的专业水平。

首先,对教师应该具备的知识和能力进行了概述,如教师应具有丰富的科学文化知识以及良好的人文修养;应掌握关于儿童发展和人的发展方面的知识;应具有基本的教学知识以及对学生学习进行指导的专业知识;应具备针对不同的种族、宗教、社会背景的学生开展有效教学的能力;能合理有效地运用各种方式来激发学生学习兴趣的技能等。

其次,优秀教师的评价应该关注五项核心内容:(1)教师应该对学生及学生的学习负责;(2)教师应该熟悉他们所教学科,并知道如何教授这些学科;(3)教师负有管理和监督指导学生学习的责任;(4)教师应该系统地思考其教学实践,并从经验中学习;(5)教师是学习共同体的成员。最后,优秀教师还应该具备以下四类基本知识:核心专业知识(core professional knowledge)、处于不断发展的专门知识(developmental specific knowledge)、有关教学内容深度和广度的知识以及教学论知识(pedagogical knowledge)[1]。

2. 优秀教师评价的方法和程序

NBPTS建立了"表现本位"的教师评价方法和程序。国家委员会资格证书(NBC)实行自愿申请原则。申请人在获得学士学位和拥有州授权的教师资格证书,并至少有三年的教学经验的前提下才能申请。NBPTS主要通过三种途径来判断教师在上述标准上达到什么程度:档案袋评价、现场评价、考试评价。NBPTS最终会根据三种评价结果来综合考虑是否将教师评定为优秀教师。教师所教学科的知识和能力以考试分数纳入总评,这里不再赘述。NBPTS最主要的是档案袋评价。现场评价的目的是验证档案袋材料的真实性,并起到补充作用。下面仅以档案袋评价为例详细说明评价的过程。

(1)档案袋所需资料

参加优秀教师评估认定的教师要按照NBPTS的要求提供有关教学的资料,并以档案袋的形式汇总提交。教学档案袋内容分为三大部分:第一部分是课堂教学资料,包括视频录像与学生的作业范本;第二部分是课堂教学以外教育活动资料,即通过与家长、社区、同事之间开展合作来影响学生学习的证据和资料;第三部分是教师的工作记录和反思。

对课堂教学资料的具体要求是教师须提供两份学生作业,显示学生完成作业的情况与教师的评语,以此证明学生在学习过程中所取得的进步;两段15分钟的教学录像,展示在教学过程中,教师如何创设情境来促使学生完成有意义的学习活动,教师如何与学生开展互动以及教师为学生安排什么样的学习任务促

---

[1] National Board for Professional Teaching Standards. What teacher should know and be able to do [EB/OL]. [2016 - 11 - 19]. http://www. nbpts. org/sites/default/files/documents/certificates/what_teachers_should_know. pdf.

进了学生学科能力的发展。

对课堂外的教育活动资料的具体要求是,教师要提供工作记录和反思,展示与学生、家长以及社区之间进行的合作。如教师与学生家长的电话、电子邮件交流的主要内容,与社区一起组织的各类活动,教师参与的专业发展活动,像在职进修的证明文件等。教师通过这些证明材料,展示作为学习者和与其他人员协作发展的历程,以及每项成果对学生学习产生的积极影响。

教师工作记录主要是教师的教学分析和反思,主要包括以下几方面内容:

学情分析。教师详细介绍班级规模、学生年龄、年级、学科;影响教学策略的班级特点,教学目标与教学活动的选择是否受民族、文化和语言多样性的影响;班级学生们的个性特征,有特殊需求和特别能力的学生的相关特征及对教学可能产生的影响,如学生的能力和认知范围,行为、注意力、感官方面存在的问题,学生的先前经验、学习偏好、家庭背景、兴趣、目标等。

教学设计。教师要对教学目标、教学资源、教学活动、教育技术等进行规划设计。教师对教学目标进行描述,并对设定课堂教学目标的原因进行分析,如与学生的知识能力背景和课程内容目标适应。教师计划使用哪些教学资源与教育技术,如文本、各种媒介技术等。教师采用什么样的教学决策,如何根据学生的能力基础,选择一些有意义、富有趣味和表现个人风格的教学方法,如何让学生通过各种教学素材、教学活动和社区资源加深对学科的认知,以及运用学科知识形成学科能力。教师教学前可获得的资源、授课时间的安排。

教学分析。教师描述和分析教学录像中的教学互动,使用的教学方法及理由;说明如何建立一个激励学生学习的环境,并布置给学生真实的学科任务,让学生"做中学",展示他们的所知所能;解释学习任务怎样确保学生创造性地使用学科知识,满足合作需要。教师提供例证证明,如何设计教学环节使得所有学生积极参与学习,并满足每个学生的学习需求;如何保证教材或资料的教学有效性;如何监督和评价学生课堂教学的收获;如何在教学过程中向学生提供适当反馈。教师解释所采取的教学策略是否与教学目标、学生需求相吻合,教学资源或教学活动如何帮助学生以有意义的方式运用所学知识等。

教学评价和反思。教师自评给学生布置的作业与教学目标的相关度;学生在作业完成过程中可能经历的困难与挑战;如何根据学生的实际情况向学生提供适当反馈,做出教学决策并进行改进。教师必须反思对课堂教学的设计和实施如何实现课堂教学目标;课堂教学中有哪些经验与教训;在使用教学资源或教育技术以及对教学方法进行调整过程中的经验和教训;教学实践是否满足学生的需求并鼓励学生学习;学生有哪些学业进步,今后的教学怎样进行改进等。

(2)为档案资料评定等级

教师按照要求准备好档案袋后,寄给 NBPTS。评定委员会根据档案袋评价的参照标准,认真评定和审查档案袋中的每一项内容,从认知性、分析性、反省性等纬度对申请者进行评分。NBPTS 的网站提供档案袋评价的等级划分细则,一共分为 4 个等级,并对各等级分数做出解释,每个项目的最高分为 4.25(4+),最低分为 0.75(1—),达到 3 和 4 级水平的教师被认为是优秀教师。评价结束之后,被评价者会收到一份成绩说明,告知申请者在哪些方面应进一步审视自己的工作。与此同时,教师还可以将自身的档案袋成绩说明与评分细则进行对比,分析自己的优势与不足,反思自身的教学实践,促进自身的专业发展。以档案袋最高等级第四层级标准为例,要求档案袋能"提供清晰、完整、具有说服力的事实证据,展示教师在其专业领域的知识与教学实践能力"。

(3)评价人员

NBPTS 每个学段每个学科的评价人员包括本学段本学科的专家、优秀教师以及社会各界代表,其中从事一线教学的优秀教师占有相当的比重。这些优秀教师必须具有该学段、该教育领域的实际教学经验,经过严格统一的培训,熟悉评价的标准,掌握评价技能与方法。

3. NBPTS 优秀教师评价的影响

NBPTS 的优秀教师资格证书(NBC)已经被 49 个州所认可。很多州不仅报销教师申请认证评估的部分或全部费用,还在薪酬待遇上对持有 NBC 证书的教师有所倾斜。如威斯康辛州为获得 NBC 证书的教师设立了专门奖励。

不仅全美各州在制定本州教师资格标准的时候参考 NBPTS 的标准,联邦政府也资助一定数量的教师参加 NBPTS 的优秀教师资格认证。全美超过 1 200 家教师培养培训机构,其中有 500 家在某种程度上都参照 NBPTS 的认证标准来设计课程。"全美教师教育认证委员会"(The National Council for Accreditation of Teacher Education,NCATE)也积极鼓励教师教育机构检查课程是否与

NBPTS专业标准所规定的内容一致。NBPTS也积极开展与NCATE的合作，以帮助教师教育机构设计与其主张相一致的教育硕士课程。NBPTS已经成为很多国家在制定教师专业标准时的重要参照系和研究对象。

（二）州际新教师评价和支持联盟

1987年，美国各州教育主管委员会（Council of Chief State School Officers，CCSSO）发起成立了州际新教师评价和支持联盟（INTASC），目的是建立全美通用的新教师专业标准体系，跟NBPTS全美优秀教师标准体系共同形成一套完整的供全美各州参照的高水平教师专业标准体系，为各种目的的教师评价提供参考。

1991年INTASC成立了由哈蒙德为主席的小组，组员包括17个州教育委员会和NBPTS、NCATE、AFT、NEA等组织的代表，他们共同研讨美国新教师任职全国统一标准，着手制定新教师的专业标准样板。历经18个月，该小组于1992年发表了《新教师认证、评估与发展的模型标准：一份州际交流的资料》报告书，明确提出新教师必备的十大核心专业标准，逐步得到各州的认同，并被各州采纳。

1. 新教师评价标准

INTASC十大核心专业标准是：（1）教师应掌握任教学科的核心概念、研究方法和学科结构，为学生创设适于理解和学习的情境与方法。（2）教师应理解儿童学习和发展的特征，为学生智力、社会和个性方面的发展提供学习的机会。（3）教师应理解学生学习的差异性，对不同的学习者采用不同的教学方法。（4）教师了解并使用多种教学策略鼓励学生发展批判性思维、解决问题的能力以及操作技能。（5）教师应善于利用个人或群体的动机及行为，创设鼓励学生进行积极社会交往、主动参与学习的学习环境。（6）教师应能够有效地运用语言、非语言和媒介交流技术方面的手段，来促进学生在课堂中的主动探究、积极合作和互助交往。（7）教师应能基于有关学科、学生和社会方面的知识和课程目标来开展教学。（8）教师应能采用正式和非正式的评价策略对学生进行评估，以确保学生在智力、社会性和身体方面的持续发展。（9）教师应是反思型实践者，对自己的行为及这些行为对他人（包括学生、家长以及学习共同体的其他专业人员）的影响和作用进行连续的评估，积极寻求专业成长的机会。（10）教师应能与同事、家长和社会各机构保持良好的关系,以支持学生的学习,促进学生健康成长。具体框架如下。

表 5-4 美国 INTASC 新教师评价标准框架

评价维度	指标	内 容 标 准
学生	学生的发展	教师了解学生成长和发展的规律,认识到学生在认知、语言、社交、情感和身体方面的差异,并为学生设计和实施具有适宜性、挑战性的学习体验
	学习差异	教师了解个体、不同文化和地区的差异,以确保形成包容性的学习环境,使每个学生达到高标准
	学习环境	教师与其他教育者一起创造支持自主和协作学习的环境,鼓励学生积极参与学习和社交活动,形成自我激励的氛围
知识内容	教学内容	教师清楚掌握学科结构、教学内容中的核心概念,熟练运用教学工具,为学生创建有效的学习体验;设计能让学生理解和掌握的有意义的教学内容
	知识的应用	教师引导学生将新旧知识结合,形成不同的观点看待生活和世界上的真实问题,协作提出问题解决方案,培养学生的批判性思维、创造力
教学实践	教学评估	教师从多个角度评估学生的成长,起到引导和监督的作用;结合其他教师和学生的意见综合制定评估方式
	教学计划	教师了解学习者的知识储备及其社会背景,结合学习内容、课程、跨学科技能和教学法制定使学生达到学习目标的教学方案
	教学策略	教师运用各种教学策略,鼓励学生深入理解知识内容及内容间的联系,并培养学生应用知识的技能
专业责任	专业学习和道德实践	教师不断提高自身的专业知识和教学实践能力,注重自身行为对他人(学生、家庭、其他专业人士和社区)的影响,通过自身实践尽可能地满足每个学生的需求
	领导与协作	教师领导教学活动,为学生提供反馈,对学生负责,对教育负责;教师与学生、家庭、同事、其他学校专业人员和社区成员合作,共同促进学习者成长,推动教育发展

该标准从学科知识、学生发展、学习方法、教学策略、学习环境、交流技巧、教学计划、评价策略、教学反思和专业责任十个方面规定新教师应该具有什么样的能力和表现,而不再像以往那样对新教师在师范教育项目学习过什么课程做出规定。INTASC 依据以上这十项核心标准又研制了具体学科的新教师评价标准。

2. 新教师评价方法和程序

参与 INTASC 新教师评价的新教师必须通过考试和档案袋评价两类评价，证明自己掌握必要的知识，具备实际教学能力。

（1）考试

不同于有经验的教师，对新教师来说，已经掌握的通识、学科和教育教学专业知识是其能胜任教师职业的基础，因此对这部分内容的评价更为重要。考试分为三门：通识考试、学科知识考试和教学知识考试。

通识考试从阅读与交流、数学与计算、一般知识以及写作几个方面对候选教师的基础知识进行考察，重点考察候选教师的基础文化素养。具体而言，要求候选教师能够对于给定的文献资料进行阅读与分析，明确作者的观点并以批判推理的方式评价阅读文献；运用数学与计算能力解决应用问题；运用科学、文学艺术和社会科学的相关原理分析与评价真实世界的问题，如分析与评价构成社会历史进程的主要政治、社会、经济、科学与文化发展状况；能够针对某种教学问题或当代的社会或政治问题提出自己的观点并能证明自己的观点。

学科知识考试则考察候选教师的学科知识与实际运用能力。例如外语学科，从听、说、读、写几个方面全面考察候选教师的外语文化知识和语言习得知识。要求候选教师能够理解口语对话中的相关信息；能够理解与分析文章，判断它的主要观点或辨别细节，如事件发生的顺序；候选教师能够理解外国文化的历史发展、地理特征和社会特征，分析外国文化中主要的历史事件、人物和运动；理解语言习得过程，分析语言习得理论并能应用这些理论；能够用外语进行有效的口头交际，写作语言风格、措辞均得体的文章。

教学知识考试考察候选教师的教学知识与能力，主要包括三个部分内容：学习者和学习环境、教学与评估和专业氛围。它要求候选教师能够了解学生的学习与发展规律，营造最佳的学习环境，开展积极的师生互动，鼓励学生自我激发和积极参与学习，使学生乐于学习并取得进步；能够以课程目标、学生的能力等为基础，评估和反思教学，使用多样教学策略和评价手段以促进学生的学习；能够反思个人的管理和教学实践；能够应用自我评价策略，利用各种资源积极寻求持续的专业发展，如在职培训课程、继续教育；与学区其他成员，如同事或社区组织合作，以提高解决问题的能力，营造支持学生学习与发展的良好环境。

（2）档案袋评价

实际教学能力评价采用档案袋评价的方式，在新教师任职的前两年实施。教师档案袋收集了新教师在一定时间段的教学情况，以此展示新教师是否达到专业标准。档案袋内的材料与 NBPTS 的要求一样，包括教学材料、学生的作业、教学录像带、课堂教学行为和评价的书面记录、教师关于教学思考的书面解释。

档案袋资料的搜集需要一定的时间。第一年，新教师在有经验教师的指导下开展教学，并将教得最好的一堂课拍成录像带；第二年，新教师独立开展教学，并将撰写的或搜集的其他课堂教学资料准备好。

INTASC 将核心评价标准细化成适用于不同学科学段教学的评价指标和等级，由经验丰富的教师作为评分人员为档案袋中的每项材料和内容打分，对新教师的教学质量做出判断。

3. INTASC 新教师评价的影响

INTASC 与 NBPTS 成立于同一年，哈蒙德先担任了 NBPTS 的主席，后来又主持了 INTASC 的工作。哈蒙德是教师专业标准的重要建设者和倡导者，她极力主张建立教师职前、入职和在职的专业标准，并将这三者衔接起来，坚信"对于任一种专业来说，培养、入职和晋升是三种主要的质量控制机制"。哈蒙德在协调两套专业标准方面发挥了很大的作用。正是在她主持下，INTASC 的新教师评价标准实现了与优秀教师评价标准的衔接，为教师实现专业的可持续发展提供了可能。候选教师通过评价获得教学资格，表明其达到了教师入职的最低标准；新教师经过一年的跟踪评价，被聘为正式教师；教师经过若干年的教学实践，通过评估而获得优秀教师资格证书，则表明其教学达到了更高的教学专业水平。

INTASC 标准的制定就是以 NBPTS 的"五项核心内容"为基础的，实现了新教师专业标准与优秀教师专业标准的衔接。同时二者都受到问责思潮的影响。如 INTASC 提出，对新教师的评价不应仅根据其教育背景，而是应依据所教学生学习的结果，即学生掌握了什么，能够做什么。此后，INTASC 不断修订其标准，更加关注教师对学生学习效能的贡献，教师对个性化学习的支持，教师对学生知识和能力应用的促进，教师的评价策略，教师对专业合作的贡献，教师的领导力。

INTASC 跟 NBPTS 建立的高水平的全国性教师评价标准对各州的教师评价产生了深远的影响,从其标准颁布之初,就成为各州新教师评价和优秀教师评价的样板,各州不仅模仿和参照两个机构的认证标准重新修订本州的教师专业标准,各州还普遍认可这两个机构的评价,获得上述两个机构证书的教师还可以在全美自由流动,打破了各州教师流动的壁垒,也引导各州模仿这两个机构逐渐建立了新教师和正式教师双轨的教师评价体系。

第三节　州一级双轨教师评价体系的形成

在教育改革浪潮的推动下,在上述思想的引领下,在专业组织的示范下,在一些州开拓创新的影响下,美国各州不断采用或制定新的教学专业标准,同时不断加强教师问责制改革,逐渐形成了新教师和终身教师双轨评价政策,重点是依据专业标准评价、指导和帮助新教师以确定其是否适合留在教师队伍,找出并开除不合格的正式教师,奖励那些优秀教师。这也体现在联邦政策中。1990 年布什总统要求所有 50 个州采纳《国家教育目标》(National Education Goals),为各学科建立清晰、具体、可测量的学业标准;1994 年克林顿政府颁布《2000 年教育目标法》(The Goals 2000：Educate America Act),要求教师为培养新世纪的学生做好准备。在联邦教育政策的推动下,各州新教师评价和终身教师评价双轨政策基本形成,一方面通过评价继续提升教师专业水平,另一方面基于教师评价实施问责。

一、 各州教师评价政策的出台

20 世纪 80 年代人们不断对教师质量提出质疑。1980 年《时代周刊》(Time)发表了题为《救命! 教师不会教!》(Help! Teacher can't Teach!)的文章。同时又确实存在传统师范教育项目毕业生供大于求,而在一些学科或特殊的领域又有大量教师持有替代性资格证书(alternative certificate)的奇怪现象。人们对教师队伍持有非议也就不足为奇。根据 1987—1988 年美国联邦教育部下属的国家教育统计中心(NCES)对全美教师情况调查形成的"学校及员工调查"

(The Schools and Staffing Survey，SASS)报告显示：教师供大于求，持有教师资格证书者的被聘用率只有58%；其中只有82%的教师在教师资格证书所标注的领域任教；39个州设有替代性教师资格证书（Alternative Certification）；新教师占比8%，其中公立学校任教3年以内的教师占9.9%；教师离职率达到6%[1]。教师缺乏坚实的学术背景，薪水低、流动率高，某些科目缺少合格的教师，加强管理提高教师队伍质量势在必行。

（一）通过教师评价加强教师专业发展项目的针对性

各州针对教师资格认证缺乏效力、教师流动性高的情况，纷纷实施教师专业发展项目，但这些专业发展项目主要是学区或师范教育机构所开设的讲座，针对性差。1992年41个州要求新教师必须取得一定的培训学分，才能由初任教师转为正式教师。1993—1994年的调查显示，新教师在前两学年中接受至少30个小时在职培训的占34.7%，其中接受课程式培训的比例占50.4%[2]。对于其他教师来说，在设立三个及以上职业等级的州，也要求选修大学课程或获得更高的学历来获得更高一级的资格，但实际多数课程及学历提升对教师的教学工作没有什么实际帮助[3]。1997年的调查显示，12个州教师资格晋升需要学历的提升，42个州要求教师必须获得一定学时的修课证明或学分来晋升教师资格，但却对修课类型没有任何要求。很多教师找不到有针对性的课程，只能凑学时、凑学分。

各州逐步认识到上述教师专业发展措施效力不高，不能据此判断教师的专业能力和水平，需要采取教师评价措施，保障获得续聘的新教师或升入更高职业等级的教师确实具有实际的教学能力。此外，也需要通过教师评价为教师设置有针对性的专业发展项目。这一时期的调查数据也显示，54%的教师认为在解决教学或课堂管理问题上真正能为其提供帮助的是同事。按照帮助的有效性排

① U. S. Department of Education, National Center for Education Statistics. 1987 - 1988 schools and staffing survey[DB/OL]. [2016 - 05 - 30]. http://nces. ed. gov/pubs93/93025. pdf.

② U. S. Department of Education, Office of Education Research and Improvement. 1993 - 1994 schools and staffing survey: selected results [DB/OL]. [2016 - 05 - 10]. http://nces. ed. gov/pubs96/96312. pdf.

③ SOLER S. Teacher quality is job one: why states need to revamp teacher certification [J]. Journal of state goverment, 1999(2):76.

序依次为：同事、校长或学校其他领导，如年级主任、课程主任或其他的学校管理者①。

（二）通过教师评价加强教师的管理与激励

社会对提高教师质量的吁求也迫使学校加强教师的管理和激励。由于改革教师终身制的阻力较大，加强教师管理与激励的措施首先落在实施绩效薪资（merit pay）上。20世纪80年代，各州仍主要实施单一薪资制，即主要根据教师的学历和教学资历来确定工资等级，见图5-1。教师工资低于同等学历从事其他职业者的平均工资，对工资水平满意的公立学校教师只占8%，43%的教师有学校之外的收入来源。在教师工资结构中，专业贡献或工作绩效，如指导其他教师或在评价中表现优异等极少得到体现。但是，这一时期教师对实施绩效薪资的意愿持续增强，见表5-5。在社会及教师的共同呼吁下，依据教师评价来实施绩效薪资逐渐提上日程。

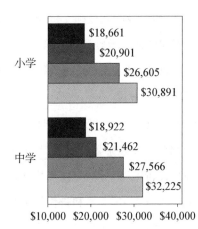

图5-1 1987—1988学年全美公立学校单一薪资制

从教年限由上至下：少于3年；4—9年；10—19年；20年以上

资料来源：U. S. Department of Education, National Center for Education Statistics、1987 - 1988 schools and staffing survey——Teacher Questionnaire[DB/OL]. [2016 - 05 - 30]. http://nces. ed. gov/pubs93/93025. pdf.

---

① DARLING-HAMMOND L. Doing What Matter most: investing in quality teaching[M]. New York, NY: National Commission on Teaching and Anerica's Future, 1997.

表5-5　公立学校教师绩效薪资的比例及有此意愿教师的比例(%)

	作为指导教师的补助	在短缺教师学科任教	在短缺教师地区任教	个人表现优异奖励	学区办学优异奖励
总体实际比例	9.2	1.3	1.3	2.5	2.7
小学	8.9	0.9	1.3	2.4	2.7
初中	9.6	1.6	1.2	2.5	2.8
总体意愿比例	58.7	23.7	40.5	27	33.5
小学	58.8	21.1	40	24.9	32.2
中学	58.5	26.4	41	29.1	34.7

资料来源：U. S. Department of Education, National Center for Education Statistics. 1987 - 1988 schools and staffing survey—teacher questionnaire[DB/OL].[2016 - 05 - 30]. http://nces. ed. gov/pubs93/93025. pdf.

二、 州双轨教师评价体系的形成

在上述现实需求驱动下,州一级的新教师支持和评价政策快速发展,一些州也开始尝试制定和实施问责式的终身教师评价政策或项目。到20世纪末,基本所有州都实施了新教师评价政策,多数州对终身教师评价也做出规定。

（一）州级新教师评价的发展

美国州一级的新教师评价政策从20世纪80年代开始进入快速发展期。据统计,1984年时,有8个州出台了新教师评价政策,到1988年时,12州要求对新教师进行某种形式的支持和评价①。20世纪90年代初,又有18个州实施了新教师评价项目。1992年时,已经有45个州和哥伦比亚特区都实施了新教师评价项目或出台了相关政策,但是其中一些州没有经费支持,如堪萨斯州、路易斯安那州、威斯康辛州等7个州。剩下的马萨诸塞州、密歇根州和佛蒙特州也随后出台了新教师评价政策。只有两个州情况特殊,内布拉斯加州停止实施了已有的新教师支持与评价项目,罗德岛州没有也没打算设置新教师评价项目。

1. 州新教师评价状况

截至20世纪90年代初,实施新教师评价项目的州大约可以分为4类：(1)

---

① MASTAIN R. K. NASDTEC manual. Support systems for beginning teachers [R]. Sacramento. CA：National Association of State Directors of Teacher Education and Certification,1988.

没有州级教师评价政策;(2)要求学区实施新教师评价,学区可以自行制定评价政策,确定教师评价措施、标准和程序,其中包括纽约州、威斯康辛州、伊利诺伊州等13个州;(3)制定了全州的教师评价框架,要求学区根据州的框架设立评价项目,包括亚利桑那州、宾夕法尼亚州和华盛顿州等12个州;(4)统一建立了州一级的新教师评价项目,制定评价标准或采用州教师资格认证标准,并就评价方法、程序等做出具体规定,要求或建议学区统一实施。所有州中,22个州建立了州一级的表现性评价标准和工具,要求地方学区使用或选用,其中10个州制定了详细的教学行为分类指标,这在南部或西南部的州中较常见。还有一些州相互借鉴对方的评价标准和工具①。具体情况见图5-2。

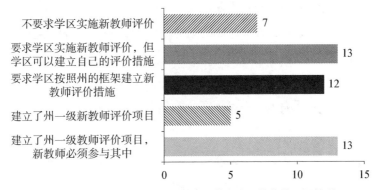

图5-2 各州新教师评价政策类型分布图

有相关政策的州实施新教师评价的力度也不一样。大部分州的评价措施是强制性的、有拨款的。各州项目设计差异也较大,有的州要求支持和评价前三年的新教师,有的州只要求支持和评价第一年的新教师;有的州要求一年中要对新

① DARLING-HAMMOND L,SCLAN E M. Beginning teacher performance evaluation:an overview of state policies[R]. Washington,DC:Office of Educational Research and Improvement,1992:11.

教师进行至少 6 次课堂观察,有的州只要求进行 1 次课堂观察。各州教师评价参与者也不同,有的州要求校长、负责新教师指导的专家教师,甚至教师资格认证机构的代表都要对新教师进行评价,有的州只要求其中之一对新教师开展评价。各州项目实施的方式也不一,有的州要求开展临床式评价和指导,评价者要跟新教师保持密切关系,并进行过程性评价,以促进新教师的成长为主;而有的州仍采用传统的校长评价,重视教师总结性评价结果在人事管理中的应用。

2. 州新教师评价项目类型

比较早建立的州级新教师评价项目多与等级制的教师资格认证相关。一般是入职后通过日常教学评价帮助新教师达到更高一级的教师资格认证标准,再提交州审核。这类项目往往都十分相似。一般由 2—3 名成员组成评价小组,其中包括校长、专家教师、州教师认证机构或教师教育机构的代表。运用州的专业标准和评价工具对新教师进行 2—3 次课堂观察,并至少做 1 次总结性评价。其中也有部分州要求同行专家先对新教师做出形成性评价,然后再由校长及教师资格认证机构的专家对形成性评价的材料进行审核。如果新教师的行为有些不符合评价标准,就要接受同行或指导小组的帮助,有的还要求为新教师制定专业发展计划。这一时期的新教师评价重点关注新教师的教学行为表现。州的教师评价工具也多来自于有关"有效教学"的研究。

后发展起来的州级新教师项目更关注对新教师的支持和指导。例如加利福尼亚州、纽约州、弗吉尼亚州等 8 个州的教师师徒项目实际上也是新教师专业发展项目,同时也要求师傅教师对新教师做出评价。也有一些州只建立了新教师专业发展项目,而对新教师不予评价。比如,俄亥俄州和蒙大拿州的项目只对新教师提供支持。综合来看 20 世纪最后 10 年,同行教师为新教师提供支持并进行评价的做法越来越普遍。

这一时期按照同行或校长实施新教师评价,对新教师实施形成性评价或总结性评价四个维度,可以将各州的新教师评价实践分为以下几种类型:(1)由同行教师提供支持,强调形成评价的项目,多为新教师导入项目;(2)由专家教师为新教师做出总结性评价,多为教师资格认证项目;(3)由校长等管理者负责实施形成性评价,并给予专业支持,多为传统督导项目;(4)由校长等管理者实施总结性评价,据此做出聘用决策,多为传统的教师评价项目(见下图)。

图 5‑3　新教师项目类型图

　　实际情况是,有的州有一种类型以上的项目,有的州有多个类型的项目,有的州甚至设置了混合类型的项目。比如,明尼苏达州要求学校建立同行评价委员会对新教师开展支持与评价;亚利桑那州的"住校教师项目"(The Arizona Teacher Residency Program)由师傅教师运用"住校教师评价工具"(The Arizona Teacher Residency Assessment Instrument)对新教师实施形成性评价,同时州的政策也要求校长和副校长对前三年的新教师实施每年两次的总结性评价;康涅狄格州新教师评价与资格认证有关,由两名同行教师、两名学校管理者和两名州教师评价者共同对新教师实施总结性评价。这类采用小组评价模式的还有哥伦比亚特区、佛罗里达州、肯塔基州、路易斯安那州、密西西比州等,有时评价小组还负责为新教师提供专业支持。新泽西州、宾夕法尼亚州要求校长对第一年任教的新教师实施两次形成性评价和一次总结性评价。

（二）州级终身教师评价的发展

　　一直以来传统的由校长实施的终身教师评价由学区来实施,但是到20世纪八九十年代,美国州政府开始统一实施有关终身教师评价的政策措施。一些州不仅出台了相关法律和政策,州教育当局还加紧制定多层级的教师专业标准和教师评价工具,监控终身教师的专业水平。据统计,1983年至1992年间,38个州出台了67项法律法规涉及终身教师评价及人事问题;20个州第一次要求地方学区开展终身教师评价;26个州明确了终身教师评价所使用的专业标准;还有一些州对终身教师评价的程序和过程,如课堂观察次数提出要求。但是从实施效果来看,由于教师终身制和单一薪资制的阻碍,州在推动终身教师评价上步子迈得还不算太大,效果还不突出,主要依靠拨款激励,学区自主实施。

1. 州及终身教师评价状况

截至到 20 世纪 90 年代初,实施终身教师评价项目的州大约可分为五类①:
(1)没有终身教师评价要求的州。(2)没有州级统一政策,但建议学区实施终身
教师评价的州。(3)要求地方学区必须实施终身教师评价,但对细节没有要求的
州。(4)要求地方学区按照州的指导框架实施终身教师评价。不同类型的州在
具体政策上的差异也很大。比如俄勒冈州、华盛顿州和康涅狄格州要求学区参
考州的专业能力标准进行评价;内华达州要求地方将学区的终身教师评价计划
报州政府批准;宾夕法尼亚州提供了州评价工具,多数学区使用这一工具;弗吉
尼亚州制定了课堂观察记录表,但只要求学区参考使用。(5)有全州统一教师评
价政策、标准、程序、工具的州。这一类型中,有的州制定了详细的教学行为表现
评价表供地方学区使用,如阿拉巴马州、特拉华等 10 个州;有的州要求地方学区
根据州的专业能力标准实施评价,比如新墨西哥州、西弗吉尼亚州等;有的州要
求学区按照统一模式开展教师评价,比如伊利诺伊州和密苏里州。具体情况见
图 5-4。全美各州终身教师评价政策统计情况见附件七。

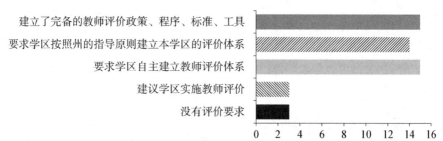

■ 阿拉巴马、阿肯色、特拉华、佛罗里达、佐治亚、夏威夷、路易斯安那、南卡罗来纳、
田纳西、德克萨斯、新墨西哥、俄克拉荷马、西弗吉尼亚、伊利诺伊、密苏里

▨ 阿拉斯加、亚利桑那、加利福尼亚、科罗拉多、康涅狄格、堪萨斯、缅因、内华达、
新泽西、北卡罗莱纳、俄勒冈、宾夕法尼亚、弗吉尼亚、华盛顿

■ 爱达荷、印第安纳、爱荷华、肯塔基、内布拉斯加、纽约、北达科塔、俄亥俄、
明尼苏达、密西西比、蒙大拿、南达科塔、犹他、威斯康辛、怀俄明

▨ 马里兰、新罕布什尔、佛蒙特

■ 马萨诸塞、密歇根、罗德岛

图 5-4 各州终身教师评价政策类型分布图

---

① SCLAN E M. Performance evaluation for experienced teachers: an overview of state policies [R].
Washington, DC: Office of Educational Research and Improvement, 1994: 7.

通过教师评价来推动终身教师的薪资、职责、任期改革,以至彻底废除教师终身制还存在相当大的阻力。在这种情况下,教师评价的效力受到了限制。

2. 州级终身教师评价特点

第一,评价目的不一。有的州强调与职业阶梯制度或资格等级制度挂钩;有的州强调依据评价结果来决定教师任期;有的州主要为了促进教师的专业发展。与职业阶梯或资格等级制度挂钩的有:马里兰州、田纳西州、德克萨斯州、犹他州等 5 个州;依据评价结果来制定教师专业发展计划或督促教师参与教师专业发展的有:阿拉巴马州、康涅狄格州、特拉华州、哥伦比亚特区等 12 个州;根据评价结果决定任期的州有:阿肯色州、佛罗里达州、北卡罗莱纳州、南卡罗莱纳州等 9 个州;5 个州将评价结果用于职业阶梯、专业发展、任期决策等多个目的,如密苏里州、北达科塔州、俄克拉荷马州、佛蒙特州、弗吉尼亚州等①。当然其中有些州的终身教师评价并不是强制性要求,只是州的建议或所设立的项目有上述倾向。

第二,评价主体多元化。除了校长等学校管理者开展终身教师评价外,学区的教育管理者、州的教师资格认证者、专家教师、学生等都参与其中,但是由学区来确定教师评价者。多数州都要求教师评价者要接受培训。专家教师在终身教师评价中的作用得到了加强。有些州要求组成评价小组来实施教师评价,其中必须包括专家教师在内,如科罗拉多州、佛罗里达州、北达科塔州等。有的州要求专家教师重点为不合格的教师提供专业支持,如西弗吉尼亚州。

此外,教师组织在终身教师评价政策的制定过程中发挥了更大的作用。例如,新泽西州和南达科塔州都要求学区在制定教师评价政策和措施的时候要与当地教师组织进行协商。而科罗拉多州则要求学区,建立由 1 名教师、1 名管理者、1 名校长、1 名家长和 1 名非家长社区居民组成的"学区人员表现评价咨询委员会"(Advisory School District Personnel Performance Evaluation Council),为终身教师评价政策提供建议。

第三,评价方式以基于标准的表现性评价为主。1992 年时,西南部州比东

① FURTWENGLER C B. State action for personnel evaluation: analysis of reform policies, 1983 – 1992[J]. Education policy analysis archives, 1995(4): 8.

北部州更加积极地推行终身教师评价。州不仅负责制定评价标准,而且要求更严格。州的评价标准框架主要包括:(1)教学准备;(2)教学组织和实施;(3)课堂管理;(4)教学和学生评价;(5)营造学习氛围;(6)专业责任。此外,还有一些州将教师个性特征,如沟通能力、教学态度、自我评价和学生成绩进展纳入其中。

个别州建议实施目标性评价。这一时期的目标性评价是根据州或学区的课程和教学目标来评价终身教师表现,而不是根据教师个人专业发展目标来实施评价。要求评价者记录事先所规定的某个方面的教师表现。评价过程一般包括三个步骤:评价前会议、课堂观察和评价后会议,并根据评价后会议的商讨结果形成评价报告。一些州制定了评价工具或表格,要求学区参照使用,评价者最终要在表格上标注等级,其中等级多设为三级:优秀、满意、不满意。有的州要求对终身教师实施一年多次评价,基于多次形成性评价形成最后的总结性评价;而有的州要求每2或3年甚至更长时间开展一次评价。

第四,终身教师评价尝试与职业阶梯、绩效薪资及任期决策联系在一起。这一时期职业阶梯制共分为三种类型:根据教师资历和学历来划分等级;根据教师所承担的专业责任大小来划分等级;根据教师所表现出的专业水平来划分等级。根据教师所表现出的专业水平来划分等级需要依据评价来实施,如很多州认可的 NBPTS 的优秀教师证书。在绩效薪资方面,据统计,1992 年时,9 个州实施教师绩效薪资,其中 5 个州有拨款;14 个州曾立法实施绩效制项目,但却没坚持实行;6 个州有规定,没项目;21 个州没有这样的规定。多数州教师的绩效薪资与其工作职责挂钩,与评价挂钩的较少。例如,当终身教师参与新教师的指导和评价工作,会得到额外的薪资补助。6 个州实施了根据教师评价来决定教师任期的措施,[①]但一般是在设立了多种聘期类型的州,如设立了年聘、5 年聘、长聘的犹他州,是在教师获得终身任期前依据评价结果确定其聘期类型。

综合各州情况来看,20 世纪八九十年代教师评价体系表现出明显的双轨特征。教师教学年限不同,评价要求不同。新教师的评价关注发展,终身教师的评

---

① FURTWENGLER C B. State action for personnel evaluation: analysis of reform policies, 1983-1992[J]. Education policy analysis archives, 1995(4): 4.

价关注激励。各州的评价措施差异很大,在那些没有全州统一政策的地方,学区之间的差异更大。

第四节 双轨合一的教师同行支持
与评价在全美的推广

在各州新教师和终身教师双轨评价体系不断发展的背景下,将新教师与终身教师评价结合在一起的教师同行支持与评价模式也受到越来越广泛的关注,被全美越来越多的学区所效仿。在俄亥俄州托莱多教师同行支持与评价项目(PAR)被越来越多的州所效仿的同时,美国教师联盟(AFT)和全美教育协会(NEA)两大教师组织认为,该评价模式的实施有利于平息舆论对教师终身制的质疑,有利于维护教师专业自主自治,因此合力在全美范围内加以推广。在俄亥俄州教师同行支持与评价措施初现成效后,加州一些学区借鉴了这一措施,该措施在加州的影响进一步扩大。随着加州教师评价改革的推进,1999年州政府决定在全州立法推行教师同行评价,形成了州一级教师同行评价实践。加州的教师同行评价政策具有非常强的灵活性,适应了加州一千多个学区情况各异的教师现状,形成了各具特色的创新模式。

一、 教师同行评价的推广: 两大教师组织的努力

在托莱多学区PAR项目实施后,全美一些城市学区纷纷设立了PAR项目,其中包括俄亥俄州的首府辛辛那提(Cincinnati)学区、哥伦布(Columbus)学区、纽约州的罗彻斯特(Rochester)学区、明尼苏达州最大的学区明尼阿波利斯(Minneapolis)、华盛顿州最大的学区西雅图(Seattle)、宾夕法尼亚州的匹兹堡(Pittsburgh)学区、犹他州最大的学区盐湖城市(Salt Lake)等三十多个在全美规模较大的、有影响力的城市学区,此外还有佛罗里达州的戴德郡(Dade)学区,马里兰州最大的学区蒙哥马利郡(Montgomery)学区,加利福尼亚州的波韦(Poway)学区、迪亚波罗山(Mount Diablo)学区等在本州走在改革前列的城郊学区。这些学区的改革对其他学区起到了示范作用(代表性学区项目概况见附件五)。很多州还借鉴该项目的做法,将其融入本州的新教师导入项目和终身教师

评价项目中。

（一）美国教师联盟的认可与支持

1982 年，PAR 项目的创始人劳伦斯在首都华盛顿美国教师联盟（AFT）总部召开的年会上介绍项目情况。由于该项目放弃保护一些不合格但一直上交会费的教师，遭到了与会代表的强烈反对，认为这违反了美国教师联盟的宗旨，教师们将不再信任美国教师联盟，会转而投向与之竞争的另一教师组织——全美教育协会（NEA）。但时任美国教师联盟主席的阿尔伯特·尚科（Albert Shanker）看到了该项目的潜力。尚科了解到，随着 PAR 项目的实施，托莱多教师联盟与学区长期没能达成的其他协议，在 1982 年的相继达成。这些协议的投票通过率达到了 70%，为历史最高①。PAR 项目毫无疑问成为双方互信的基础，促成双方从敌对走向合作。

20 世纪 70 年代美国教师联盟组织并支持教师罢教，已经成为公共舆论谴责的对象，被看作美国教育发展的绊脚石。教师联盟需要在政治斗争之外寻找新的出路，削弱其政治性，强化其专业性，重获公众的信任。尚科认为，要么教师队伍自我改善，要么就等着在外力的逼迫下被动提高②；如果教师联盟罔顾民意，将最终危害教师队伍。教师联盟必须与教育当局合作提升教师质量，才能重建民众对教师的信心。

1984 年尚科在美国教师联盟全美年会上做了题为《我们的位置》（Where We Stand)的报告，指出托莱多 PAR 项目"实施得非常成功，加强了公众对学校系统的信心"③。尚科还指出，教师同行支持与评价要求教师像医生、律师那样给新手以教导和示范，而加拿大和英国都有类似的实践。他还提醒到，整个教师队伍是不称职教师的最大受害者，教师队伍有权力首先在内部判断教师是否称职。尚科在多个会议和访谈中发表了上述观点。教师同行支持与评价项目由此在教师联盟内部被赋予了合法地位。这说明来自教师组织内部的支持是教师同行评价得以发展的最重要的因素。

---

① SHANKER A. Albert Shanker's address to the AFT convention [R]. Washington, DC: American Federation of Teachers, 1983: 8.
② KAHLENBERG R D. Peer assistance and review [EB/OL]. [2016 - 03 - 11]. http://www.aft. org/periodical/american-educator/fall-2007/peer-assistance-and-review.
③ 同上。

（二）全美教育协会的支持和认可

与美国教师联盟（AFT）从成立之初就是一个工会性质的教师组织不同，全美教育协会（NEA）早期是由全美教师协会（National Teacher Association，NTA）、全美中学校长协会（National Association of School Superintends，NASS）、美国师范学校协会（American Normal school Association，ANSA）等组织合并而来的。据统计，20 世纪 60 年代初，全美教育协会会员数量为 76.6 万，成分复杂，包括大量教育行政人员[①]。而与此同时，美国教师联盟的会员数只有 5.9 万人[②]。随着 20 世纪 60 年代各州建立公共服务领域雇员的集体谈判（collective bargaining）制度，公立学校教师纷纷选择加入教师组织。全美教育协会与美国教师联盟开展了争夺会员的竞争。但 20 世纪 80 年代以来，面对外部社会环境与教师群体越来越对立的局面，双方发现统一立场是应对困境的一个有效方式，这样才能对州立法和行政部门施加更大的影响[③]。

20 世纪 80 年代以后，全美教育协会积极支持美国教师联盟的政策。1999 年全美教育协会代表大会通过了新 D-6 决议，即"同行支持与评价项目"决议。该决议告知各州及地方 NEA 的分支机构可以支持该项目的实施。决议指出："全美教育协会认为，保持教学专业的高标准，持续改进专业实践，是教师职业的基石。一些学区已经证实，在一定的条件下，教师同行评价或教师同行支持与评价项目这一机制有利于实现上述目标，但项目的实施应坚持集体谈判制度。参与管理项目的教师代表数量应等于或多于学区代表"[④]。这一决议也是全美教育协会领导教育改革运动的标志性事件之一。

2011 年，全美教育协会主席丹尼斯·罗塞尔（Dennis Van Roekel）计划在全美再推 100 个高质量的教师同行支持与评价项目。他认为，"这种结构化的指导、课堂观察和基于标准的评价已经收到了显著的成效"。他同时说："教育政策

---

① PETERSON P. Choice and competition in American education [M]. Lanham，MD：Rowman & Littlefield，2006：124.

② ARNESEN E. Encyclopedia of U. S. labor and working-class history [M]. London：Taylor & Francis. 2007：87-90.

③ 余承海，程晋宽. 竞争、合并、合作：全美教育协会和美国教师联盟的演进与启示[J]. 当代教师教育，2015(3)：55.

④ LIEBERMAN M. Teachers evaluating teachers：peer review and the new unionism [M]. New Brunswick NJ：Transaction Publishers，1998：115.

的制定缺乏一线教师参与已经恶果初现。只有将教师领导力制度化才能使教师专业能力充分发挥。"①全美教育协会设立的卓越公立学校基金(Great Public Schools Fund，GPS Fund)对此项目进行资助。2014年投入了6 000万美元支持包括同行支持与评价项目在内的创新型项目②。截至到2016年，纽约州、犹他州和伊利诺伊州的教师同行支持与评价项目在基金的支持下不断发展。

（三）两大教师组织的合力推广

两大教师组织在托莱多PAR项目创立后，连续三十多年呼吁各地采纳教师同行支持与评价这一措施。1998年两大组织共同编写了《同行支持与同行评价：AFT/NEA手册》，供全美各地参考。

推广教师同行评价的时期也是美国教师组织由工会逐渐转型为专业组织的时期。面对公众和政府的苛责，教师组织主张采用建立在专业主义之上"新工会主义"理念，认为只有主动、积极实现教师队伍的高标准，参与教育管理，对教育的结果，即学生的学习结果负责，才能满足学生、家长、社区、社会的呼求，最终维护教师专业群体的利益③。如果背道而驰，一味推卸责任，与社会和政府对抗，将失去信任，组织及其成员的利益最终也将丧失。

二、 加利福尼亚州教师同行支持与评价实践

（一）加利福尼亚州教师同行支持与评价政策的酝酿

1. 《斯托尔法》后加利福尼亚州教师评价的快速发展

自从1971年《斯托尔法》颁布以来，加州一千多个学区都出台了教师评价措施。该法分别在1983年和1999年进行修订，修订后的法律要求学区根据学生在州标准化考试中的成绩、教师的教学技能和策略、教师教学与课程目标的一致性、教师所创设的学习环境等来评价教师。教师每两年接受一次评价，评价不合

---

① NEA. NEA president announces new three-part action agenda to strengthen teaching profession and improve student learning [N/OL]. [2016 - 04 - 05]. http://www. nea. org/home/49969. htm.

② NEA. Grants & awards [EB/OL]. [2016 - 04 - 05]. http://www. nea. org/grants/grantsawardsandmore. html.

③ CHASE B. The new NEA: reinventing the teacher unions for a new era [N]. Vital speeches of the day, 1997 - 04 - 01.

格的教师要参加提升教学能力项目①。不过直到 1999 年 4 月 6 日,加州州长格雷·戴维斯(Gray Davis)签署法案(California Assembly Bill 1X)开始实施"加州教师同行支持与评价项目"(California Peer Assistance and Review Program for Teachers, PAR)时,并没有建立全州统一的评价模式。虽然州政府也在全州范围内推广了一些与教师评价有关的项目,但这些项目实施的范围有大有小,实施的力度有强有弱。各学区根据自身的情况,在州法的指导下自主实施教师评价。各学区也跟全美的状况一样,基本设立了新教师和终身教师评价两类评价。

2. 《休斯·哈特教育改革法》推行教师师徒制

1983 年,加州通过了《休斯·哈特教育改革法》(Hughes-Hart Education Reform Bill),实施教师师徒项目(The Mentor Teacher Program)。实施该项目的目的是为新教师、终身教师和教师指导者提供专业发展的机会。这个项目首期拨款 1 080 万美元支持 740 个学区实施该项目,占全州学区数量的 2/3,并要求学区教育管理部门在教师集体谈判的框架内制定实施计划。

这个项目要求新教师接受 1—3 年的指导。指导教师必须是被终身聘用的、持有教师资格证书的、富有教学经验的,并具备较强的沟通能力、较扎实的专业知识、丰富的教学策略、熟知学生情况的教师。由地方教师委员会来挑选指导教师,但由教育委员会任命指导教师。1983 年全州共挑选出 5 100 名指导教师,随后两年拨款有所增加,指导教师数量也随之增加,规模最大的时候达到教师总数的 5%。拨款主要用于指导教师的津贴,学区另外补助经费用于项目培训、会议、教师出差等②。但是,该项目不要求指导教师对新教师做出总结性评价,只要求指导教师为新教师做出形成性评价。有些学区"教师师徒项目"中的指导教师还尽量避免承担评价者的角色,以方便与新教师建立更加融洽的关系。

3. 《伯格森法》建立了新教师支持与评价制度

1988 年,加州又通过《伯格森法》(Bergeson Act),设立了"加州新教师项目"(California New Teacher Project,CNTP)。该项目实质上是新教师支持和评价

---

① California Education Code § 44660 - 44665[EB/OL]. [2016 - 06 - 22]. http://www. leginfo. ca. gov/cgi-bin/displaycode? section＝edc&group＝44001-45000&file＝44660-44665.

② FURTWENGLER C B. Beginning teachers programs: analysis of state actions during the reform era [J]. Education policy analysis archives, 1995(3): 10.

项目。这个项目包括两个组成部分,即新教师支持项目、新教师有效性评估项目。该项目由州教育厅和州教师认证委员会(California Commission of Teacher Credentialing, CCTC)共同管理。该项目开始实施时范围较小,第一批项目只在37个学区布置试点,每个项目的实施方法各有不同①。1992年3月,加州教师认证委员会对上述37个试点项目实施的情况进行评价后,向州立法机构建议在全州推广实施,并列入修订的《伯格森法》,即全州的"新教师支持和评价项目"(Beginning Teacher Support and Assessment Program, BTSA)②。该项目使用"加州教师形成性评价和支持系统"(California Formative Assessment and Support System for Teachers, CFASST)开展评价③。随后,加州进一步完善上述系统,并制定了"加州教学专业标准"(California Standards for the Teaching Profession)界定教师的知识和技能。此后,各学区基本采用这个标准来开展教师评价,培训教师评价者。该项目还建立了"专业教师导入项目质量和有效性标准"(Standards of Quality and Effectiveness for Professional Teacher Induction Programs),监控项目实施的状况。至此,加州逐渐形成了集支持与评价于一体的新教师制度。

4. 学区尝试终身教师同行支持与评价项目

1999年前,加州终身教师评价主要是由校长实施,要求每两年评价一次。校长按照学区所规定的专业标准框架,根据学区的政策文件来实施终身教师评价,并将总结性的评价结果归档。校长对每个教师都使用同样的评价标准、评价工具,缺乏对教师个体化因素的考虑。评价的主要方式是观课、检查教案、咨询学校其他教师的意见及参考学生成绩等。给教师的有关教学优缺点的建议,通常以非正式的渠道提出。不过,学区一般要为评价不合格的教师设置改进项目。

一些学区在新教师同行支持与评价项目的启发下,也尝试改革终身教师评

---

① YOPP R H, YOUNG B L. A model for beginning teacher support and assessment [J]. Action in teacher education, 1999(1): 24-36.

② WAGNER L A, OWNBY L. The California mentor teacher program in the 1980s and 1990s: a historical perspective [J]. Education and urban society, 1995(1): 20-39.

③ THOMPSON M, GOE L, PAEK P. Study of the impact of the California formative assessment and support system for teachers: beginning teachers' engagement with BTSA/CFASST [DB/OL]. [2016-12-05]. http://www.ets.org/Media/Research/pdf/RR-04-30.pdf.

价。比如,洛杉矶联合学区设置了"教师评价与支持项目"(Teacher Assessment and Support Program,TASP),将终身教师评价分为同伴(Partner)评价、档案(Portfolio)评价、选择性的管理者评价和强制性的管理者评价四类,规定终身教师可以自由选择参与上述评价①。还有一些学区直接借鉴了托莱多的 PAR 项目模式,如从 1985 年开始实施 PAR 项目的波韦(Poway)学区。

(二) 加州教师同行支持与评价政策的实施

1999 年,新州长格雷·戴维斯上任,他对改变加州的基础教育现状及提升教师质量信心十足。他上任伊始,短短几个月内就在州政府和州议会出台了一系列教育改革法案和改革措施。1999 年 4 月 6 日,他签署了加州相关法案,开始实施"加州教师同行支持与评价项目"。这是新州长四个公立教育改革计划中的一项。这项法案被认为是一系列法案中最有潜力来改变学校教学现状的法案。法案的主要目的是要为教师"提供反馈机制,使优秀教师帮助其他教师在学科知识和教学策略上实现专业发展"②。实际上,PAR 项目被看作是全州"新教师支持与评价项目"(BTSA)的拓展,新增了提升终身教师质量并寻求改善其日常教学实践的项目。

1. 项目启动

加州为实施全州的教师同行支持与评价项目做了充分的准备。州政府牵头对全美教师同行支持与评价项目进行了考察,了解到俄亥俄州的托莱多学区、哥伦布学区和纽约州的罗彻斯特学区的实践所取得的显著成效,同时加州波韦(Poway)学区和迪亚波罗山(Mt. Diablo)学区也积累了一些成功的经验。在此基础上,州政府最终确定实施教师同行支持与评价来促进加州教师质量的整体提升。在这个过程中起重要作用的是加州教育厅长办公室(Office of the Secretary of Education),加州郡县教育局长联合会(California County Superintendents Association)和加州州立大学教育改革研究所(California State University Institute for Education Reform)。

① Los Angeles Unified School District. Polit teacher assessment and support program [DB/OL]. [2016 - 12 - 04]. http://www. ouhsd. k12. ca. us/wp-content/uploads/docs/staff_support-tasp. pdf.

② California Assembly Bill 1X [A/OL]. [2016 - 06 - 17]. http://www. cde. ca. gov/pd/ps/par. asp.

加州州立大学于 1995 年成立了"教育改革研究所",着手与政府合作推进教师项目,其中教师同行支持与评价项目便是其中之一。"教育改革研究所"指出,加州学生标准化测验的成绩长期以来在全美的排名比较靠后。如果高质量的教学有助于提高学生学业成绩,教师评价又有助于使教师保持较高质量教学的话,就应该采用更有效的教师评价措施。加州教师问题研究专家也不断呼吁:"教师评价项目应发挥让教师重新审视教学实践的功能"[1];"新教师和有经验的教师要加强合作,促进教学实践知识的分享,促进教学专业的不断发展"[2];"优秀教师要成为学校教学的领导者"[3]。

在加州出台教师同行支持与评价法案前,州政府已经与项目主要的利益攸关方达成的一致。加州学校管理者协会(Association of California School Administrators)、加州学区委员会联合会(California School Boards Association)、加州教师联盟(California Federation of Teachers)和加州教师协会(California Teachers Association)1999 年 8 月签署了"共同致力于成功实施同行支持和评价的联合声明"(Joint Statement of Commitment to the Successful Implementation of Peer Assistance and Review)。

在项目预热阶段,州教育厅为各学区提供全美及加州先行学区实施教师同行支持和评价的情况通报,并建立平台公开有关议程。加州教育厅长格雷·哈特(Gary Hart)在项目宣传中强调:"同行支持与评价对于加强教师的质量来说是非常重要的,该项目在全美实施都很成功"[4]。州教育厅在宣传中,一方面强调现行教师评价的问题,另一方面也指出教师同行支持与评价项目的优势。州教育厅指出,现行的教师评价由一名管理者开展,其问题在于管理者没有充足的时间、资源、培训来完成教师评价。这样的评价很难准确鉴别出教师的困难,不能有效地、持续地、有针对性地帮助教师提升课程和教学能力。优秀教师为教师

① SNYDER J. Professional development schools: what? so what? now what? [J]. Peabody journal of education,1999(4):136-144.
② DARLING-HAMMOND L. Changing conceptions of teaching and teacher development [J]. Teacher education quarterly,1995(4):9-26.
③ PETERSON K. D, CHENOWETH T. School teachers' control and involvement in their own evaluation [J]. Journal of personnel evaluation in education,1999(6):177-190.
④ Office of the Secretary of Education. Peer assistance and review: working models across the country [R/OL]. [2016-06-21]. http://www. calstate. edu/ier/reports/PARReport. pdf.

同行之间的支持和评价带来信誉和专业性,监督项目实施的联合委员会也会保持评价的有效性。不过教育厅长哈特也指出:"同行支持和评价也不是万能的,但是我们相信这种新的在教师管理者上的合作,能为改善教师质量提供一个新的模式和机会。"①

2. 教师同行支持与评价（PAR）法案

加州法案规定,州拨款支持各学区实施 PAR 项目,不能实施 PAR 项目的学区将失去州在类似项目上的教育补助,因此表面上该法案是激励性的,但实际上却带有一定的强制性。州政府在1999—2000学年首次为该项目拨款1.25亿美元。2000年7月1日之前实施项目的学区,按照"教师师徒项目"中师傅教师的拨款标准补助参与评价的指导教师每人每年2800美元。如果推迟1年到2001年7月1日实施,补助额度将减少为每名指导教师每年1000美元。如果学区不实施教师同行支持与评价项目,不仅得不到该法案的拨款资助,也不能得到加州所实施的其他相关项目的资助,如"管理者培训和评价项目"（Administration Training and Evaluation Program）和"教学时间与评价项目"（Instructional Time and Evaluation Program）的拨款。从全州范围来看,这笔拨款远高于前面所实施的"教师师徒项目"等其他项目的额度。如果失去该项资助,学区的财政状况将会受到一定的影响。

法案对教师同行支持与评价(PAR)的主要规定如下②:

● 地方所采取的具体措施和细节由学区当局和地方教师组织协商确定,上述细节要体现在劳动合同中。

● PAR 项目由学区委员会指定的管理者和教师代表共同组成的项目委员会负责。PAR 项目委员会负责监管项目的实施,选择咨询教师开展评价并向学区委员会提交报告,提交人事决策建议,报告项目实施的有效性。PAR 项目委员会成员中教师代表要比管理者代表名额多1人。

---

① Office of the Secretary of Education. Peer assistance and review: working models across the country [R/OL]. [2016 - 06 - 21]. http://www. calstate. edu/ier/reports/PARReport. pdf.

② JANCIC M. Teacher evaluation and the implementation of Peer Assistance and Review(PAR) with non-tenured teacher teachers in California: a case study [D]. University of California, Santa Barbara, 2004: 6.

● 咨询教师必须是在本学区连续执教 3 年以上的持证教师,并且教学能力突出,善于沟通,掌握扎实的学科知识和多种教学策略,能满足不同背景学生的教学需求。

● 常规评价不合格的教师必须参与项目;新教师必须参与项目;其他教师可以自愿参加项目。

● 学区委员会应该建立每个年级每个学科的学生学业成绩期望标准。该标准要参照州的学生学业标准和评价体系来设置。

● 学区委员会应该采用由以下几项内容组成的教师评价标准。

　　√ 学生达到学业标准的情况;

　　√ 教学技能和策略;

　　√ 教师的教学是否符合课程目标;

　　√ 建立并保持适宜的学习环境。

法案并没有对教师同行支持与评价(PAR)项目的具体内容做更多的限制。比如,对组成 PAR 项目委员会的程序没有要求;没有对怎样选择咨询教师做出规定;没有要求所有学区按照同样的教师评价标准来操作;对教师做出最后人事决策前要接受多长时间的支持与帮助也没有做出规定。所有这些操作层面的具体措施,均由每个学区同地方的教师组织协商决定。加州共有一千多个学区,情况极其复杂,比如移民较多的城市地区当时面临较为严重的合格教师短缺的情况,这使得加州政策制定者不得不采用更加灵活的制度框架,方便各地的项目快速上马。

PAR 项目在加州的实施更像是一场轰轰烈烈的政治运动,受公共财政和公众舆论的影响颇大。尽管有关法律并不是强制法,但鉴于教育经费的促动,各个学区还是一哄而上。特别是对于规模较大的学区来说,经费数额也较大。1999—2000 学年,整个加州都在积极探索如何实施 PAR 项目。多数学区整合了加州新教师支持与评价项目(BTSA)、教师师徒项目、传统的由校长实施的教师评价项目,但是也有一些学区不积极,尽量将 PAR 项目的实施限制在最小的范围。

第五节　本章小结

本章探讨了 20 世纪八九十年代美国教师评价思想、教师评价实践、州级教师评价政策的形成以及教师同行评价的发展。本阶段在教师评价思想上出现了两股非常强势的力量，即基于问责和基于标准的教师评价思想。基于问责的教师评价思想要求按照学生的学业成绩来评价教师，并让各级政府、学校及教师对学生的学业成绩负责。基于标准的教师评价思想主张依据分级分类的教学专业标准来评价教师的能力和教育教学表现。前者是有效性评价，后者是表现性评价。这两种思想为这一时期的教师评价实践提供了指导。

这一时期随着教育管理权的上行，州级政府逐步开始制定全州的教师评价政策。在基于标准评价思想的影响下，全国性的教学专业相继成立，制定新教师和优秀教师专业标准，组织实施教师评价，并为其颁发证书，对各州起到了示范作用。各州根据这些专业组织的标准不断提高新教师的入职门槛，与此同时各州广泛建立了州级新教师专业发展项目，并将其与新教师评价整合在一起。如加州的"新教师支持和评价"（BTSA）体系。另一方面，在问责思想的影响下，各州也开始考虑加强终身教师评价，一些州出台了指导意见加强对终身教师的工作表现而不是能力素质的评价，另外一些州则实施了如教师增值性评价等创新型的项目。教师评价出现了明显的双轨特征。新教师评价注重专业发展，终身教师评价注重激励和问责。

这一时期，在美国教师联盟和全美教育协会的推动下，教师同行评价作为整合教师专业发展和教师绩效和人事管理两项功能为一体的教师评价措施，被全美更多的学区所采纳。加州作为教育发展和改革的先锋率先立法，在一千多个学区中实施教师同行支持与评价政策，并在实施的过程中出现了许多教师同行支持与评价的创新模式。加州教师同行评价的大范围实践和创新为下一个阶段依靠教师同行评价发挥教师教学领导力，促进学校专业共同体的发展积累了经验。

第六章　21世纪至今综合化、一体化教师评价

21世纪初,问责和标准化的浪潮在新自由主义教育市场化改革的助推下,发展到顶峰,由此引发了越来越多的批评。人们重新要求关注人,关注教师的需求,关注学生和教师生活其中的学校的发展,而不能仅以标准和结果为导向,在此基础上出现了批判性和基于学校改进的教师评价思想。在实践领域,教育管理权进一步上行,权力不断扩张的联邦政府21世纪初出台了《不让一个孩子掉队法》(No Child Left Behind)。州政府在该法的引领下,不断加强问责的政策。直至"竞争最优"(Race to Top)项目出台后,联邦政府要求各州建立问责制体系,使学生的成绩在州之间、学区之间、学校之间具有可比性,最终使每个教师对学生的学业成绩负责。但与之伴随的是教师薪资及社会地位长期以来没有明显改善,专业自主性越来越少,压力越来越大,离职率越来越高的问题。问责式的教师评价的负面影响凸现出来,腐蚀了教师专业自主的根基,使教师队伍状况日益恶化。因此,从奥巴马执政后期开始,联邦及州对教师评价及教师政策进行新一轮的调整,出现了强调教师领导力、民主合作的政策取向。教师评价呈现出综合化、一体化的发展趋势。

第一节　批判性和基于学校改进的教师评价思想

批判性和基于学校改进的教师评价思想是在批评和修正问责和标准化的教师评价实践的基础上发展起来的。批判性的教师评价思想是对美国过度依赖学生的标准化测验成绩,狭隘的、技术性的教师评价实践的批评。不过不同的批判者有不同的视角,有的是从教育教学的伦理价值入手,有的则是从评价方式和手

段的可靠性入手。基于学校改进的教师评价思想则更有建设性，从学生、教师和校长生活于其中的学校出发，希望通过评价、合作与改进，营造一个学习型、进取型的学校文化，从而最终实现教师和学生的共同发展。

一、 批判性教师评价思想

批判性的教师评价思想从理论上剖析了教师落后的企业式、非专业化管理模式对教学专业的扭曲和对教育目的的窄化，同时也从实证的角度揭示了这类评价措施的信效度可疑，呼吁教师评价应重新关注激发教师的专业热忱、自由意志、对话精神和实践智慧，从而消除上述评价模式给教师造成的焦虑压抑、专业自主性的丧失，使教育教学回归正途。

新自由主义控制了自20世纪80年代以来教育改革的方向。克林顿、小布什、奥巴马担任总统的美国政府都努力推进公立教育效益最大化，甚至不惜在公共教育事业中引入私营企业的竞争模式，大力推广特许学校和学券制，以考试公司的标准化考试作为评价公立教育质量的准绳，同样以购买私人机构的评价服务①来决定教师的资格。这些改革措施导致应试教育泛滥，压制了教师的专业自主权。被称为"美国批判教育学之父"的亨利·吉鲁（Henry A. Giroux），在其两本著作《教师作为知识分子——迈向批判教育学》和《教育与公共价值的危机——驳斥新自由主义对教师、学生和公立教育的攻击》中，对教师问题进行了集中阐释，其中包括对新自由主义教师评价政策的批评。哈蒙德也多次撰文批评基于学生成绩评价教师②。纽约城市大学的凯特·奥哈拉（Kate E. O' Hara）主编的《教师评价：控诉和挑战》（Teacher Evaluation: The Charge and the Challenges）汇聚了10个作者对当前教师评价的批判。批判性教师评价思想已经形成了一股合力。

（一） 破除问责的评价目的，维护教学伦理价值

批判性教师评价思想首先批评新自由主义主导的美国公共教育政策对效益

---

① 2014年纽约州教育厅采用全球最大的教育出版集团培生（pearson）的产品 edTPA 来进行初任教师资格认证。

② BAKER E L, BARTON P E, DARLING-HAMMOND L. Problems with the use of student test scores to evaluate teachers [R]. Washington, DC: Economic Policy Institute, 2010.

的过度关注，认为其扭曲了公立学校的教育目的，使公立学校培养公民、保护民主社会的目的让位于经济竞争、就业创业的目的。在新自由主义教育政策的主导下，政府按照企业经营的方式运营美国公立学校系统。"校长变成了学校的经理，教师变成了学校的工人"①。教师评价被绩效、问责、标准化所控制。批评者认为，在这样的政策导向下，"任何知识和技能，只要无法被测量，就会被视作可有可无，任何教师只要不能使学生通过客观的标准化评价，就会被判定为不称职"②。教师失去了专业自主权，不再考虑教育的道德和伦理价值，教师最终被工具化。

批评者认为应该为教师创造条件，"使其承担起作为改造社会的知识分子的角色，保护公共福祉和民主氛围，而不应该沦为培养政治上顺从和技术上熟练的劳动力的培训者"③。按照吉鲁的观点，教师是否合格，应该看其是否对教育改造社会有深刻的理论认识，是否能实施创造性的课堂教学，培养具有批判能力的公民，积极参与地方、全国乃至全球公共事务。奥哈拉认为，如果要以教师的有效教学和学生的有效学习来评价教师的话，不仅应该评价教师是否熟练掌握学科内容和方法，更重要的是能否教育学生学会独立思考，成为愿意担当社会责任的公民，因为这才是真正有效的教学和有效的学习。因此，对于教师所从事的教育活动，不能用唯技术性的方式去评价，要运用批判性的思维去审视。

（二）取消学生学业成绩作为教师评价的唯一标准

奥哈拉认为，现在教师评价只关注学生的学习成绩，出现了将有效教师标准与好教师标准混为一谈的现象。如果把教师为客户提供的教育服务作为评价标准的话，应该首先按照最直接的客户，学生的标准来评价教师。"幼儿园的学生认为好教师是有爱心，一年级的学生认为好教师是有趣的，三年级的学生认为好教师善良并能理解人，四年级学生认为好教师能让学习变得有趣，而不是仅会纸笔测验，五年级学生认为好教师像父母一样关心学生，七年级学生认为好教师尊重学生，九年级学生认为好教师任何时候都能为他们提供帮助，十一年级的学生

---

① O' HARA K E. Teacher evaluation: The charge and the challenges [M]. New York, NY: Peter Lang Publishing, Inc. , 2015: 60.

② ［美］亨利·A. 吉鲁. 教育与公共价值的危机——驳斥新自由主义对教师、学生和公立教育的攻击 [M]. 北京: 中国人民大学出版社,2016.5—9.

③ ［美］亨利·A. 吉鲁. 教师作为知识分子——迈向批判教育学[M]. 北京: 教育科学出版社,2008.

认为好教师希望每个学生成功,并帮助那些努力的人"①。

按照吉鲁的观点,评价教师的标准就是看教师是否扮演了作为批判性的公共知识分子的角色,即教师是否致力于为未来培养维护公共价值和集体利益的,具有独立思考和判断能力的公民。要做出上述判断,就要关注教师是否使用了开放性的、敏锐的、具有批判探索精神的教学法;教师在工作中是否调动了个人和社会的能动性,为学生提供批判性学习、实践民主的机会;教师是否尊重学生生活的特殊性和多样性,是否局限于现在的职业培训和工具性教育观,以及千篇一律的以标准化方式开展的教学实践;教师在教学中是否能够采取批判立场,把自身工作与更大的社会议题联系起来,是否能够提供多样的表达方式,支持有关重大社会问题的辩论和对话;教师是否能够激发学生对公民生活重要性的认识和信念,是否为学生创造参与推理、理解、对话和批判的包容性的民主环境,使学生能够在平等、自由、争议和民主的环境下进行判断和自由行动②。

(三) 增值性评价信效度并不可靠

一大批研究者对联邦及各州政府力推的、基于学生成绩来评价教师的方法,如增值性评价的有效性进行了批判。奥哈拉提出,现在全美上下都将有效教学和促进学生的学习作为教师评价的标准,但指标却窄化为学生标准化考试的成绩,成绩好或者成绩得到提高就是有效教师,否则就应对此负责。以上述方式评价教师出现了效度和信度的偏差,因为教师的教学虽然对学生的学习成绩有影响,但很多情况下不是决定性的影响,很多时候是学生同伴、教师集体所发挥的影响更大。用增值法评价个体教师,谬之千里③。此外,大量的研究发现,学生的成绩还受到班级规模、课程材料、教学实践、学习资源、家庭和社区的支持环境、学生个体的能力特征、同伴文化甚至测验类型的影响④。

① O' HARA K E. Teacher evaluation: the charge and the challenges [M]. New York, NY: Peter Lang Publishing, Inc., 2015: 65.
② [美]亨利·A. 吉鲁. 教育与公共价值的危机——驳斥新自由主义对教师、学生和公立教育的攻击 [M]. 北京: 中国人民大学出版社,2016: 6.
③ O' HARA K E. Teacher evaluation: the charge and the challenges [M]. New York, NY: Peter Lang Publishing, Inc., 2015: 61.
④ AMREIN-BEARDSLEY A, PIVOVAROVA M, GEIGER T J. Value-added models: what the experts say [J]. Phi Delta Kappan, 2016(2): 35-40.

　　哈蒙德对增值性评价提出质疑。她认为,尽管一些州,如纽约州在统计学生成绩及成绩的增长时,将学生的家庭经济背景,是否母语为非英语,是否有学习障碍等因素考虑在内,但在这种评价方式下,教师的评价等级(高效、有效、尚需发展、无效)与他/她所教的学生的种族、家庭收入、语言背景和父母教育等有明显的相关性。基于这类证据可以判断增值性等级评价的信度存在很大漏洞①。哈蒙德通过回顾增值评价,认为增值评价将焦点错误地放在个别教师的质量上,使所教学生成绩好的教师受到奖赏,而对所教学生成绩差的教师实施强硬和严厉的惩罚措施,这种方式只能将教师的注意力从教学的目标转向奖惩的目标,忽视学校的目标,甚至教育的目标,教学将变成模式化的、简单的、脚本式的职业。她认为增值评价合理的使用方式是对一定规模的教育教学措施的创新进行验证②。

　　吉鲁也对这种评价方式进行了猛烈的批判。他认为,这种评价方式把教学当作纯粹的技能训练,把评价当作惩罚性的措施,把成绩差归咎为学生或教师个人,而看不到背后的社会不公。这种评价方法强调竞争而不是合作和分担责任,认可个人能力,忽视了集体合作,不断侵蚀着教师的师德、激情及创造性。教师变得缺乏理想和活力,忙着满足各种细枝末节的技术性评价指标。他说:"标准化的、技术化的、集权化的、问责制的教师评价是对教师专业性的不信任,侵害了教师的学术自由和自主权。"③

　　研究者普遍认为,如果教师的劳动仍被看作是一种智识劳动(Intellectual labor)的话,就不能只以数据体系来评估教学效率或用纯粹工具性的或技术性的方法来评价教师的工作④。教师作为反思性实践者,必须由他们自己阐述他们要教什么,他们准备如何去教,并基于发展社会的民主秩序对自己的工作进行反思。现在的当务之急是改变妨碍教师积极反思的评价方法,破除目前公立学校所存在的权力和控制模式。

---

① DARLING-HAMMOND L, AMREIN-BEARDSLEY A, HEARTEL E. Evaluating teacher evaluation[J]. Phi Delta Kappan, 2012(6):10.
② 同上,8-15.
③ [美]亨利·A.吉鲁.教育与公共价值的危机——驳斥新自由主义对教师、学生和公立教育的攻击[M].北京:中国人民大学出版社,2016:62—63.
④ [美]亨利·A.吉鲁.教师作为知识分子——迈向批判教育学[M].北京:教育科学出版社,2008:152—154.

（四）改变商业机构对教师评价的控制和垄断

对于教师评价参与者，持批评态度的研究者认为，教师评价已经被私人机构所控制。奥哈拉以全美最大的学区纽约市教师评价为例，认为教师评价中 20％ 基于学生州标准化考试成绩，20％基于地方学区所规定的学生学业表现，60％基于教师工会和学区集体协商所确定的有效教师的标准，看似公平，实际上教师评价已落入教育考试中心（ETS）及培生教育集团（Pearson Education）等私营企业之手。由于地方学区根本无力开发州所要求的客观的、标准化的学生学业水平测试，只能与州一起购买上述垄断性公司的标准化试题及教材教辅。教师评价虽与教师组织协商，看似民主，但这类措施只能作为评价的公分母，与基于学生考试成绩的教师评价相比，对结果的影响不大[①]。

在教师评价权的分配上，吉鲁大力批判独裁式管理模式。他认为，应该在教师评价上给予教师所需的自主性、尊严和互相支持。采用私人考试公司及教育咨询机构所开发的教育评价产品或教师评价产品来确定教师的绩效工资，并强迫教师工会接受绩效工资、放弃集体谈判权，是私人资本运作下的专制政策对教师的羞辱。如果实施这样的政策，教师将失去保护，被置于仰仗私营企业和管理者开恩的附属地位[②]。只有保障教师的劳动条件、薪水、专业自主和相互支持，才能开展真正有意义的、透明的、真实的、真诚的教师评价。

二、 基于学校改进的教师评价思想

在对新自由主义主导下教师评价进行批判后，一些研究者试图引领新的教师评价发展趋势。在相关议题中，研究者对教师评价应该遵循文化模式还是契约模式进行了深入探讨，认为基于约束和奖惩的教师评价实践最终是难以奏效的，只有从教师的立场出发，在评价上对教师群体赋权增能，"使教师感到被信任，才能激发教师的内在力量，形成群体改进的文化"[③]；只有从学校的立场出

① O' HARA K E. Teacher evaluation：the charge and the challenges [M]. New York, NY：Peter Lang Publishing, Inc. , 2015：64.
② ［美］亨利·A. 吉鲁. 教育与公共价值的危机——驳斥新自由主义对教师、学生和公立教育的攻击 [M]. 北京：中国人民大学出版社，2016：11.
③ JONATHAN D WALLACE. Teacher evaluation：a conversation among education [J]. Phi Delta Kappan, 2012(3)：44 - 46.

发,实施"专业且有道德的评价"①,通过分布式领导,激发教师的专业领导力和学校组织的活力和创造力,才能实现学校的改进②,最终从根本上满足社会对高质量教育的需求。这些思想也标志着教师评价从注重技术、工具的理性时代步入注重组织文化和专业领导力的人文关怀时代。

以教师评价研究著称的丹尼尔森出版的《教师领导:加强专业实践》(Teacher Leadership: That Strengthens Professional Practice)一书指出教师要发挥教学领导力,就需要参与教学评价,就学校的相关政策和项目进行决策③。以教师领导力为主题的大量著作也将教学评价与教学指导、课程设计、同事合作、社区沟通等作为教师领导力的必要内容加以论述④。

(一) 以激发教师个体及群体内在专业动力为评价目的

随着教师评价实践的不断发展,研究者醒悟到教育的问题必须依赖教师才能解决,只有将教师及教师群体视为创新及改进的源头,才能使学校面貌焕然一新。教师必须参与教师评价,只有在评价中激发教师精神的、情感的、道德的力量,推动教师个体与教师群体内部的合作,才能使教师工作的整体成效得以提升。因此,教师评价应该是一种激发教师专业群体内在动力的手段,而不是限制教师合作创新的桎梏⑤;教师评价应该是教学专业群体合作发展的平台,通过这个平台教师与同事、同行之间相互学习,相互支持和反馈,共同促进彼此的工作⑥。

持类似观点的学者反对只关注结果的评价。教师评价给教师所带来的激励

---

① SERGIOVANNI T J. Moral authority and the regeneration of supervision[M]. //GLICKMAN C D. Supervision in transition. Alexandria VA: Association for Supervision and Curriculum Development, 1992: 30-43.
② LIEBERMAN A, MILLER L. Teacher leadship [M]. San Francisco, CA: Jossey-Bass, 2004: 12-14.
③ DANIELSON C. Teacher leadership: that strengthens professional practice [M]. Alexandria, VA: Association for Supervision & Curriculum Development, 2006: 61-84.
④ TOMAL D R, SCHILLING C A, WILHITE R K. The teacher leader: core competencies and strategies for effective leadership [M]. Lanham, Maryland: Roeman & littlefield, 2014: 91-110.
⑤ MURPHY J, HALLINGER P, HECK R H. Leading via teacher evaluation: the case of the missing clothes? [J]. Educational researcher, 2013(6): 349-354.
⑥ MARSHALL K. Fine-tuning teacher evaluation [J]. Educational leadership, 2012(3): 50-53.

不应只来自于结果。结果只能给人带来短暂的激励,教师评价应该关注教师的"教学持久力"①。而过程性的评价,能为教师营造自主发展的环境,并辅之以持续的支持与反馈,才能使教师享受到自我成就的快感,焕发出发展与创造的活力,并影响到周边的学生和同事,引领学校学习文化的形成。"数不清的案例已经说明要保持高成就,需要更加关注事情本身的价值而不是只关注收益。只有人们感受到他们所从事的工作有情感上的意义,具有社会价值时,才能不断进取,取得持续的成就"②。同时,教师所在的学校和社区也应该信任、支持协助他们追求教育教学的意义和价值。

因此教师评价不应对教师进行约束和压制,应以激励、创新、分享责任和可持续发展为目标,依靠教师,关注教师特殊情境下的利益和需求,从而保障和提升教师队伍整体的质量。

(二)采用适应性的评价标准

主张教师评价应立足于学校整体改善的研究者普遍认为,教师评价应使用多样化的标准,但所使用的标准要根据学校改进的目标进行设定。可以使用表现性评价标准,但不能唯标准是从,可以参考学生的学习结果,但也要避免结果导向。例如,资深的教育督导专家托马斯·瑟吉奥万尼(Thomas J. Sergiovanni)说:"制定质量标准是十分有益的,不过尽管他们具有实用性和普遍性,如果评价者一味按照标准判断,就会产生问题。要在必要时灵活调整具体的标准,因为只有标准在符合具体教学目标、教学内容以及学习情景时才有意义。"③同时他还提到,过去的教师评价常常用外部制定的标准来操作,但新的教师评价应是一套为教师、校长、教师评价者以及其他行政人员所共享的一套共同的观念和技术④。

相关研究者认为,学生学业成绩的提高只是学校改进的目标之一,教师评价当然不能只依据学生的学业成绩来实施。如果要运用学生成绩来评价教师,也

---

① DARLING-HAMMOND L, AMREIN-BEARDSLEY A. Evaluating teacher evaluation [J]. Phi Delta Kappan Magazine, 2012(6): 8-15.

② HARGREAVES A. BOYLE A. Uplifting leadership: how organizations, teams, and communities raise performance [M]. San Francisco, CA: Jossey Bass, 2014: 5.

③ [美]托马斯·J. 赛吉奥万尼,罗伯特·J. 斯特兰特. 教育督导: 重新界定[M]. 南京: 江苏教育出版社,2005: 140.

④ 同上,Ⅲ.

必须调整其使用的范围和力度。教师评价要依靠多种来源的数据,要结合这些数据与教师保持日常的沟通。教师评价标准应该基于情境,基于共识,证据告知,附加解决方案,才能促进教师持续性专业探究。只有运用变化的适应性的评价标准才能使教师评价活动成为持续跟踪、不断反馈、尊重证据、追求卓越的专业性活动。

(三)采用灵活的评价方式

在教师评价方式问题上,学者们的观点并不一致,但反对单纯以某种方式来评价教师。有的研究者指出,促进学校改进的教师评价,应该结合校长或专家教师的课堂观察、学生对教师的评价以及学生的标准化测验三种评价方式,并根据具体情况调整三种评价方式的权重[①]。有的研究者则认为,不同的评价方式和评价工具都有一套自己的概念体系。增值评价基于教育效果,体现在学生学业成绩上;而课堂观察是基于专业表现,不能用结果来解释过程,也不能用过程来预测结果;当然也不能用学生调查来判断专业的过程以及结果的可靠性,但却可以判断师生关系和教师所创设的学习共同体的氛围。因此将不同的评价方式按权重结合在一起根本没有意义[②]。在没有确定学校改进目标的前提下,无法谈论教师评价方式的准确性和可靠性。

因此,教师评价应该依据学校改进的目标,灵活考虑采用多种方式和手段,其中包括不同概念框架中的评价方法,同一概念框架中的不同评价方法,同一种评价方法的不同实施方式,还要考虑不同的评价方法之间的关联性和互补性,以及评价方法实施的范围和广度,范围越广,灵活性应该越高[③]。

(四)多元的评价参与者

首先,主张将学校改造为专业发展共同体的学者认为,教学专业是一种集体责任,而非个体责任,在教师评价过程中,不仅教师要对个人掌握的专业知识和

---

① CANTRELL S, KANE T J. Ensuring fair and reliable measures of effective teaching: Culminating findings from the MET Project's three-year study [R]. Seattle, WA: Bill & Melinda Gates Foundation, 2013: 10 - 15.

② MARTINEZ J F, SCHWEIG J, GOLDSCHMIDT P. Approaches for combining multiple measures of teacher performance reliability, validity, and implications for evaluation policy [J]. Educational evaluation and policy analysis, 2016(4): 738 - 756.

③ BROOKHART S M. The many meaning of "multiple measures" [J]. Educational leadership, 2009(3): 6 - 12.

技能以及专业的情感态度进行反思,还需要依靠教师专业群体内部形成的制度和关系,将教学评价转化为一种同事乃至更大范围的同行间相互合作的活动,教师要能始终从专业群体中获得自信、反馈和发展①,因此,在教师评价事务上应该保持团队合作和分布式领导。要实现教师评价的分布式领导,应该扩大合法权威的范围,除了官僚权威、个人权威外,还应该发挥专业权威和道德权威评价的功能,使以上四种权威合理地分享评价权力,并承担促进教师发展的责任②。

其次,教师要通过教师评价发挥其专业领导力。这有赖于教师在充当教学评价者时,扮演无私的、合作的、投入的、支持性的,以促进教师专业发展为中心的问题解决者的角色。作为专业领导者的评价者和被评价者之间的关系是引领和合作的关系,绝对不能使教师评价成为划分或巩固学校等级结构的工具。作为专业领导者的教师不是通过短期的管理手段解决问题,而是通过长期的专业引领来解决问题③。作为评价者的教师要具备专业领导者的专业信誉、有效的沟通能力、成人学习的策略、目标与过程的操控能力等④。对于同样作为教学领导者的校长而言,应该放弃专权独断,与专家教师一起诊断并解决问题,从各种意见中明确评价的要点,保持评价与学校发展目标的一致性,同时能够提供丰富的专业资源和细致的指导,能够使教师在问题发生时可以就地获得支持⑤。

第二节 联邦问责式教师评价的发展与调整

这一时期由联邦政府推动的教师评价改革经历了两个阶段:一是问责式教师评价的继续加强;二是问责式教师评价的调整和综合化教师评价的发展。第

---

① GOLDSTEIN J. Making sense of distributed leadership: The case of peer assistance and review [J]. Educational evaluation and policy analysis, 2004(2): 173-197.

② GRUBB W N, FLESSA J J. "A job too big for one": multiple principals and other nontraditional approaches to school leadership [J]. Educational administration quarterly, 2006(4): 518-550.

③ BRAUN D, GABLE R, KITE S. Ralationship among essential leadship preparation practices and leader, school, and student outcome in K-8 schools [R]. Rocky Hill, CT: Northeastern Educational Research Association, 2008.

④ TOMAL D R, SCHILLING C A, WILHITE R K. The Teacher leader: core competencies and strategies for effective leadership [M]. Lanham, Maryland: Roeman & littlefield, 2014: 13.

⑤ MAY H, SUPOVITZ J A. The scope of principal efforts to improve instruction [J]. Educational administration quarterly, 2011(2): 332-352.

一个阶段以小布什政府时期颁布的《不让一个孩子掉队法》有关教师评价的要求为代表；第二个阶段以奥巴马政府颁布的《尊重蓝皮书》(Blueprint for RESPECT)为代表。

随着新世纪《不让一个孩子掉队法》的颁布和实施，美国教师评价实践迅速朝问责的方向迈进，联邦政府大力推行依据学生成绩的教师评价，使州、学区、学校、教师本人层层对教学质量负责。2005年，美国优秀教师认证委员会(American Board for Certification of Teacher Excellence，ABCTE)将增值评价作为评价教师对学生学业成绩影响的主要方式，对各州起到了示范作用。此后越来越多的州在联邦政府和各类组织的推动下，采用了增值评价或与增值评价类似的依据学生学习成绩来评价教师的措施。

小布什政府时期颁布的《不让一个孩子掉队法》在教师评价上设置了5个目标：(1)要求州制定相关政策，使学校每年都开展教师评价。(2)要求州将教学有效性作为教师评价的首要任务。(3)要求州应该创造使用增值评价的条件，使学校了解教师的有效性。(4)要求州实施或鼓励而不是阻止学区开展依据评价的教师薪酬改革。(5)要求州制定政策至少在教师任教5年后再依据评价结果来考虑是否给予教师终身任期。这些政策进一步推动州建立更加严格的教师评价政策，同时加强了教师评价政策与教师薪资及任期政策的一体化。

奥巴马政府时期，坚持问责制的改革方向，但对改革目标进行了调整，强调不只是向教师提要求，还要求州和学区给教师提供更多的支持，发展教师的领导力。联邦要求州在教师政策上实施更加综合化的改革，使教师评价促进教师专业发展，改善教学效果，促进学生学习，也为招聘、安置、奖励、留住教师及教师晋升提供可靠依据[1]。2012年联邦政府发布的教师职业蓝皮书——《尊重蓝皮书》提出的教师政策改革建议有：(1)建设共享责任和领导力的制度。教师要参与有关教师选择、聘用、评价、开除以及职业晋升的决策。(2)教师评价系统应能为被评价者提供来自同行、督导人员的有意义的、准确的、及时的、行动导向的反馈。(3)教师评价过程应该是公正、准确、透明、证据充分的，这样的评价必须基于学生学业水平的证据和课堂、学校实践的证据，并反映教师对专业群体、学校

---

① 蔡敏，冯新凤. 美国密歇根州中小学教师评价探析[J]. 世界教育信息，2016(7)：54—62.

和学区的贡献。(4)支持教师专业组织,为教师提供有竞争力的待遇,使每个教育工作者表现出他们的专业性、有效性和工作成果,同时得到与其他类似职业同样的社会地位和认同①。

一、 州教师评价的整体快速发展

2000 年成立的国家教师质量委员会(National Council on Teacher Quality, NCTQ)按照联邦政府的目标,从 2007—2015 年每年报告各州教师评价政策和实践的达成度。从 2007 年和 2015 年的情况可以看出,各州及学区教师评价整体取得了很大的进展,主要表现为教师评价的频率提高,评价标准更加客观,评价方式更加科学,评价者更加多元,评价信息发挥更大的效用。

2007 年国家教师质量委员会的报告显示:(1)在教师评价频次上,有 14 个州要求每年对教师进行评价,其他州不要求教师每年接受评价,其中有 3 个州教师评价时间间隔达到 5 年之久。(2)在教师评价标准上,35 个州的教师评价标准没有包括描述学生学习状况的客观数据,只有 4 个州要求评价教师的有效性。(3)在教师评价方式上,多数州采用课堂观察的方式来评价教师,22 个州的教师评价甚至不要求进行课堂观察,15 个州开始为实施增值评价做准备,其中包括建立学生成绩数据库、学生背景信息库、教师教学信息库等。(4)在教师评价工具上,只有 16 个州要求学区要么使用州的工具,要么使用自己开发的工具开展评价②。

表 6-1　2007 年满足《不让一个孩子掉队法》(NCLB)教师评价要求的州一览表

NCLB 教师评价目标	表现最好的州	达到要求的州
目标 1: 教师评价频率	宾夕法尼亚	阿肯色、康涅狄格、佛罗里达、佐治亚、爱达荷、纽约、俄克拉荷马、华盛顿
目标 2: 评价教师的有效性	佛罗里达	南卡罗莱纳、田纳西、德克萨斯

资料来源: National Council on Teacher Quality. 2007 State teacher policy yearbook [DB/OL]. [2016 - 03 - 24]. http://www. nctq. org/dmsView/2007_State_Teacer_Policy_Yearbook_National_Summary_NCTQ_Report.

---

① Department of Education. Built for teachers: how the blueprint for reform empowers [EB/OL]. [2011 - 07 - 13]. http://www2. ed. gov/policy/elsec/leg/blueprint/teachers/publication. pdf.

② National Council on Teacher Quality. 2007 state teacher policy yearbook[DB/OL]. [2016 - 03 - 24]. http://www. nctq. org/dmsView/2007_State_Teacer_Policy_Yearbook_National_Summary_NCTQ_Report.

2015 年国家教师质量委员会的报告显示:(1)在教师评价频率上,27 个州要求每年评价所有教师,45 个州要求每年评价新教师。2009—2015 年每年评价教师的州的数量变化趋势见图 6-1。(2)在运用大数据系统评价教师上,几乎所有州都建立了学生和教师的大数据系统,包括身份、背景及学业信息,并计划将每个学生的信息与任教教师的信息对接。其中 29 个州已经建成教师大数据库系统,囊括的信息有教师培养、认证、聘用、任教及评价等信息。(3)在依据学生成绩评价教师上,43 个州要求将学生的成绩作为教师评价的依据,其中 16 个州将学生学习成绩或成绩的增长作为教师评价的首要标准。而 2009 年只有 4 个州做了这样的要求,2015 年只有包括加州在内的 5 个州没有做出上述要求。(4)在课堂观察评价上,11 个州要求在教师评价中对所有教师进行多次课堂观察,27 个州要求对部分教师进行多次课堂观察。(5)对于教师评价者,4 个州要求由多元评价者对教师进行评价,43 个州要求培训教师评价者。(6)在教师评价等级上,44 个州至少设定了 3 个教师评价等级,其中 38 个州的评价等级为4—5 个。(7)州和地方学区在教师评价上的关系,9 个州建立了全州的教师评价系统,并要求学区统一采用;12 个州建立了州教师评价系统,但学区可以自己决定是否采用;30 个州的教师评价仍由学区做主。①

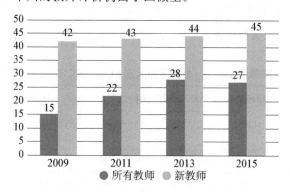

图 6-1 2009—2015 要求每年评价所有教师的州的数量

资料来源: National Council on Teacher Quality. 2015 State teacher policy yearbook: National summary [DB/OL]. [2016 - 04 - 12]. http://www.nctq.org/dmsView/2015_State_Teacher_Policy_Yearbook_National_Summary_NCTQ_Report.

---

① National Council on Teacher Quality. 2015 state teacher policy yearbook: national summary [DB/OL]. [2016 - 04 - 12]. http://www.nctq.org/dmsView/2015_State_Teacher_Policy_Yearbook_National_Summary_NCTQ_Report.

表6-2 2015年满足联邦教师评价要求的州一览表

教师评价目标	表现最好的州	达到要求的州
目标1：教师评价频率	亚利桑那、阿肯色、康涅狄格、特拉华、哥伦比亚特区、佛罗里达、佐治亚、爱达荷、印第安纳、路易斯安那、马里兰、密西西比、新泽西、田纳西、华盛顿、内华达、新泽西、新墨西哥、纽约、北卡罗莱纳、北达科塔、俄亥俄、宾夕法尼亚、田纳西、犹他、华盛顿、西弗吉尼亚、怀俄明	阿拉斯加、加利福尼亚、阿拉巴马、科罗拉多、夏威夷、伊利诺伊、堪萨斯、肯塔基、马萨诸塞、密歇根、明尼苏达、蒙大拿、内布拉斯加、俄克拉荷马、俄勒冈、罗德岛、南卡罗拉那、南达科塔、德克萨斯、弗吉尼亚
目标2：运用学生成绩评价教师	阿拉斯加、科罗拉多、康涅狄格、特拉华、哥伦比亚特区、佐治亚、夏威夷、肯塔基、路易斯安那、密西西比、新墨西哥、纽约、北卡罗莱纳、俄克拉荷马、宾夕法尼亚、田纳西	亚利桑那、阿肯色、佛罗里达、爱达荷、伊利诺伊、印第安纳、堪萨斯、缅因、马里兰、密苏里、内华达、新泽西、俄亥俄、俄勒冈、罗德岛、南达科塔、弗吉尼亚

资料来源：National Council on Teacher Quality. 2015 state teacher policy yearbook：National summary [DB/OL].［2016-04-12］. http://www. nctq. org/dmsView/2015_State_Teacher_Policy _Yearbook_National_Summary_NCTQ_Report.

二、基于评价的教师人事制度改革

（一）基于评价的任期制

小布什政府和奥巴马政府设定了教师评价和教师人事管理政策一体化的目标，要求将教师评价与教师任期联系起来。政策目标主要体现在两方面：一是延长新教师的试用期，并根据评价结果来确定是否续聘或转为正式教师的身份；二是根据评价结果辞退不合格的教师。具体表现为：（1）要求州将新教师的试用期延长至5年；（2）试用期结束时评价合格的教师才能转为长聘；（3）在裁员的时候，优先裁退差评教师，而不是根据资历"晚来先走"；（4）要求学区制定政策辞退5年内连续两次评价不合格的教师，不管其是否为终身教师；（5）由于评价不合格而被辞退的教师不得申诉；（6）为辞退教师制定明确的流程，并明确限制由于违反师德、评价不合格等原因被辞退的教师的权益。

2007年，只有两个州，印第安纳州和密苏里州为新教师设定的试用期是5年，其他多数州是3年，11个州的试用期是2年甚至低于2年（具体情况见图6-2）。一般情况下，试用期后新教师自动转为终身教师。从2009年至2015年，依据教师评价结果确定教师是否能转为终身任期的州越来越多，见图6-3和表6-3。

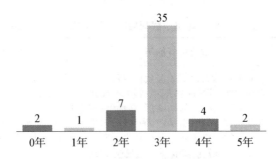

图 6-2 2007 年不同新教师试用期年限州的数量

资料来源：National Council on Teacher Quality. 2007 state teacher policy yearbook［DB/OL］.［2016 - 03 - 24］. http：//www. nctq. org/dmsView/2007StateTeacerPolicyYearbookNationalSummaryNCTQReport.

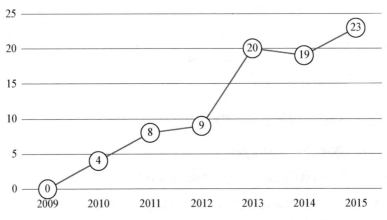

图 6-3 2009—2015 教师评价与教师转正挂钩的州的数量

资料来源：National Council on Teacher Quality. 2015 state teacher policy yearbook：national summary［R/OL］.［2016 - 04 - 12］. http：//www. nctq. org/dmsView/2015_State_Teacher_Policy_Yearbook_National_Summary_NCTQ_Report.

表 6-3 2007、2015 年达到联邦"依据教师评价结果转正"目标的州

年份	表现最好的州	达到要求的州
2007 年	印第安纳、密苏里	无
2015 年	科罗拉多、康涅狄格、特拉华、佛罗里达、夏威夷、路易斯安那、纽约、俄克拉荷马、田纳西	阿拉斯加、亚利桑那、爱达荷、伊利诺伊、印第安纳、马萨诸塞、密歇根、内华达、新泽西、北卡罗莱纳、南卡罗莱纳、弗吉尼亚、华盛顿、怀俄明

资料来源：National Council on Teacher Quality. 2007 state teacher policy yearbook［DB/OL］.［2016 - 03 - 24］. http：//www. nctq. org/dmsView/2007StateTeacerPolicyYearbookNationalSummaryNCTQReport. 2015 state teacher policy yearbook：national summary［R/OL］.［2016 - 04 - 12］. http：//www. nctq. org/dmsView/2015_State_Teacher_Policy_Yearbook_National_Summary_NCTQ_Report.

在依据评价结果辞退终身教师方面,2007年时全美只有7个学区规定辞退连续两次评价不合格的教师。到2015年,28个州规定可以辞退无效教师,但只有9个州采取了实际的措施。19个州规定教师队伍裁员的时候优先裁退差评的教师;22个州规定教师队伍裁员的时候不得将任教年限作为裁退的标准,而忽视教师的有效性。

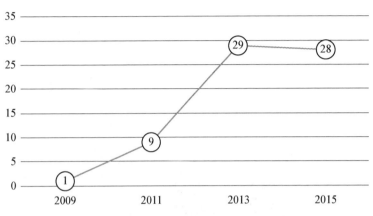

图6-4　2009—2015教师评价与教师辞退挂钩州的数量

资料来源: National Council on Teacher Quality. 2015 state teacher policy yearbook: national summary [R/OL]. [2016 - 04 - 12]. http://www. nctq. org/dmsView/2015_State_Teacher_Policy_Yearbook_National_Summary_NCTQ_Report.

(二) 基于评价的绩效薪资

小布什政府和奥巴马政府还希望将教师评价与教师薪资联系起来。这两届政府为教师薪资改革所设定的目标综合来看,包括以下几个方面:(1)取消根据教师学历、资历、资格确定薪资等级的制度;(2)支持绩效付酬、奖励高效教师;(3)鼓励学区参考学生学习的客观证据,建立灵活的薪资和奖励制度;(4)使所有教师都有机会享受绩效付酬,而不只是有标准化测验科目的教师。

2007年,31个州的教师薪资由学区自主管理。28个州支持差别工资,即将教师的薪资与学区和学校的需求挂钩,比如补助那些在低收入社区学校或学生成绩差的学校工作的教师。随后,基于教师评价的薪资改革被越来越多的州接受。12个州开始尝试拨款奖励高效教师或优秀教师。佛罗里达州在上述方面走在前列,立法要求学区实施绩效薪资制度。

2015年,已经有16个州实施绩效付酬,不过只有7个州直接将教师评价的结果与教师绩效付酬挂钩。15 个州仍要求学区为持有更高学位的教师付更高的工资。全美只有两个州禁止为持有更高学位的教师付更高的薪水,只有 3 个州在薪酬制度中规定绩效要作为比学位更优先的条件加以考虑(见图 6-5)。尽管如此,与 2007 年相比,教师评价对教师薪资的影响已大大加强。比如,佐治亚州 2012 年实施的新教师评价政策"教师关键有效性制度"(Teacher Keys Effectiveness System)规定,取得 4 个评价等级中最低一级"无效"或连续两年获得 4 个等级中第三个等级"有待提高"的教师,将不对其发放当年的绩效工资①。

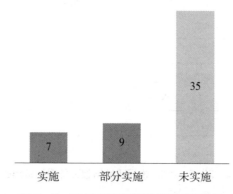

图 6-5 2015 年实施绩效付酬州的数量

资料来源:National Council on Teacher Quality. 2015 state teacher policy yearbook:national summary [R/OL]. [2016 - 04 - 12]. http://www. nctq. org/dmsView/2015_State_Teacher_Policy_Yearbook_National_Summary_NCTQ_Report.

表 6-4 2007—2015 年达到联邦教师薪资改革目标的州

年份	表现最好的州	达到目标的州
2007	佛罗里达	爱荷华
2015	佛罗里达、夏威夷、印第安纳、犹他、密歇根、路易斯安那、内华达	阿肯色、特拉华、佐治亚、明尼苏达、密西西比、俄亥俄、俄克拉荷马、南卡罗莱纳、田纳西

资料来源:National Council on Teacher Quality. 2007 state teacher policy yearbook [DB/OL]. [2016 - 03 - 24]. http://www. nctq. org/dmsView/2007StateTeacerPolicyYearbookNationalSummaryNCTQReport. 2015 state teacher policy yearbook:national summary [R/OL]. [2016 - 04 - 12]. http://www. nctq. org/dmsView/2015 _ State _ Teacher _ Policy _ Yearbook _ National _ Summary_NCTQ_Report.

---

① Georgian Association of Education. HB 244 annual performance evaluations. [EB/OL]. [2015 - 08 - 02]. http://pv. gae2. org/content. asp? Content Id=3627.

三、 基于评价的教师专业发展推进

小布什政府和奥巴马政府也希望教师评价对促进教师专业发展发挥更大的作用。两届政府为此设置的目标包括：（1）州的教师评价政策要包括为教师提供专业反馈的要求；（2）州的教师评价政策包括为所有在评价中得到低等级的教师制定专业发展计划；（3）州的教师评价政策要指导学区将教师评价与教师专业发展活动挂钩。

随着联邦政府大力推动基于评价的教师专业发展，这一措施越来越多地体现在州的政策和实践中。2007年，基于教师评价所提供的数据和诊断来制定教师专业发展计划或支持计划的规定，更多地出现在州新教师政策中。国家教师质量委员会2015年的报告显示，依据教师评价来推进教师专业发展的情况大大改善。38个州要求在评价后为所有教师提供反馈，31个州要求参考教师评价的结果为所有教师制定专业发展计划，37个州要求为得到差评的教师制定改进计划（具体情况见图6-6）。

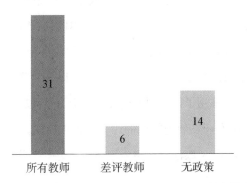

图6-6　2015年依据教师评价结果制定专业发展计划的州的情况

资料来源：National Council on Teacher Quality. 2015 state teacher policy yearbook: national summary [DB/OL]. [2016-04-12]. http://www.nctq.org/dmsView/2015_State_Teacher_Policy_Yearbook_National_Summary_NCTQ_Report.

以明尼苏达州2012年建立的"教师发展、评价和同伴支持模式"（Teacher Development，Evaluation and Peer Support Model）为例。该政策要求对每一位教师实施三年一个周期的评价，其中包括同行评价和总结性评价以及个人成长与发展计划。到2014—2015学年，该州已经有65%的学区采用这一评价政策。教师评价与教师专业发展具体的结合方式如图6-7所示。

图6-7　明尼苏达州教师评价与专业发展的三年期结合模型①

第三节　综合性教师评价实践

在新世纪联邦问责式教师政策的推动下,教师评价实践发生了很大的转变。2007年,35个州的教师评价政策没有对运用学生学习状况的客观数据提出要求,而到2015年时32个州已经明确要求将学生成绩纳入教师评价。与此同时,校长所实施的基于教学专业标准对教师开展课堂教学观察的评价并没有被废止,通过教师同行实施评价,并在评价中给予指导的教师评价措施也仍在继续实施,由此形成了综合性的教师评价实践。纵观全美,新世纪以来几乎所有州的教师评价都走向了综合,大多数州采用了以教师的表现性评价为主,以学生的成绩为辅,以同行参与评价促进教师专业发展为补充的综合性评价模式。下面在简要介绍全美教师队伍状况的背景下,以康涅狄格州为例来详细阐述各州的这一转变过程。

一、问责式教师评价调整的背景

联邦政府强力推行问责制导致美国教师状况日益恶化,缺乏专业自主权成为教师流失的重要原因之一。随着批判性和基于学校改进的教师评价思想的传播,教师评价综合化、一体化的发展趋势更加显著。在奥巴马执政后期,在《每个学生成功法案》(Every Student succeeds Act,ESSA)的框架下,联邦政府鼓励州采用包括学生成绩在内的多种评价标准,鼓励州采用包括增值评价在内的多种评

---

① 黄冠.美国明尼苏达州教师评价新模式及其启示[J].教育测量与评价,2016(10):33—39.

价方式开展教师评价,鼓励教师同行、教师本人乃至学生、家长等利益相关者都参与到教师评价中来。同时,在联邦政府的支持下,各州将教师评价与教师专业发展、教师的绩效薪酬及人事任期等进行综合考虑,不断出台系统化的教师政策。

(一) 教师短缺,流失率攀升

新世纪以来,美国高质量教师短缺问题更加凸显,尽管实施了各种绿色通道,仍吸引不到优秀人才,同时教师的流失率持续攀升。教师短缺问题在数学、科学、外语等学科尤其明显(见图6-8)。联邦教育部下属的国家教育统计中心(NCES)的年度报告也将此问题单列,用数据说明问题的严重性,并向政府发出预警,建议采取措施挽救教师短缺的危机。

图6-8 2005—2015年数学和科学教师数量短缺走势

资料来源: RICE G A, YOUNG M. Steming the teacher shortage tide[R]. National Association for Alternative Certification, 2009.

新世纪以来,美国教师流失率也达到了历史最高。根据国家教育统计中心的调查,全美教师流失的平均比例占全部教师数量的17%,在差校集中的城市学区,这一比例达到20%[①]。根据全美教育协会的调查,在已经辞职的教师中,14%的教师在从事教师职业1年后辞职,1/3的教师在3年内辞职,5年内辞职

---

① The National Center for Education Statistics, Characteristics of public and private elementary and secondary schools in the United States: results from the 2011-2012 schools and staffing survey, [DB/OL][2015-04-20]. http://nces. ed. gov/pubs2013/2013312. pdf.

的教师比例达到 46%①。教师队伍不稳定不仅影响教育教学,还给各级教育财政带来沉重的负担。据统计,全美州和地方学区用于招聘和培训新教师的经费在过去 15 年中增加了 50%,现在达到每年 70 亿美元,已经出现了招募更多教师、流失更多教师的恶性循环。②

(二) 教师地位恶化

新世纪以来,美国教师职业地位下滑。瓦克(Varkey)环球教育集团基金会 2013 年发表的"全球教师地位指数"(Global Teacher Status Index)的研究报告显示,在多国比较中,美国教师地位处于中等偏下位置③。美国著名智库布鲁金斯学会(The Brookings Institution)的汉密尔顿项目(Hamilton Project)2011 年发布的数据也显示,过去 40 年来美国教师工资一直低于同等学历水平其他职业,并且最近 10 年来差距还有继续加大的趋势(见图 6 - 9)。

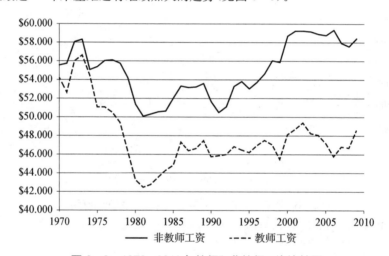

图 6 - 9 1970—2010 年教师和非教师工资比较图

资料来源: Hamilton Project at the Brookings Institution. [R/OL][2011 - 11 - 04]. http://www. hamiltonproject. org/multimedia/charts/annual_earnings_of_teachers_and_non-teachers.

---

① National Education Association. A report and recommendations to professionalize substitute teaching,[DB/OL]. [2015 - 04 - 20]. http://www. nea. org/home/52620. htm.
② The National Center for Education Statistics. Beginning teacher longitudinal study (BTLS) waves 1 - 3 preliminary restricted-use data file and documentation,[DB/OL]. [2015 - 04 - 20]. http://nces. ed. gov/pubsearch/.
③ DOLTON P, MARCENARO-GUTIERREZ O, POTA V. Global teacher status index—Varkey GEMS Foundation[EB/OL]. [2013 - 10 - 08]. https://www. varkeygemsfoundation. org/sites/default/files/documents/2013GlobalTeacherStatusI.

（三）教师缺乏专业自主权

教师短缺和流失的最主要原因是学校或教育系统内部的情况让人感到不满。根据美国家教育统计中心 2012—2013 学年对 7 000 名已经辞职的教师所做的问卷调查,56％的教师是由于对教师职业不满而转换行业;对教师职业不满的辞职者中,38％是对学校管理不满,32％是对工作环境不满,20％是对工资不满,其他因素占 10％。该报告还显示对新教师提供指导和帮助的地区新教师流失率是 9％,而没有这类措施地区是 21％[1]。教师对教育和学校内部情况的不满,重点指向了《不让一个孩子掉队法》的问责制改革措施,而背后是对应试政策压力下缺乏专业自主权和专业支持的不满。

教师缺乏专业自主权表现在:教师感到教学活动的自主性被削弱,创造性被压抑,合作性空间被挤占,压力重重、孤立无援、缺乏成就感,更重要的是应试教育措施使其丧失教育理想,对教师职业价值产生怀疑。这也是教师职业满意度十多年来大幅滑落,从 60％左右降低到 40％左右的重要原因。[2]

教师缺乏专业自主权主要由以下几个因素导致:教师忙于达到各种标准,没有足够的时间规划教学;校长们过于关注成绩,不知道怎么激励、培养并帮助教师发挥专业才能;基于考试的问责制,增加了教师的压力,很多地方出现只用考试分数评价教师的现象;多数学校像 19 世纪的工厂,用一个标准要求教师和学生,没有创造性的学习环境,不关注学生的个体需要和教师的工作体验;学年、学时太短,教师没有时间开展合作教学,很难保障学生有充足的学习时间,并使教学质量或学习成绩逐年提高[3]。

---

[1] The National Center for Education Statistics. Teacher Attrition and Mobility：Results from the 2008 - 09 Teacher Follow-up Survey [DB/OL]. [2010 - 12 - 15]. http：//nces. ed. gov/pubs2010/2010353. pdf.

[2] WELNER K G. Teacher job satisfaction plummets — survey [N],Washington Post，2012 - 03 - 07.

[3] Department of Education. Blueprint for RESPECT [DB/OL]. [2013 - 10 - 23]. http：//www2. ed. gov/documents/respect/blueprint-for-respect. pdf.

二、 康涅狄格州综合性教师评价实践

（一）教师评价概况

1. 教师评价管理体制

康涅狄格州的教师评价由州统一制定政策，在州教育厅的监管下由地方学区自主实施。2010年，康涅狄格州成立了"表现评价咨询委员会"（Performance Evaluation Advisory Council，PEAC），该委员会是由州教育法授权负责教师评价的工作委员会。该委员会制定了《康涅狄格州教育者评价指导纲要》（CT Guidelines for Educator Evaluation），2012年被州教育委员会通过，并写入州法，替代了1999年的康涅狄格州教师评价和专业发展政策，作为本州新的教师评价政策文件。依据该政策形成了"康涅狄格州教育者评价和支持体系"（CT's Educator Evaluation and Support system，SEED）。

康涅狄格州表现评价咨询委员会不仅制定教师评价政策，还监督本州教师评价的实施，为教师评价提供咨询，并在研究协商的基础上，完善教师评价政策与实践。该委员会的主任来自于康涅狄格州教师联盟（CFT），其他委员有来自州教育协会的代表（CEA）、州教育厅的官员、地方学区教育局的官员、地方学区教师机构的代表等，具有广泛的代表性。该委员会的构成表明，康涅狄格州的教师评价是在州教育管理部门（州教育委员会和州教育厅）与教师组织共同领导和协商下开展的。

《康涅狄格州教育者评价指导纲要》规定了教师评价的框架，其中包括教师评价的目的、教师评价的指导原则、教师评价的程序、采用何种证据来评价教师、各种证据在评价中所占的比重、评价的标准、评价等级、评价结果的应用等。各地方学区在上述政策文件的基础上，制定本学区的教师评价计划，每年在实施前报州教育厅许可。

《康涅狄格州教育者评价指导纲要》指出：本州教育者评价和支持体系的目的是"公平、准确地评价教育者和管理者的表现，帮助每个教育者加强其教育实践以促进学生的学习"。该文件还指出："教师要想得到个性化的专业发展和支持，高质量的评价是不可或缺的，只有通过评价才能清晰地把握教师的专业能力，并将其作为新的专业发展的契机。教师评价还应促进教师合作，使教师们共

享专业发展、资格更新和聘用的决策。"①由此可见,康涅狄格州教师评价将促进学生学习作为最终目标,将为教师提供专业诊断、促进教师的专业发展作为过程性目标,将促进教师合作、共享专业权力作为内涵性的目标,将教师人事决策作为教师评价的功能性目标。

康涅狄格州上述教师评价政策是逐步推开的。首先在一些试点学区进行了实验。2010—2013 学年首先在 14 个学区实施。2013—2014 学年,实施新教师评价政策的教师已经占所有持证教师的 1/3。2014—2015 学年,康涅狄格州的所有教师都开始接受新政策下的评价。在实施过程中,康涅狄格州表现评价咨询委员会根据实际情况,重新修订了《康涅狄格州教育者评价指导纲要》。这说明教师评价政策根据实际的实施情况处于不断的调整之中,只有在整体框架出现变动时,才会更换为新的政策。

2. 教师评价流程

根据州的政策,学区每年要向州教育厅递交年度教师评价工作计划,教育厅审核通过后实施。教师评价至少要包括以下步骤:

(1)目标设定

首先是启动会:校长或教师评价者要在启动会上为教师提供相关材料,向教师介绍评价的政策、内容和过程;

目标设定会:在一个学年的开始,校长或教师评价者要和教师开会讨论有关本年度评价目标和评价过程的相关事宜,要与每位教师达成一致意见;

收集证据开展评价:教师要搜集自己教学实践的信息,校长或教师评价者也要搜集教师教学实践的信息,以便检视和评价。

(2)年中检查

校长或教师评价者要与教师至少召开一次年中会议,沟通互动。

(3)年终总结性评价

教师自评:教师要检视一年中搜集或记录的所有信息和数据,完成自评以便校长和教师评价者进行检查。自评要特别关注年初目标设定会上所设定的专

---

① Connecticut State Department of Education. Connecticut guidelines for educator evaluation [DB/OL]. [2015 - 04 - 20]. http://www.connecticutseed.org/wp-content/uploads/2012/09/Adopted_PEAC_Guidelines_for_Teacher_Evaluation.pdf.

业发展目标是否实现；

年终会：校长和教师评价者要与教师开会讨论所有的证据和数据，会后校长要在年前给出总结性等级评定，并撰写总结性评价报告。

（4）总结性等级修正

在所有教师评价数据汇齐后，包括州学生考试成绩等证据汇齐后，如果学生州统考的成绩对总体的等级评定产生显著的影响，校长或教师评价者要对此进行调整。

（5）地方学区的报告

学区教育局长每年定期向当地的教育委员会报告教师评价的状况。

（6）州的报告

州教育厅每年要定期向州教育委员会报告全州的教师评价状况，包括教师评价的频次、评价等级的总体分布等。

3. 教师评价权重分布及等级判定

康涅狄格州教师评价政策将学生的学习放在优先地位来考虑。总体来看，45％的权重基于学生学习目标的达成，40％权重基于专业标准的教育教学表现观察，10％权重要看家长或同行的意见（可以通过调查表或问卷），5％要看整个学校学生学习的状态或学生的意见。最终将"结果性评级"与"实践性评级"整合为最后的评级，具体如图6-10所示。在评价学生的学习目标达成度时，要采用多种指标反映学生的学业进展情况；在评价基于专业标准的教师表现时，也要从多个视角来观察教师的实践。这样才能确保形成性和总结性评价分布的公平性、有效性、可靠性、准确性和可操作性。

图6-10 康涅狄格州教师评价权重

对教师的教学和服务最终给定 4 个等级的结论。评价文件对每个年级、每个学科的教师在 4 个等级的具体表现给出样例：模范（超出标准要求）、熟练（达到标准要求）、发展中（达到部分标准要求）、低于标准（不达标准）。结合上述"结果性评级"和"实践性评级"两个部分，具体评级方式见表 6-5。评价文件指出教师必须使学生具备终生学习的能力和作为一个全球化时代合格公民的素养，但同时也指出帮助学生达成上述发展目标的责任是集体分担的。因此，教师评价的个体意义最终还是为聘用决策和教师的专业发展提供依据。

表 6-5 康涅狄格州教师评价类型及等级表

		实践评级			
		4	3	2	1
结果评级	4	模范	模范	熟练	补充评价
	3	模范	熟练	发展中	低于标准
	2	熟练	发展中	发展中	低于标准
	1	补充评价	低于标准	低于标准	低于标准

4. 教师评价标准

康涅狄格州教师评价标准是"康涅狄格共同核心教学标准"（Connecticut's Common Core of Teaching，CCT）。该标准在以下 4 个方面对教师入职前、新手阶段、经验教师阶段的能力和表现做出规定：(1)教学内容组织和必要的设计能力；(2)课堂环境创设、学生投入度和学习态度、积极的学习活动；(3)实施引发积极学习的教学，对学生的学习给予反馈和评价；(4)专业责任和领导力。州共同核心教学标准指出："教学评价标准的制定力图推动围绕教和学的、持续的合作与对话，并据此精密地将专业学习与评价结果结合起来"[1]。在教师评价中这一标准主要用于课堂观察评价，具体见表 6-6。

---

[1] Connecticut State Department of Education. 2015 SEED handbook Connecticut's system for educator evaluation and development [DE/OL]. [2017 - 11 - 19]. https://portal. ct. gov/-/media/SDE/SEED/2015_SEED_for_CSDE-APSEPs_11_24_15. pdf.

表6-6　康涅狄格州有效教学标准（2014）

课堂观察标准	维度2：积极的学习计划（教师的教学计划要最大程度地激发学生对世界的好奇，并帮助学生投入到严谨的、普遍联系的学习中去）	维度1：课堂环境、学生状态与学习投入度（教师要促进学生独立地、合作地投入到学习中去，营造积极的学习氛围）
	● 联系课程标准和学生的前认知来计划教学内容，给所有学生提供适当的挑战 ● 教学计划要帮助学生掌握教学内容 ● 选择适当的评价策略来监控学生的进展	● 创造积极的学习氛围，尊重所有学生的学习需求并给予反馈 ● 引发课程标准所规定的学生的行为，支持所有的学生开展积极的学习 ● 通过课堂管理和程序设计最有效地利用教学时间
	维度3：实施促进积极学习的教学（教师开展教学要最大程度地激发学生对世界的好奇，并帮助学生投入到严谨的、普遍联系的学习中去） ● 为学习开展教学 ● 领导学生进行意义建构，运用各种证据，采用有效的学习策略开展学习 ● 评估学生的学习情况，为学生提供反馈，调整教学	维度4：专业责任和领导力（教师要最大程度地支持学生的学习来证明和发展其专业性，与他人的合作发挥专业领导力） ● 通过持续地开展专业学习来改善教学和学生的学习 ● 通过与同事开展合作来检查学生的学习数据，开展持续的专业学习来支持学生的学习 ● 与同事、学生和家庭合作来合力营造积极的学习氛围支持学生学习

（二）学生学业成绩在教师评价中的作用

康涅狄格州依据学生学业成绩评价教师的部分，需要通过多种指标确定学生年度成长目标达成度，该部分占教师整体评价45%的权重。但一般不在学区层面上实施该部分评价，因为大量的数据需要依靠全州的标准化测验数据库乃至全州学生背景信息等数据库来追踪、计算学生学业进展。具体实施流程如下。

1. 年初目标制定

年初会议上评价者就如何通过多种指标确定学生专业进展目标与每一位教师达成共识。每位教师应该与评价者设定至少一个，最多不超过四个学生专业进展目标。此外，每个教师还要与评价者共同选择双方都认为合适的、能反映学生学业进步的指标（Indicators of Academic Growth and Development，IAGD）。目标的设定应考虑过去学生学业成绩的基础，以及教师当年教学的计划和学生的需要；应与学校、学区和州的学生学业成绩目标相联系；应关注教师通过自我反思为自己设定的成长目标；应考虑利用州公立学校信息系统中影响教师评价的一些控制因素,比如学生的背景、学生的出勤率、转学情况等。

2. 年中检查

每学年,评价者和教师至少要运用现有的信息检查一次目标进展状况。据此教师和评价者可以相互协商调整评价的策略和方法以及学生学习目标的设定,以适应有关的变化,比如是否增加学生的学习时间或学生作业量。

3. 年终总结性评价

教师应该在年终评价会上介绍所搜集到的针对每个学生学习目标达成度的证据。这些证据要提交给评价者,教师要和评价者一起讨论学生达成学习目标的程度。会后,评价者将给教师评级。

对于那些任教有州统考科目的教师,州统考的分数要占此类评价总权重45%的一半,即22.5%。另外一半可以采用地方教育局所要求的其他标准化考试成绩,或者一项非标准化考试成绩,不过教师和评价者需平衡标准化考试和非标准化考试成绩所占的比例,并就此协商达成一致意见。上述标准化考试的指标例举如下:国家或全州统测成绩(如 AP 考试成绩);普遍适用的商业考试机构的考试成绩(如 SAT 考试成绩);呈现为标准分的一套学业成绩表现(如来自全州评价委员会基于课程标准的试题库考试)。非标准化考试成绩指标例举如下:特长表现(比如音乐、舞蹈表演等);任务表现(比如学生口头作业、书面作业、项目作业等);已经被评级的学生作业档案袋;老师或教研团队实施的小测;阶段性记录学生成长的评价(如形成性评价、诊断性评价、学区基准评价等)。

上述指标都应该是公平的、公正的,具有信度和效度,能够为教师提供有关学生知识和技能发展的有意义的反馈。公平公正意味着,指标是反映全体学生而不是部分学生的学习目标是否达成,是学生整体发展目标的达成而不只是学业目标的达成;公平公正还意味着,指标对于反映教师所教的内容和所实施的教学任务是恰当的,能够反映学生的成长和进步,教师也能够有机会在评价中展示学生成长的证据。

实际上,在这样的绩效评价中,校长或作为评价者的专家教师需要运用大量的专业信息去判断被评价教师的绩效目标设定是否恰当,是否应在评价的过程去调整目标,搜集的信息是否能够反映教师的教学效果,是否能够反映学生的整体发展情况乃至个体化发展情况。

4. 补充性绩效评价

除上述措施外,还有占教师整体评价权重 5% 的指标是全校学生的学习情况,以及学生对教师的意见反馈。对于掌握每个学校学生成绩的学区,该校学生成绩在整个学区的状况应该占本校教师总评 5% 的权重。如果没有上述成绩,这 5% 的权重应该基于学生调查的结果。学生问卷应该是匿名的,调查问卷应该是公平公正的,具有较高的信效度,应该由学校监管委员会制定调查问卷,如果可行的话,应该将问卷与学校的发展目标相结合。调查问卷应采用适合学生年龄的语言,或者在家长帮助和指导下填写问卷。调查的内容应与学生的学习目标相结合,也可采用焦点小组访谈等方式搜集信息。

(三) 同行在教师评价中的作用

1. 同行评价者

在康涅狄格州的教师评价框架中要求校长或助理校长作为教师的首要评价者(primary evaluator),负责教师的总体评价。但是,州的政策允许学区遴选一些专家教师作为辅助观察员(Complementary observers),并正式授权他们承担教师评价的职责。这些作为辅助观察员的专家教师或者有经验的教师,可以帮助甚至替代规模较大的学校的校长开展课堂观察及评价,他们具有校长或副校长不具备的学科教学经验,很多辅助观察员是学科组长或课程主任。州教师评价政策要求他们不仅要具有正式的教师资格,还要与校长等首要评价者一起接受评价培训。

对于已经实施多年新教师导入项目(beginning educator support and training, BEST)现在更名为教师教育和指导项目(Teacher Education and Mentoring, TEAM)的康涅狄格州来说,实际上已经在教师群体中建立了一支专家教师的队伍。这些专家教师有指导并评价新教师的经验,学区很自然地将这些专家教师纳入教师评价项目中来,作为教师同行评价者承担辅助观察员的职责。TEAM 项目要求学区选择足够数量的专家教师,来满足指导新教师的需求;要求州教育厅与本州的 6 个地区教育中心以及高等教育机构合作,为全州各学区所选择的专家教师或有经验的教师提供培训,以便为新教师提供指导和评价;要求学区将 TEAM 项目与学区的教师评价项目相结合。

被学区选择为辅助观察员的专家教师或有经验的教师,要在培训中深化对教学标准的理解,掌握教学评价的工具;知道如何搜集证据并基于证据来开展课堂观察;知道怎样与同事合作,开展专业对话,为教师提供促进专业发展的评价反馈;知道怎样为教师提供指导,怎样帮助教师获得专业学习的机会,以及最终帮助教师促进学生的发展。

辅助观察员主要帮助首要评价者实施课堂观察,包括与教师共同召开评价前及评价后会议,搜集信息和证据,为教师提供反馈。辅助观察员应该将他们搜集到的有关教师的信息与首要评价者分享,但教师最终的等级评定要由首要评价者做出,不过辅助观察员也要对其所实施的基于标准的观察的有效性负责。

2. 表现性评价: 课堂观察评价

康涅狄格州教师评价政策规定由校长或辅助观察员实施占40％权重的教师表现性评价,即对教师教育教学实践表现进行观察,对教师做出等级评定。州教师评价政策要求各学区所设计的教师实践观察方案,要能够为评价者提供长期可用的评价指标,有利于搜集教师课堂教学中多元有效的教学证据,能够据此为教师提供结构性的口头的或书面的反馈。课堂观察包括正式的、非正式的、事先计划好的和随机的,还要根据评价目标和评级的需要设定适当的观察次数。

这部分教师评价也要召开评价前会议和评价后会议,要跟教师就专业问题进行深入探讨,由评价者和教师共同设定课堂观察评价的目标,允许评价者就某些方面了解教师的进展情况,并共同朝目标前进。评价者在评价后的会议中还要与教师分享所搜集到的各类证据。

教师的实践表现评价至少要满足以下标准:(1)观察模型必须是标准的。这些模型应该是被广泛接受的标准模型,这些模型借鉴了丹尼尔森、马扎诺、马绍尔等的教学观察评价框架。(2)观察标准必须与康涅狄格州共同核心教学标准相一致,不采用州标准的学区必须说明本学区所选择或建构的模型与州标准之间的关系、异同及其原因。(3)观察的结果必须进行等级评定。

根据教师的类型,教师在学生学业进展评价上的评级,对不同教师所提出的课堂观察评价的要求又不一样:(1)新入职第一年和第二年的教师必须接受至少三次正式的课堂观察,其中两次必须包括观察前会议,所有的课堂观察都必须召开观察后会议,并在会上及时给予教师书面或口头反馈。(2)如果教师在学生学业进展评价中得到"低于标准"或"发展中"的评级,还要接受几次与个人专业发展计划相联系的课堂观察,以及不得少于三次正式的课堂观察,其中两次必须包括观察前会议,所有的课堂观察必须包括观察后会议,并及时给予教师书面或口头的反馈。(3)如果教师在学生学业进展评价中得到高效或熟练的等级,也要接受至少三次正式的综合性教育教学实践观察评价,其中一次必须是包括完整流程的、正式的课堂观察。在观察前会议上评价者和教师必须就综合的教育教学实践观察如何开展达成协议。这些观察活动可以包括观察这些教师为其他教师提供指导或培训,检查这些教师的课程教学计划或其他的教学资料等。

3. 同行参与的其他补充性评价

除上述评价外,还有 10% 的教师评价来自于家长或同事的反馈。这些反馈一般来源于问卷调查。这部分评价将作为辅助观察员的专家教师以外的教师同行,特别是同事的意见也纳入教师的评价中来。对于这类问卷调查有以下要求:(1)调查问卷必须是匿名的;(2)调查问卷必须公平公正,具有信效度,使用方便;(3)地方教育当局要支持本学区所有学校实施调查,并尽量使调查与学校的改进目标相关联;(4)调查可以纸质的,也可以是网络的;(5)调查的内容要与学生的发展目标相结合;(6)调查结果评级要基于教师是否实现其改进目标。对家长及同事的调查也可以采用焦点小组访谈等其他的调查手段获取。

4. 同行教师在基于评价的专业发展中的作用

辅助观察员的另外一项重要任务就是基于教师评价,诊断教师个体的专业发展需求。州的教师评价和支持政策要求,教师专业矫正计划、专业发展计划或专业提升计划的制定,要准确清晰地与教师的评价结果相联系,包括学生的学业进展、教育教学实践的观察及利益相关者的反馈。

首先,学区要为那些评价等级为"发展中"或"低于标准"的教师提供专业矫正计划。计划需包括具体的执行时间,各方(学区和教师组织)所提供的资源和支持策略。对这类教师的支持包括管理人员的支持和同行的支持。很多时候作为辅助观察员的专家教师继续担任专业矫正的指导教师。这些同行专家教师会对上述评价结果不理想的教师提供更加频繁和持续的支持性观察和反馈,为教师提供专门的资源和改进策略。

其次,学区也要为其他教师提供专业发展计划或专业提升计划,其中包括专业学习、专业发展活动、观察专家教师等。

再次,学区要为那些在评价中获得模范等级的教师提供专业贡献机会,这些机会包括观察同行教师,指导新入职的教师,参与同行教师的专业发展或矫正计划,领导专业学习社群。

总体来看,康涅狄格州虽然基于学生成绩的评价占很大权重,但基于标准的课堂观察评价也很规范,专家教师作为专业内部的精英也由此成为法律许可的教师评价者的正式组成部分,其他教师同行的意见按一定的比例纳入整体的教师评价体系。这种综合性的教师评价政策和实践不仅为其他州提供了经验,也为其他州提供了启示。

第四节　教师同行支持与评价措施的融合

20世纪末,加利福尼亚州长时间大规模实施教师同行支持与评价,使得该实践成为21世纪综合化多元化美国教师评价的重要组成部分,形成了以传统校长实施的表现性评价、增值评价和同行评价为主,多种类型教师评价共存的局面。上述多种类型的教师评价同时出现在州的教师评价政策中,有的侧重用于新教师评价,有侧重用于终身教师评价,还有的按照不同权重融合实施。其中教师同行评价不仅与其他类型的教师评价结合使用,还与其他教师政策,如教师专业发展政策和教师人事管理政策实现了深度融合。

一、 教师同行评价与其他类型教师评价的融合

（一） 教师评价的三足鼎立之势

美国教师评价的传统是校长实施的基于课堂观察的表现性评价,直到现在这仍是教师评价最普遍的措施。随着新世纪以来从上到下教育问责制的推行,采用增值评价措施的州越来越多。与此同时,随着两大教师组织的推广和加利福尼亚州的大规模实施,关注专业诊断与提升的教师同行评价加大了影响力,逐渐确立了自己的地位。增值评价与教师同行评价相比,前者强调外部施压,后者强调内部自发;前者强调总结性评价,后者强调过程性反馈;前者靠政府力量扩张,后者靠专业力量推进。近期,这两种评价措施逐渐趋于平衡,与校长所实施的教师评价形成了三足鼎立之势,共同支撑着州的教师评价体系。这也是现今

全美各州纷繁复杂的教师评价政策所呈现的大致形态。

首先来看教师同行评价。新世纪以来，各州基本普及了新教师导入制度。新教师导入制度中的主要措施是教师同行评价与指导，有经验的或优秀的教师在为新教师提供指导的基础上，开展形成性评价。多数州将指导教师提供的评价信息纳入新教师的总结性评价中一并考虑。有的州在联邦教师任期制改革的要求下，也将教师同行评价的信息纳入终身教师的评价中。特别是奥巴马政府"提升教师领导力"改革目标的提出，为同行评价在教师评价体系中发挥越来越重要的作用提供了政策保障。联邦政府还与国家教学专业标准委员会（NBPTS）共同创办了"教师领导力"的项目，引领教师评价新发展。就像奥巴马最后一任联邦教育部长约翰·金（Jone B. King）所说的："教师不是被改革的对象，而是改革的领导者"[①]。2016 年颁布的《每个孩子成功法》（Every Student Succeeds Act，ESSA）也表现出明显的新趋势，即联邦政府在教师政策上给州和学区的灵活性大了，要求少了，支持多了，给基于民主分享教学权力的教师同行评价措施带来了更好的发展前景。下面是教师同行评价 2015 年在各州实施的具体情况。

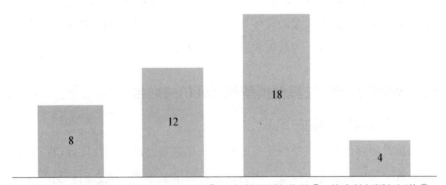

图 6‐11　2015 年采纳教师同行评价政策的州的数量（单位：个）

说明：① 只有新教师采用教师同行评价，而终身教师不采用同行评价的州。
② 新教师只采用同行指导，而不采用同行评价的州。
③ 只有终身教师接受同行评价的州。

---

① U. S. Department of Education. Transforming teaching and leading [EB/OL]. [2016‐12‐01]. http://www.ed.gov/teaching.

其次来看校长实施的教师表现性评价的变化。自上而下的教育问责制改革对校长实施教师评价的要求也大大提高。《不让一个孩子掉队法》要求校长加强对教师的支持、指导和评价。不仅要求校长在做出总结性评价前对教师开展多次课堂观察,还要求做好记录,归入教师的档案。校长要根据评价状况参与制定教师的专业发展计划。学区要根据校长的意见来确定教师的绩效薪酬。研究证明,虽然校长对处于中间部分的60%—80%教师的工作难以甄别,但是对处于好坏两端的10%—20%的教师评价准确率很高①。因此,相当多的州仍然重视校长所实施的评价。下表说明政策推动下,校长课堂观察评价发展的状况。

所有教师　　新教师

图6‑12　2015年已经增加校长课堂观察次数州的数量(单位:个)

资料来源:National Council on Teacher Quality. 2015 state teacher policy yearbook: national summary [DB/OL]. [2016 - 04 - 12]. http://www. nctq. org/dmsView/2015_State_Teacher_Policy_Yearbook_National_Summary_NCTQ_Report.

最后来看以增值评价为主的基于学生成绩的教师评价。2005年,美国优秀教师认证委员会(ABCTE)将增值评价作为该机构评价教师对学生学业成绩影响的主要方式。此后,越来越多的州在联邦政府和各类组织的推动下采用依据学生学习成绩来评价教师的措施。2007年,35个州的教师评价不要求纳入学生学习状况的客观数据,而到2015年,有32个州已经明确要求将学生成绩纳入教师评价。图6‑13是2015年各州实施基于学生成绩的教师评价情况。

---

① JACOB B, LEFGREN L. When principles rate teachers [M]. Stanford, CA: The Board of Trustees of Leland Stanford Junior University, 2006: 55.

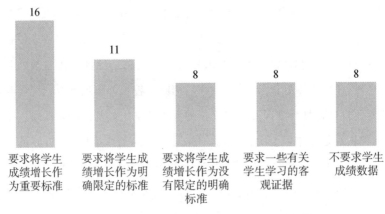

图6-13 2015年以学生成绩评价教师的州的情况

资料来源: National Council on Teacher Quality. 2015 state teacher policy yearbook [DB/OL]. [2016 - 04 - 12]. http://www. nctq. org/dmsStage/2015_State_Teacher_Policy_Yearbook_National_Summary_NCTQ_Report.

从全美的发展情况来看,上述三种教师评价已经初步形成了三足鼎立又相互依存之势。在一些州或学区的具体政策上,上述趋势就更加清晰。例如,纽约州的年度专业表现评价(New York State Annual Professional Performance Review,APPR)对教师评价各项指标的权重规定如下①:

- 学生州统一标准化考试的成绩或成绩的增长占20%;
- 学区学生学业考试成绩占20%;
- 其他占60%,包括校长实施的表现性评价占31%,专家教师或同行评价占29%。教师同行评价项目叫做"教师的表现性评价"(Performance Appraisal review for Teachers,PART)。

......

学区类似的政策更加常见。例如,加州的希尔斯伯勒郡(Hillsborough County)学区,学区与当地教师协会共同协商建立了由三个部分组成的教师评价

---

① New York State Education Department. Guidance on New York State's annual professional performance review law and regulations [DE/OL]. [2016 - 12 - 08]. http://files. eric. ed. gov/fulltext/ED524871. pdf.

体系：其中学生的学习收获占 40％,校长的等级性评价占 30％,同行教师评价占 30％的权重[①]。同时,将教师评价与专业发展相衔接为教师提供个性化的支持与帮助。

（二）教师同行评价与其他类型教师评价在各州政策中的融合

教师同行评价与传统校长实施的表现性评价和增值评价在各州政策框架中都出现了一定程度的融合。下面根据全国教师质量委员会和新教师中心(New Teacher Center)2015 年全美各州教师政策报告,统计出教师同行评价、依据学生成绩的教师评价及传统的校长基于课堂观察实施的表现性教师评价在各州新教师及终身教师政策框架中的情况。

表 6-8 2015 年各州教师评价政策中各类评价措施的情况

评价情况／州	新教师				终身教师				评价政策
	同行支持	同行评价	传统表现性评价	依据评价结果续聘	同行支持与评价	基于学生成绩评价	传统表现性评价	基于评价结果任期	
阿拉巴马	×	×	√	×	×	×	√	×	州统一政策
阿拉斯加	×	×	√	√	√	√	×	√	州框架,学区自定
亚利桑那	×	×	√	√	√	√	√	√	州框架,学区自定
阿肯色	√	√							州统一政策
加利福尼亚	√	√	×	×	√		×	√	州框架,学区自定
科罗拉多	√	√	√				√		州统一政策
康涅狄格	√	√	√				√		州统一政策
特拉华	√	×	√	√	×	×	√		州统一政策
哥伦比亚特区	×	×	×	√			√	√	州框架,学区自定
佛罗里达	×	×	√	√		√		√	州框架,学区自定
佐治亚	√	×	√	√			√		州统一政策
夏威夷	√		√	√			√		州统一政策
爱达荷	×	×	√	√	×	√	√	×	州框架,学区自定

[①] Hillsborough County Public Schools. Hillsborough county public schools teacher evaluation handbook [DB/OL]. [2016-11-28]. http://www.hillsboroughcta.org/documents/pdf/SDHC_TeacherEvaluationHandbook_2011-2012.pdf.

续　表

评价情况　州	新教师				终身教师				评价政策
	同行支持	同行评价	传统表现性评价	依据评价结果续聘	同行支持与评价	基于学生成绩评价	传统表现性评价	基于评价结果任期	
伊利诺伊	√	√	√	√	×	√	√	√	州框架,学区自定
印第安纳	√	√	√	√	×	√	√	√	州框架,学区自定
爱荷华	√	√	√	×	√	×	√	×	州框架,学区自定
堪萨斯	√	√	√	√	√	√	√	×	州框架,学区自定
肯塔基	√	√	√	×	√	√	×	×	州框架,学区自定
路易斯安那	√	√	√	√	√	√	√	×	州框架,学区自定
缅因	√	√	√	√	√	√	√	×	州框架,学区自定
马里兰	√	×	√	×	√	√	√	×	州框架,学区自定
马萨诸塞	√	√	√	√	√	√	√	√	州框架,学区自定
密歇根	√	√	√	√	√	√	√	√	州框架,学区自定
明尼苏达	√	√	√	√	√	√	×	√	州框架,学区自定
密西西比	×	×	×	×	×	×	√	×	州统一政策
密苏里	√	√	×	×	√	√	×	√	州框架,学区自定
蒙大拿	×	×	√	√	×	√	√	×	州框架,学区自定
内布拉斯加	×	×	√	×	×	×	√	×	州框架,学区自定
内华达	×	×	√	√	×	√	√	√	州框架,学区自定
新罕布什尔	×	×	√	√	×	√	√	×	州框架,学区自定
新泽西	√	×	√	√	×	√	√	√	州框架,学区自定
新墨西哥	√	√	√	√	×	√	√	√	州框架,学区自定
纽约	√	√	√	√	×	√	√	×	州框架,学区自定
北卡罗莱纳	√	√	√	√	×	√	√	×	州框架,学区自定
北达科塔	×	×	×	×	√	√	√	×	州框架,学区自定
俄亥俄	√	×	√	×	√	√	√	√	州框架,学区自定
俄克拉荷马	√	×	√	√	√	√	√	×	州框架,学区自定
俄勒冈	√	√	√	×	√	√	√	×	州框架,学区自定
宾夕法尼亚	√	×	√	×	×	√	√	√	州框架,学区自定
罗德岛	√	√	√	√	×	√	√	×	州框架,学区自定

续 表

评价情况 州	新教师				终身教师				评价政策
	同行支持	同行评价	传统表现性评价	依据评价结果续聘	同行支持与评价	基于学生成绩评价	传统表现性评价	基于评价结果任期	
南卡罗来纳	√	√	√	√	×	√	√	×	州统一政策
南达科塔	√	×	√	×	×	√	√	×	州框架,学区自定
田纳西	√	×	√	×	×	√	√	×	州框架,学区自定
德克萨斯	√	×	×	×	×	√	√	×	州框架,学区自定
犹他	√	√	√	×	×	√	√	×	州框架,学区自定
佛蒙特	√	√	×	×	×	√	×	×	州框架,学区自定
弗吉尼亚	√	√	×	×	×	√	√	×	州框架,学区自定
华盛顿	√	×	×	×	×	√	√	√	州统一政策
西弗吉尼亚	√	×	×	×	×	√	√	√	州统一政策
威斯康辛	√	×	×	×	×	√	×	×	州框架,学区自定
怀俄明	×	×	×	√	×	×	×	×	州框架,学区自定

资料来源：①GOLDRICK L. Support from the start：a 50-state review of policies on new educator induction and mentoring ［R］. ［2016 - 11 - 20］. New Teacher Center, 2016. https://newteachercenter. org/policy/state-policy-reviews/.
② National Council on Teacher Quality. State-by-state evaluation timeline briefs [DB/OL]. ［2016 - 07 - 26］. http://www. nctq. org/dmsView/Evaluation_Timeline_Brief_AllStates.
表格说明："√"表示州有要求，"×"表示州没有要求。有些州虽然没有要求，但设置了州一级参考框架或州一级自愿参与的项目或示范性项目。

从表6-8可以看出,有些州将多种类型的评价融合在统一的教师评价政策框架中。教师同行评价也实现了与其他类型评价的有机融合。不过,这种融合也由于州教师评价政策的实施力度不同而存在差别。教师评价政策的实施力度可以分为以下几种情况：(1)全州实施统一的教师评价政策(State-Level Evaluation System)；(2)州制定评价框架,学区根据实际情况具体操作,或者州制定统一政策,但学区可以选择性地参照实施(Elective State-Level Evaluation System)；(3)州提出基本要求,学区自行制定评价政策(District Evaluation System With Required Parameters)①。由于各州控制力度不一,表6-8大体将

① National Comprehensive Center for Teacher Quality. Practical guide to designing comprehensive teacher evaluation systems：a tool to assist in the development of teacher evaluation systems [DB/OL]. ［2016 - 10 - 18］. http://www. gtlcenter. org/tools-publications/online-tools/teacher-evaluation.

其分为两类,强制性和非强制性。有教师同行评价政策的州,有的是强制性的要求,有的是指导性建议。如加利福尼亚州属于指导性政策,因此学区之间实施教师同行评价的差异很大。

从各州对教师评价类型的偏好来看,主要分为以下几种类型:(1)仍坚守传统的以校长为主要评价者评价教师表现的州,既不接受同行评价,也不接受依据学生成绩评价教师,例如阿拉巴马州。(2)坚持为教师提供专业自主权或专业发展优先的州,如加利福尼亚州,实施教师同行评价政策以来,虽有联邦政府不断施压,但政策基本没有大的转变。(3)采取综合化措施变革教师评价的州,既接受依据学生成绩实施的有效性评价,也尝试实施同行评价的州。例如,科罗拉多州法律规定所有新教师都要接受指导和评价,终身教师的评价要参考同行的意见[1],同时又要求学生成绩必须占教师评价总分50%的比例。(4)片面强调问责制改革或使用增值法评价教师有效性的州,其中包括佛罗里达、田纳西、哥伦比亚特区等。以哥伦比亚特区为例,直到现在都没有为新教师设立任何支持性政策或项目,却要求学生成绩占教师评价总分比例的50%。

二、 教师同行评价与其他教师政策的融合

新世纪以来,州或学区教师评价与整体的教师政策结合得更加紧密,其中也包括教师同行评价措施与其他教师政策的融合。

(一) 与教师资格认证和晋级相结合

教师同行评价由于多用于新教师,因此自然与教师资格认证或资格晋级相衔接。具体可分为在教师获得初任教师资格(initial certification)前和获得初任教师资格后,晋升为正式教师资格或高级教师资格(Advanced certification)时的两类衔接。由于涉及教师资格认证,指导教师或师傅教师所实施的同行评价通常只作为资格认证条件的一部分而不是全部,由学区或教师将评价信息一并提交给州教师资格认证机构。

肯塔基州新教师同行评价就是在获得初任教师资格证书前实施的。肯塔基

---

[1] Colorado Revised Statues(CRS). § § 22 - 60. 5 - 201, § § 22 - 60. 5 - 204 and 22 - 60. 5 - 213 〔EB/OL〕. 〔2016 - 11 - 28〕. http://www. cde. state. co. us/educatoreffectiveness/statemodelevaluationsystem.

州法律要求所有教师资格证书申请人都要参加肯塔基教师实习项目（Kentucky Teacher Internship Program，KTIP）。完成该项目的教师才能获得初任教师资格证书。在该项目中，指导教师对新教师的评价包括 3 个部分 12 项任务①。而印第安纳州的教师同行评价是在教师获得初任教师资格后，获得正式教师资格证书前。印第安纳要求新教师在获得初级资格证书后参加为期两年的"教师指导和评价项目"（Indiana Mentoring and Assessment Program，IMAP），项目完成后，才能获得 5 年期的熟练教师证书（Proficient Practitioner license）。指导教师要帮助新教师达到资格认证的各项要求，并按照认证标准做出初步的评价②。

（二）与新教师续聘相结合

学区通常根据新教师的年度评价结果来确定是否与新教师续签聘用合同。在实施教师同行评价的学区，或直接依据同行提供的证据确定教师评价的等级，或将同行评价的证据作为参考为教师确定评价等级，是否达到要求的评价等级则成为学区续聘决策的依据。

例如，伊利诺伊州要求咨询教师对新教师做出形成性评价，不仅确保给新教师以反馈，还要求将形成性评价材料纳入所有其他有关新教师的总结性评价。不过州法并不要求指导教师本人直接参与教师的总结性等级评价③。新教师必须在 4 年试用期中 4 次获得"合格"等级的评价或者在试用期的第三年和第四年连续获得"合格"等级的评价，新教师才能续聘为终身教师④。

（三）与教师专业发展相结合

教师同行评价基于对教师的诊断，发挥促进教师专业发展的作用，天然与教师专业发展联系在一起。迄今所实施的各种形式的教师同行评价无一不与教师

---

① Kentucky Revised Statutes (KRS) §161. 030[EB/OL]. [2016 - 12 - 02]. http://www. lrc. ky. gov/Statutes/statute. aspx? id＝3830.

② The Indiana Department of Education. Indiana mentoring and assessment program [EB/OL]. [2016 - 12 - 02]. http://www. doe. in. gov/licensing/indiana-mentor-and-assessment-program-imap.

③ 23 Illinois Administrative Rules：Section 65 — New teacher induction and mentoring [EB/OL]. [2016 - 12 - 05]. http://www. isbe. net/rules/archive/pdfs/65ARK. pdf.

④ Illinois School Code，Article 21A [EB/OL]. [2016 - 11 - 30]. http://www. ilga. gov/legislation/ilcs/ilcs4. asp? DocName＝010500050HArt. ＋21A&. ActID＝1005&. ChapterID＝0&. SeqStart＝143900000&.SeqEnd＝144700000.

专业发展计划联系在一起。评价或指导教师成为帮助、促进、监督被评价教师完成个人专业发展计划的核心力量。

例如,北卡罗来纳州要求制定教师专业发展计划时参考以下评价信息[①]:

- 教师自我评价;

- 之前的专业发展目标是否实现;

- 校长正式的课堂观察 1(包括课前、课后会议);

- 校长正式的课堂观察 2(包括课后会议);

- 校长正式的课堂观察 3(包括课后会议);

- 同行观察多次(包括课后会议);

- 总结性评价会议;

- 总结性评价表。

同时根据评价的结果将教师专业发展计划分为三类:

个人发展计划(individual growth plans):为在总结性评价中所有标准都达到合格以上评级的教师制定本计划,提升其在教学专业标准所要求的某方面的表现;

监控发展计划(monitored growth plans):为在总结性评价在一个标准或多个标准上得到需改进评级的教师制定本计划,详细列出针对上述标准所开展的专业发展活动,达到标准的时间规划,指导教师要监督其进度;

指导发展计划(directed growth plans):为连续两年在一个或多个标准上得到需改进的评级或都不达标的教师制定本计划,需要指导教师密集指导其发展。

---

① North Carolina Department of Public Instruction. North Carolina teacher evaluation process [DB/OL]. [2016 - 12 - 10]. http://www.ncpublicschools. org/docs/effectiveness-model/ncees/instruments/teach-eval-manual. pdf.

（四）与教师薪资奖励相结合

在实施教师同行评价的州和学区普遍设立了绩效薪资,首先补助发挥专业领导力的教师。咨询教师、专家教师、指导教师、优秀教师承担更多的专业责任,其中包括对学校的、学区的,还包括对专业群体的。具体任务包括实施评价、指导同行、为校长提供咨询,在教师专业发展事务上与校长合作,积极营造学校专业群体的研究和学习氛围。因此,州和学区普遍将这些工作纳入教师的薪资奖励计划。例如,爱荷华州 2013 年建立了教师领导力补助制度(Iowa's Teacher Leadership and Compensation System,TLC),用竞争性的薪资计划及更多的专业贡献机会吸引那些能发挥教学领导力的教师。为此,还为各学区设计了以下几种教师薪资奖励模式:(1)教师职业生涯路径模式。学区选择模范教师、优秀教师给予奖励;(2)教学带头人模式。学区选择指导教师、课程和专业发展领导教师并给予奖励。(3)综合比较模式。挑选复合型的教师领导者予以奖励[1]。

（五）与教师辞退相结合

教师同行评价与教师辞退政策的融合表现在两个方面:一是教师同行评价的信息被纳入终身教师的总结性等级评价,以此作为辞退的依据。在问责制改革的推动下,一些州规定如果终身教师被评价为"不合格",则必须为其制定改进计划,很多学区的改进计划要求为其安排同行教师予以支持,如果完成改进计划,仍被评价为"不合格"则启动解聘程序;二是教师同行评价被纳入教师裁员的决策中。如果公立学校鉴于财政问题或招生问题需要裁员,那些同行评价结果欠佳的教师将被优先辞退。

例如,路易斯安那州学校人事评价政策(Regulations for the Evaluation and Assessment of School Personnel)第三章第 315 条和 317 条分别规定,为评价不合格的教师提供高强度的支持,解聘接受支持后仍不合格的教师。"如果教师被评价为不合格,就需要在评价结果确定后的 30 天为其制定高强度的支持计划,并在 1 年内完成该计划并再次接受评价,如果仍然没有获得满意的评价,地方学区就应启动终止任期的程序";"教师可以就不合格的评价结果在 15 天内提出申

---

[1] Iowa Department of Education. Teacher leadership and compensation system [EB/OL]. [2016 - 11 - 29]. https://www.educateiowa.gov/teacher-leadership-and-compensation-system.

诉,评价者和被评价者召开正式会议协调商讨,协调失败进入解聘听证程序";"指导教师作为辅助评价者"对教师的解聘承担责任①。

第五节 本章小结

本章研讨美国新世纪以来批判性和基于学校改进的教师评价思想,问责式教师评价实践的发展和调整,传统的校长实施的评价、增值评价、同行评价等多种评价类型并存和相互融合的教师评价状况,教师评价与教师聘用奖惩等教师人事管理、教师专业发展等政策、项目相融合的综合化、一体化的态势,以及教师同行评价在其中扮演的角色和发挥的作用。从这个时期的发展可以看出,联邦政府问责式的教师评价改革经历了大力推动、快速发展、引发争议和适当调整的历程。同时,这一时期也是教师评价加速与其他教师政策相融合,形成系统化、一体化教师政策的时期。这一发展趋势使教师评价的功能大大扩展,不仅作为教师人事决策和专业发展的依据,还成为改善学校系统乃至教育系统的必不可少的组成部分,前端延伸至对教学专业标准的制定和实施,后端延伸至学校组织的变革。这一时期美国教师评价的发展使我们认识到控制、干预和竞争从长期来看对提高教师质量弊大于利,只有为教师提供安全可靠的职业制度保障,信任、赋权和激发教师的主动投入和创造性才能保障教师质量可持续发展。综合性教师评价以其灵活性、多样性、适应性、包容性的特征更好地融入综合化的教师政策框架,配合其他教师政策,对提升教师质量发挥了有益的作用,也成为未来最富潜力的教师评价模式。

---

① Louisiana Board of Elementary and Secondary Education. Regulations for the evaluation and assessment of school personnel [DB/OL]. [2016 - 11 - 29]. http://www. doa. louisiana. gov/osr/lac/28v147/28v147. doc.

第七章　美国教师评价发展
的规律及启示

纵观美国教师评价一个多世纪的发展,可以将其分为以绩效管理为主的评价模式和以专业发展为主的评价模式。教师评价的思想和实践不断在两者之间摇摆,又不断尝试融合。教师评价思想虽然对教师评价实践起引领作用,但由于社会和教育现实的制约,教师评价实践呈现出更复杂的样貌。本研究从管理理论和专业理论视角出发,提出美国教师评价发展的四阶段说,即 20 世纪上半叶是绩效管理取向为主的阶段;20 世纪六七十年代是专业发展取向为主的阶段;20 世纪八九十年代是绩效管理和专业发展双轨并存的阶段;21 世纪是综合化与一体化发展的阶段。在美国教师评价发展的历程中,教师同行评价是绩效管理和专业发展两种模式的一个交叉点和结合点。从教师同行评价案例的角度更容易看清两种模式不断拉锯又不断妥协的美国教师评价发展的内在矛盾和动力。同时,教师同行评价从托莱多学区首创,到加州全州实施,再到全美多个州采纳并将其融入综合化、一体化的教师政策,其发展更加生动地反映了全美教师评价整体发展趋势。

根据美国教师评价发展的轨迹及所积累的经验,本研究提出多元一体的教师评价模式设想,以及基于教师评价来统筹教师绩效管理以及专业发展的建议,并呼吁国内重视教师同行评价这一代表未来发展方向的教师评价模式。

一、 美国教师评价发展的四个阶段

美国教师评价经历了四个发展阶段:第一个阶段以科学管理为目标,按照效率最大化的原则,在对教学专业认识不充分的情况下,以工作量表的形式对教师的职责和工作表现进行等级性评价;随着教学研究的深入,为提高教学效率,开始以系统化方式对教师特征、教师能力及工作表现进行科学化评价的探索和实践;第二个阶段随着人力资源管理理论的发展,学校管理越来越关注教师的实际需要和激发教师的内在动力,在对教学行为系统化分析、对教师专业性的认识不断深化的基础上,尝试加强与教师沟通,通过诊断矫正发挥教师评价促进专业发展的功能;第三个阶段随着社会对高质量教育的呼求,学界将前期对教师和教学的研究进行系统整理,形成了结构化的专业标准,同时随着新自由主义教育市场化思想对公立学校影响的加大,教师评价出现了基于学业标准和标准化考试进行绩效问责的倾向;第四个阶段出现了新的发展趋势,即在绩效问责饱受批评的情况下,转向绩效与专业发展兼顾的综合化、一体化的教师评价的新发展(见图 7-1)。

综合化、一体化的评价

基于专业标准、关注新教师发展的评价和绩效问责的终身教师评价的双轨发展

管理取向的科学化的、结构化的个性特征、能力和工作表现评价

发展取向的基于现场的专业化的、民主参与的评价

管理取向的职责、效率为本的评价

图 7-1 美国教师评价发展图

20 世纪上半叶是美国教师评价发展的第一个阶段,即绩效管理取向的教师评价发展阶段。这一时期出现两种教师评价思想,即职责管理取向的教师评价思想和科学分析取向的教师评价思想。在实践中,教师评价从单纯追求工作效率逐渐过渡到基于科学化的评价来提高教学效率。从管理的视角来看,这一阶段开始时,教师评价天然地与教师的聘用、职业等级、薪水乃至辞退联系在一起;到这一阶段结束时,教师终身制、单一薪资制逐渐形成,阻碍了教师评价管理功能的发挥。从专业发展的视角来看,这一时期教师的现场学习、新教师项目和师徒项目萌发,但教师评价与教师专业发展还缺乏实质性的联系。这成为下一个阶段教师评价与教师管理的重新结合,教师专业发展项目中融入教学诊断和评价的现实背景。

20 世纪六七十年代是美国教师评价发展的第二个阶段,即专业发展取向的教师评价发展阶段。这一阶段出现了民主和临床取向的教师评价思想,主张在教师评价中评价者和被评价者平等对话,以基于教学现场的诊断来促进教师专业发展。在实践领域,受到教育管理权上行的影响,出现了州一级的教师评价政策,试图初步建构控制管理与专业发展相平衡的教师评价体系。但这一阶段由于教师集体协商制、教师终身制、教师单一薪资制等不断完善,依据评价来解聘教师或实施绩效奖惩的情况越来越少。与此同时,新教师问题越来越引起州的关注,促进新教师专业发展与考核正式教师成为教师评价的主要功能。

20 世纪八九十年代是美国教师评价发展的第三个阶段,即关注促进专业发展的新教师评价和关注实现绩效奖惩乃至人事决策的终身教师评价双轨发展的阶段。这一阶段出现了基于问责和基于标准两种主要的教师评价思想。在实践领域,各种教育专业组织出台了等级性的教师专业标准,供不同层级和类别的教师评价使用。各州纷纷制定政策采用一些有影响力的标准,或者根据本州的情况自行制定本州的教师专业标准来评价教师。与此同时,一些州在问责思潮的推动下,率先尝试实施依据学生成绩评价教师的策略。总体来看,各州纷纷出台新教师评价和终身教师评价两类政策,州级教师评价体系快速发展。新教师评价关注教师专业发展,终身教师评价为绩效薪资制、任期或辞退决策提供依据。

21 世纪是美国教师评价发展的第四个阶段,即综合化的教师评价发展阶段。这一阶段在教师评价实践领域一开始贯彻了问责思想,从联邦到州大力推广基于学生成绩的评价。很多研究者对此提出批评,形成了批判性的教师评价思想。一些研究者重新关注评价促进教师发展的功能,并提出应通过评价促进教师群体,甚至整个学校的发展,即基于学校改进的教师评价思想。在上述思想的影响下,形成了传统的校长评价、增值评价和同行评价多种类型评价综合运用、新教师评价与终身教师评价一体化的趋势,教师评价与教师管理、与教师专业发展的系统化设计更加突出。

二、 我国多元一体教师评价体系构想

通过对美国教师评价发展的分析发现,管理取向的教师评价在大部分时间占主导地位,但另一股力量,即以评价来促进教师专业发展,也对教师评价的发

展发挥着重要的作用。因此在建立我国教师评价体系时,应该处理好上述两种力量的平衡关系。为此,本研究提出多元一体的教师评价模式和基于教师评价统筹教师管理和教师专业发展的原则,以供参考。

(一) 多元一体的教师评价模式构想

1. 制定综合的教师评价目的

美国教师评价的目的从绩效管理到专业发展,再到两者结合的发展过程说明,必须确定集管理与发展为一体的教师评价目的。

从宏观上看,教师评价及一切教师政策的最终目的是"促进教师的教和学生的学",而不是仅仅为了促进学生在某些学术科目上的发展,即便这些学术科目能为个体将来的经济收益和竞争力提供更大的助益,更不是为了学生在一些学术科目上标准化考试成绩的提高。学生发展自己的天赋才能,同时满足社会发展的需求应重新成为教师教育教学的重心。为了达到这一宏观目的,教师的工作需围绕学生的全面发展,教师的工作重点需从教授具体的知识和技能转向促进学生的学习,学校则成为教师和学生的学习共同体,教师和学生在其中共同成长。从这一角度来看,教师评价的目的超越了教师的奖惩和发展,要为构建新型教师和学生关系、学校关系、教育管理者和教师关系、教师之间的关系乃至教师与社会的关系做出贡献。

从微观来看,"相互冲突""不可调和"①的两种教师评价目的,绩效管理和专业发展,要尝试在同一个教师评价政策框架内并存,并以评价的真实性、准确性为前提尝试融合。因为教师评价的过程也是教师群体、学校、教育管理部门乃至社区不断形成共识的过程。围绕共识所展开的全员覆盖、全程覆盖的,融合教师诊断、发展、激励于一体的教师评价有利于形成奖惩有据、令人信服、促进发展的教师政策体系。

要设计这样一个评价框架,需要考虑多种因素。宏观上要考虑社会舆论,微观上要考虑当地及学校的具体情况。因为社会对学校教育的态度会影响教师的动机和信念,影响教师判断他们正在做的事情是否有意义;学区及学校的规模及

---

① EVANS A, TOMLINSON J. Teacher appraisal: a national wide approach [M]. London: Jessica Kingsley Publisher, 1989: 15. // 王斌华. 教师评价:绩效管理与专业发展. 上海:上海教育出版社,2005: 52.

运作机制会对评价模式的选择产生影响,学区和学校的规模越大越难凝聚共识。此外,还要重点考虑学生的背景对教师的行为以及教师指导下学生的学习行为及效果的影响。下面将设计一项具体的教师评价政策时,确定综合性的教师评价目的需考虑的主要因素汇总如下图。

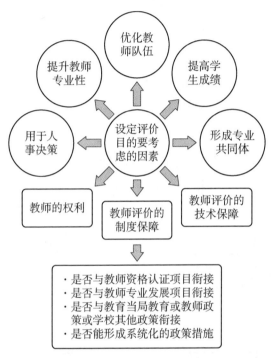

图 7-2　教师评价目的要素图

2. 采用专业标准、工作绩效及个人专业发展目标相结合的评价标准

专业标准是对教师职业和教学专业必备要求的总和。随着对教师职业生涯和教学专业层次研究的深入,等级性专业标准体系逐渐形成。就美国的情况看,各州一般设有各级各类教学专业标准,包括不同学段、不同学科、不同层次的专业标准。针对不同职业生涯阶段、不同类型和不同专业层次的教师采用不同的教学专业标准,实施阶段性的教师总结性评价。根据美国的经验,教师在职业生涯初级阶段或基础专业层级更需要依据标准来评价;教师在职业生涯高级阶段或较高的专业层级多采用绩效评价标准。

运用上述标准和绩效评价也许能发现教师的问题,但并不能解决教师的问题。因此,应制定教师个性化的发展目标,并以此指导阶段性评价,促进教师专业能力的提升。这些个性化的评价指标不仅针对教师的个性化问题,还通常与教师个体的专业发展计划结合在一起。

全美教育政策研究中心(National Education Policy center,NEPC)的研究指出,不存在唯一适用的教师评价标准①。每种教师评价标准都能反映教师的一些情况。很多时候按照某种标准评价教师所得到的结果往往是管中窥豹。某种评价标准锁定了一些有限的信息,可能丢失更多的教师信息,难以反映教师的整体面貌。因此,应综合考虑使用多种评价标准。

此外,无论采用或制定哪类标准都需要站在实践者的角度,使用清晰、准确的语言限定每项指标及其表现,并使用真实、多样、有意义的案例加以说明,使教师对标准及其表现出的理想的教学行为或效果感同身受。因此,在制定或选用评价标准时需要考虑下列因素(见图7-3)。

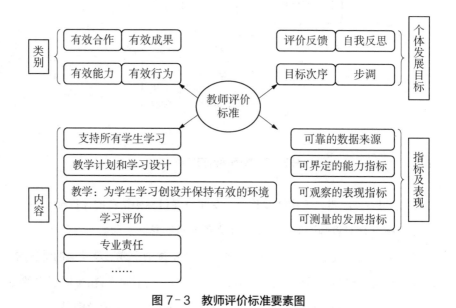

图7-3　教师评价标准要素图

① ROTHSTEIN J,MATHIS W J. Review of two culminating reports from the MET project [DB/OL]. [2016-12-01]. http://nepc. colorado. edu/files/ttr-final-met-rothstein. pdf.

3. 平衡表现性和有效性两种评价方式

每种评价方式都能从某个方面获得教师工作的证据和数据,综合采用多种教师评价方式,才能从多个方面全面搜集有关教师的师德、能力、工作表现、工作成效、专业贡献等方面的证据和数据。无论哪种评价方式,都应长期、动态、真实地反映教师的生存状况、工作状况、发展状况,避免根据个别时间点、个别情境下的有限证据进行评价。只有使教师评价常态化,才能保障教师评价数据和证据的一致性和有效性。根据美国的经验,需要实现表现性评价和有效性评价两种方式的有机结合。

表现性评价方式主要有校长课堂观察、同行课堂观察、学生作业、档案袋、教师自评报告、家长或学生调查等。有效性评价方式包括增值评价,学生学业目标评价及其他学生学业成绩评价法。每种评价方式都有其优势也有其不足。例如,如果评价的目的定位于改善教师的教学能力,促进教师之间的合作及学校学习共同体的发展,同行之间的课堂观察以及基于课堂观察的高频率反馈就会凸显其优势;如果评价的结果或部分结果用于关键性的人事决策,评价的证据应具有高效度和高信度,能被反复验证且可以比较。各类评价方式要发挥其功能,还需要一系列的保障条件与系统支持,如课堂观察评价多需要训练有素的评价者,而增值评价需要严密的大数据支持,否则都很难发挥其应有的效力。下面提供不同的评价方式及不同评价者的评价的优缺点及注意事项,供设计创新型的教师评价体系参考。

表7-1　主要的教师评价方式类型及优缺点

评价方式		特征	相关研究	优势	不足及注意事项
表现性评价	课堂观察	对课堂可观察到的教学活动的评价,包括教师的教、学生的学、教师与学生的互动,包括学习环境和教学情境等方面的观察	大量研究发现课堂观察的评价结果与学生学业之间有中等程度的相关,课堂观察评价的效度高度依赖课堂观察工具、取样和评价者的能力	● 能提供丰富的课堂行为和活动信息 ● 可以用于各学科、年级及教育情境 ● 可以为总结性和形成性两种评价提供证据 ● 被认为是最直接、最公正的评价方式	● 需要谨慎选择或创建信度、效度兼具的观察工具并培训评价者,校准评价的一致性 ● 耗时、耗力 ● 只能评价可观察到的行为,难以评价观察不到的信念、感情、意图或课堂外行为

评价方式		特征	相关研究	优势	不足及注意事项
	档案袋评价	用以大量记录教学行为和所完成的专业职责,例如教学计划、教师布置的作业、课堂小测等,广泛应用于评价教师资格申请人或初任教师,也可以用结构化的方式分析这些材料以确定教学质量	档案袋评价与学生学习成绩相关度的研究结果不一致;有限的研究发现需要确定采样数量,并建立可靠的评价标准,才能进一步发现其与课堂观察、学生成绩评价之间的相关度	● 具有综合性,可以用于评价那些不方便观察的教学实践 ● 可以用于评价所有教师,便于教师反思 ● 在能采集到有效样本,采用有效标准,并培训评价者的前提下,可以作为判断教学质量的措施之一 ● 资料可反复使用,具有灵活性、真实性	● 耗时,评价者需要具备学科能力 ● 信度不足以对教师做出高厉害性评价 ● 很难在教师或学校间横向比较 ● 只是个案,未必代表常态 ● 需要更多研究验证其有效性 ● 需要培训评价者保持评价的一致性 ● 可以作为其他评价方式的补充
有效性评价	增值评价	用于反映教师对学生学习成绩的贡献,也可以用作决策工具,优化教师在学生和学校间的配置	研究发现教师对学生成绩的贡献差异很大,但原因难以确定,因为增值评价的结果与教师个体特征、专业素质、教学表现之间的相关性不稳定	● 是最主要的有效性评价方式 ● 能采用数据分析 ● 排除任何主观因素 ● 适宜确定最好的教师和最差的教师	● 在区分个体教师对学生成绩的影响时缺乏信度 ● 建立在标准化的学业考试基础之上 ● 无法用于形成性评价 ● 无法评价教师对学生全面发展的影响

表7-2　不同评价者的评价及优缺点

评价方式		特征	相关研究	优势	不足及注意事项
评价者	同行评价	基于日常观察和合作沟通的评价;评价内容包括教师工作的全流程,如教学准备、课堂教学、教师与学生的互动、家校互动等,关注于学科教学和教学情境的观察	大量研究发现同行评价结果与学生学业之间有较高程度的相关;评价的效度高度依赖评价者的能力	● 能提供有关教师的准确信息,并能为教师及时提供反馈 ● 学科、年级及教育情境的适应性高 ● 不仅能评价可观察到的行为,也能发现观察不到的教师信念、感情、意图或课堂外行为等 ● 容易被教师接受	● 需要谨慎选择评价者、设计评价流程并培训评价者 ● 耗时、耗力 ● 多用于形成性评价,用于总结性评价时,需要保证评价的一致性

评价方式		特征	相关研究	优势	不足及注意事项
	校长评价	通常是基于课堂观察，可以是结构性的，也可以是非结构性的，多用于总结性评价，多同于人事管理及专业发展的决策	研究发现，校长的主观评价与学生成绩的相关性不稳定，评价的效度较低，校长所接受的评价培训太少，损害其效度	● 有利于校长掌握学校的情况 ● 是评价体系中的必要组成部分 ● 帮助校长对照学校发展目标，促进学校整体发展	● 评价工具、培训与评价目的经常不匹配，降低了评价的效度 ● 校长往往不具备评价高度专业化的情境或学科化情境的能力
	教师自评	教师报告他们的教育教学情况，有报告、日志等评价形式，可以反映各种类型及程度的细节	相关研究发现，高度细节化的实践内容有利于反映教学实践的真实样态，但过于个性化、多样化、专门的细节性的内容信效度难以保持一致	● 可以评价观察不到的情况，如教师的期望、信念及意图等 ● 可以提供教师个性化的信息 ● 具有灵活性，节约成本、方便易操作	● 缺少信效度 ● 使用结构化的工具有利于提高评价的准确性 ● 不适宜作为唯一的教师评价方式

4. 多元评价者承担各自的角色和职责

随着民主化管理氛围的回归，教师评价越来越多地采用适度分权、共享责任、教师参与、注重诊断、树立榜样、推广优秀、赋权增能等措施。这就需要更多的个体及群体参与教师评价的政策设计和实施，使教师评价反映各方意见，平衡各方利益，并保持真实公正，同时促进各方的合作，创造一个校长、教师、学术团体、社会机构共同努力、彼此支持、共同承担责任的评价共同体。

从美国的经验来看，教师评价所涉及的主要利益个体和群体包括教师、教师工会及其代表、教育当局、督学、校长、家长、学生、社会和社区代表、学术机构和研究人员等。其中，教师的作用越来越凸显，因为教师对教学活动的实质有最深刻的理解。如果教师评价不信赖教师，不与教师合作，将失去真实性和可靠性。教师应参与到从评价方案设计到实施再到反馈的全过程。

教育当局应负责制定评价政策，教师工会及其代表应参与其中；教育研究团体应利用教师和教学研究的结果为教师评价提供咨询和服务；校长应监督并支持评价，在需要的时候参与评价；同行专家教师应实施评价、解释专业标准、帮助制定教师个体的专业发展计划及评价目标；被评价教师应积极沟通、反思、设计并完成个人的专业发展目标;社区和家长应监督教师评价的结果,并为教师评价提供家校配合方面的信息;学生也应提供有关教师的信息。

多种利益群体或个体参与教师评价体系,需要明确各方参与的目的、参与的水平与持续参与的可能性。这是确定其在教师评价中所扮演的角色及所承担责任的基础。这些责任包括确定评价政策、制定评价标准、实施评价、提供保障等。在将多种利益群体或个体纳入教师评价体系时还需要考虑以下问题:(1)法律是否允许其参与教师评价;(2)是否对教师评价具有决策权;(3)是否能对教师评价提供咨询;(4)需要其扮演什么角色;(5)能提供什么知识、能力和经验;(6)是否能协助教师评价的实施;(7)工作的频率和水平如何;(8)能否接受培训,确保评价的一致性。

(二) 基于教师评价统筹我国教师政策

对美国教师评价思想、实践及教师同行评价案例发展的研究提醒我们,可以从教师评价的角度统筹教师的相关政策,加强教师评价在教师人事管理事务中的作用,发挥教师评价促进教师专业发展的功能,通过教师评价激发教师个体和群体的内在动力。

1. 发挥教师评价在教师管理中的作用

21世纪,我国教师政策改革走上了快车道。2011年教育部决定,建立"国标、省考、县聘、校用"的教师政策。要落实上述政策,需加强教师评价在资格认证、聘用安置、教师职务(职称)晋升、绩效奖惩和辞退决策等教师人事管理中的作用。

(1)发挥教师评价在教师聘用安置上的作用

我国教师入职以考代评。国家和地方规定教师须具有国家或地方的教师资格证书方可入职。无论是教师资格认证还是学校招聘教师,一般只对应聘者进行笔试或面试等简单的考核,对教师实践能力的评价缺乏持续性,简单而草率。教师一旦入职即成为正式教师,教师试用期形同虚设,更缺乏试用期的正规评价。鉴于上述情况,应采用包括教师同行评价在内的多种措施,在教师试用期重点对教师的实际教学能力和表现进行复核,确保适合、热爱且胜任教育教学工作的人被聘为正式教师。同时通过兼具支持性、指导性的评价帮助具有教育教学潜力的新教师顺利渡过工作适应期和磨合期,融入学校文化和教师群体,成长为独当一面的合格教师。此外,对于学区学校等教师管理机构,还可以运用日常实际工作环境中的评价,发现教师的教学特色和教学专长,将教师安置到合适的工作岗位上。

(2)完善教师评价在确定教师职称等级中的作用

完善教师评价在确定教师专业等级中的作用,在我国的具体实践中表现为完善教师职称评审制度。2015年8月,人力资源与社会保障部、教育部印发了《关于深化中小学教师职称制度改革的指导意见》提出,"现行的中小学教师职称制度存在着等级设置不够合理、评价标准不够科学、评价机制不够完善、与事业单位岗位聘用制度不够衔接等问题"。文件指出要在建立"中小学教师专业技术水平评价标准"的基础上,"建立以同行专家评审为基础的评价机制","坚持职称评审与岗位聘用相结合"。这一文件指明了教师评价、职称、岗位聘用一体化的发展方向,并就教师评价标准和方式给出了建议。

根据美国的经验,应基于教师评价继续发展和完善上述制度。例如,在教师评价标准上,结合《中小学教师专业标准》建立等级性专业评价标准指标体系。虽然上述文件提供了"中小学教师水平评价基本标准条件",但更多关注教师的资历和学历,有关工作表现和业绩的评价过于笼统。以正高级教师的标准条件为例:要求"具有崇高的职业理想和坚定的职业信念""长期工作在教育教学第一线,为促进青少年学生健康成长发挥了指导者和引路人的作用,深入系统地掌握所教学科课程体系和专业知识""一般应具有大学本科及以上学历,并在高级教师岗位任教5年以上""出色地完成班主任、辅导员等工作任务"。有关工作表现和业绩则笼统规定为"教书育人成果突出,教育教学业绩卓著""教学艺术精湛,形成独到的教学风格"[①]。因此,教师职称评定下一步应与中小学教师专业标准相衔接,建立结构完整的专业评价标准体系,其中要有等级明确、可操作性的教师评价指标,并能满足各种教师评价的需求,使教师专业标准保持一贯性,而不是教师资格考试或教师职称的评定分而冶之。在教师评价方式上,教师职称评定可以借鉴美国教师同行评价模式,为同行专家评审提供更加具体的操作模式和流程,关注对教师教育教学实践的评价,而不仅限于材料审核。

----

① 人力资源社会保障部,教育部.关于印发《关于深化中小学教师职称制度改革的指导意见》的通知[ED/OL].[2016-01-04].http://www.moe.gov.cn/jyb_xxgk/moe_1777/moe_1779/201509/t20150902_205165.html.

（3）运用公平有效的教师评价来支持绩效奖惩

我国除了国家和省一级的教师表彰等荣誉制度外,在实践中广泛而长期存在的是以学生的成绩作为评价标准来奖惩教师,这加剧了应试教育的倾向。《国务院关于加强教师队伍建设的意见》针对这一现象,提出"严禁简单用升学率和考试成绩评价中小学教师"[①],对扭转这一局面起到一定的作用。但是还应在上述要求的基础上,进一步加强教师表现性评价,探索新的教师有效性评价,以防在废止原有依据学生成绩来评价教师的做法时,地方和学校无所适从。上述意见也为新的教师评价体系指明了方向,即"探索实行学校、学生、教师和社会等多方参与的评价办法",因此应结合校长评价、教师同行评价、学生和家长调查等多种评价措施,体现教师评价的客观性和公正性,并以此作为奖惩的依据,使评价更准确地发挥引导和激励的作用。

（4）依据教师评价做出辞退的决策,优化教师队伍

我国需要建立基于教师评价的教师退出机制。我国教师实际上是终身制的,只有在个别情况或特殊情况下才会被辞退。根据 1994 年颁布实施的《中华人民共和国教师法》第 37 条,教师有下列情形之一的,由所在学校、其他教育机构或者教育行政部门给予行政处分或者解聘:"故意不完成教育教学任务给教育教学造成损失的;体罚学生,经教育不改的;品行不良、侮辱学生,影响恶劣的"。法律没有为优化教师队伍、提升教师质量而辞退教师提供依据。

不过我国已开始尝试进行教师任期制改革。2010 年《国家中长期教育改革和发展规划纲要（2010—2020）》提出,"加强教师管理,完善教师退出机制"[②]。2012 年《国务院关于加强教师队伍建设的意见》中提出"竞聘上岗……完善以合同管理为基础的用人制度"。上述意见为辞退教师提供了可能性,但并没有就具体的淘汰机制给出指导。要使教师职业成为有竞争力的职业,除了提高教师的经济和社会地位外,依据教师评价来实施末位淘汰也是需要考虑的措施之一。美国教师评价为我们提供了借鉴。建立和实施公平、公正、有效的教师评价体

① 国务院.国务院关于加强教师队伍建设的意见[EB/OL].[2012－08－20].http://www.gov.cn/zwgk/2012-09/07/content_2218778.htm.

② 教育部.国家中长期教育改革和发展规划纲要（2010—2020 年）[EB/OL].[2015－06－15].http://www.moe.edu.cn/publicfiles/business/htmlfiles/moe/moe_838/201008/93704.html.

系,定期评价教师,如果教师在多次评价中表现不佳,或者在采用类似教师同行评价中的支持程序后,工作仍然没有得到改善的教师,则可以通过民主、合法的程序予以辞退。只有建立这样的常规退出机制,才能使教师队伍不断优化。

2. 发挥教师评价促进教师专业发展的作用

我国近期十分关注教师的专业发展,国家地方层层出台相关政策并加大拨款力度,支持教师专业发展。2011 年教育部《关于大力加强中小学教师培训工作的意见》要求,"将教师完成培训学分(学时)和培训考核情况作为教师资格再注册、教师考核和职务聘任的必备条件和重要依据"。这一要求虽在一定程度体现出以教师评价督促教师参与专业培训的努力,但教师评价与教师专业发展之间的关系流于表面化。教师评价应做为教师专业发展的依据,使教师专业发展弥补教师评价所发现的不足,提高教师专业发展的效率。

(1)教师评价应成为教师专业发展的起点

美国的经验显示,教师评价应成为教师专业发展的起点。在教师评价中发现教师的长处和不足,有针对性地为教师设计专业发展计划,提供专业帮助和服务,才能更精准地支持教师的专业成长。因此,应该实施常态化的教师评价,围绕教育教学实践,系统地对教师素质、能力及教学表现进行诊断与评估,针对教师普遍存在的问题设计系统化的培训项目,针对教师个体所存在的问题设计个人的专业发展计划,或通过同行指导来促进其发展。

(2)通过评价监控教师专业发展的进程

美国的经验显示,在教师专业发展项目实施的过程中,也应不断开展评价,评估教师在特定领域的进步和提高,调整教师专业发展的内容、方向和步调。对于教师个体来说,不仅应该为其设计覆盖其整个职业生涯的教师专业发展项目,还要在每个阶段运用评价来判断教师是否达到特定阶段的专业发展目标,以此作为整个职业生涯规划的依据,为消除新教师的焦虑和老教师的职业倦怠提供机制保障。同时,评价者和管理者还应在评价中听取教师意见、与教师进行合作沟通,并及时给予教师指导和反馈,使教师专业发展更加深入和有针对性。

(3)通过教师评价促进教师群体和学校的整体发展

教师评价不仅能够促进被评价教师个体的发展,通过多元评价者的参与还能促进参与评价的教师,乃至校长、社区相关利益者对教育教学更深刻、更专业的理解,并在此基础上形成共识。以作为评价者的同行教师为例,这些优秀教师或者专家教师在评价过程中不仅将他们的专长和经验分享给被评价教师,还通过项目的实施在更大范围提升了他们的教学领导力,对在学校范围内乃至学区范围内形成专业发展共同体或学习共同体发挥作用,促进了学校和学区的整体改进。

3. 改革我国主要依据学生成绩来评价教师的状况,大力推行教师同行评价

我国当前正在努力扭转基础教育应试化的倾向,消除依据学生成绩来评价教师的弊端。各级政府要建立更加完整的教师评价政策或出台常规的教师评价指导性意见,兼顾表现性评价和有效性评价,突出教师同行评价的重要地位,转变科层制或金字塔式的评价模式,形成民主的专业氛围,只有如此,才能从根本上扭转将"升学率"作为政绩和业绩的不良评价氛围。

美国教师评价发展的教训显示,从科层制管理体系发展出来的基于结果的奖惩性评价往往使激励的人数与挫伤的人数不相上下,而民主的、支持性的、开放的、专业的、合作的、持续的教师评价,才能使评价从的"外部压力"转化为教师自发的"内在动力",激发教师个人与群体的巨大能量,带领学校乃至学区转变为民主式的学习型组织,共同追求卓越教育的目标。只有将外部的绩效管理转变为专业内部的自主和自治,实施专业内部既关注结果又关注过程的评价,才能开启持续提升教师质量的绿色新通道。

美国教师评价发展的经验显示,教师同行评价就是这种实现专业内部绩效管理和个体群体发展相结合的理想模式,是未来教师评价发展的方向,将成为未来教师评价体系中非常重要的组成部分。只有发挥教师个体和群体在教师评价中的作用,才能实现专业自主和自治;只有通过评价打破教师之间隔离而孤立的工作状态,使教师群体共同承担专业责任,在学区和学校中形成一种"整合性专业文化"(intergrated professional culture)[1],才能抵御市场、官僚、学术等外部力量的左右,保障教师这个专业群体朝向立德树人的教育目标前进。

---

[1] GOLDSTIEN J. Easy to dance: solving the problems of teacher evaluation with peer assistance and review [J]. American journal of education, 2007(3): 479 - 508.

附　录

附件一　托莱多咨询教师申请表

托莱多教师联盟,托莱多教育委员会

致申请人:

教师同行支持与评价咨询教师的申请人,请完成以下表格来说明您的教学质量。请1名贵校的代表、贵校的校长和3名贵校的教师填写下列表格,并签名。

申请者姓名:＿＿＿＿＿＿＿＿＿＿

学校:＿＿＿＿＿＿＿＿＿＿＿＿

请您为上述申请人填写相关信息。

上述申请人申请做教师同行支持与评价项目的咨询教师,请提供您认为申请者适合这一工作的信息,并将相关表格于5月22日前寄送至教师人事办公室,地址(略)。

为申请者在以下10个领域的表现标注等级,10分为满分。

A. 教学:1　2　3　4　5　6　7　8　9　10

B. 专业领导力:1　2　3　4　5　6　7　8　9　10

C. 自信:1　2　3　4　5　6　7　8　9　10

D. 课堂管理:1　2　3　4　5　6　7　8　9　10

E. 处理紧急情况时冷静果决:1　2　3　4　5　6　7　8　9　10

F. 能创造性地针对不同学生开展教学:1　2　3　4　5　6　7　8　9　10

G. 愿意贡献智慧和解决问题的办法:1　2　3　4　5　6　7　8　9　10

请就以下领域为申请人写出总结性的评价。

1. 人际关系技能(幽默感、合作、友好、可靠、负责、热情、遵守纪律、能力强等)

2. 沟通能力(书面和口头表达)

你认为申请人作出咨询教师是否合适：是　否

推荐人签名：_____　学校：_____

附件二　托莱多学区教师总结性评价报告

姓名：_____　学校：_____　日期：_____

年级或学科：_____　教师证书：_____

9—12 月□;1—3 月□;4—12 月□;

课堂观察数量和日期：_____　会见时间：_____

新教师教学____学期

3 月和 12 月共同报告	3 月单独报告	合同状态
□优异 □满意 □不满意 □只有书面报告 □非常规聘期 □建议继续参加本项目	□首次建议年聘 □第二次建议年聘 □首次建议四年聘期 □第三次建议年聘 □建议不聘	□第一年聘期 □第二年聘期 □四年聘期 □一年聘期 □持续聘期 □长期替代性聘期（60 天以上）
优异：表现出很高的专业素质,很快实现了专业发展 满意：表现出所期望的专业素质,实现所期望的专业发展 不满意：教学表现尚有严重不足和缺陷 ＊不满意或优异要提供书面支持性材料		

	优异	满意	不满意
1. 教学过程			
A. 课程教学计划能力			
B. 评价能力			
C. 设计作业的能力			
D. 培养学习研究习惯的能力			
E. 搜集使用教学材料的能力			
F. 激发动机的技巧和能力			
G. 提问技巧和能力			
H. 识别个性差异、因材施教的能力			
I. 口头和书面沟通的能力			

	优异	满意	不满意
J. 语言、表达和声音控制			
2. 课堂管理			
A. 能有效地控制课堂及其进度			
B. 能与学生进行有效的互动			
C. 课堂教学进度流畅			
3. 学科知识——学术准备	×		
4. 个性特征和专业责任	×		
A. 展现出对教学真诚的兴趣	×		
B. 个人面貌	×		
C. 适应变化的能力	×		
D. 坚持执行托莱多公立学校的政策和规章	×		
E. 坚守课堂内外的责任	×		
F. 与家长和学校同事保持合作	×		
G. 遵守上下班制度	×		

评价者签名：_____　评价者职位：_____

教师签名：_____　校长签名：_____

日期：_____

附件三 托莱多校长总结评价表

教师：＿＿＿＿＿＿＿＿ 学校：＿＿＿＿＿＿＿＿ 校长：＿＿＿＿＿＿＿＿

表格提交截止日期：＿＿＿＿＿＿＿＿ 提交日期：＿＿＿＿＿＿＿＿

与咨询教师协商日期：＿＿＿＿＿＿＿＿ 年级或学科：＿＿＿＿＿＿＿＿

课堂观察：9—12月□；1—3月□；4—6月□；其他：＿＿＿＿＿

	满意	不满意
□满意：教学表现达到所期望的专业素质,实现所设定的专业发展目标(参考具体标准) □不满意：教学表现尚有严重不足和缺陷(另附书面报告)		
Ⅰ.缺席 生病：＿＿＿＿ 专业发展：＿＿＿＿ 人事派遣：＿＿＿＿ 迟到：＿＿＿＿ 到校工作天数：＿＿＿＿		
Ⅱ.遵守		
a. 学区的政策		
b. 本校政策		
c. 学区纪律		
Ⅲ. 按时报告		
Ⅳ. 与家长合作		
Ⅴ. 与其他学校人员合作		

请将项目Ⅰ—Ⅴ的具体补充信息或其他需要记录在案的信息登记如下：

＿＿＿＿＿＿＿＿＿＿＿＿＿＿＿＿＿＿＿＿＿＿＿＿＿＿＿＿＿＿＿＿＿＿＿＿

＿＿＿＿＿＿＿＿＿＿＿＿＿＿＿＿＿＿＿＿＿＿＿＿＿＿＿＿＿＿＿＿＿＿＿＿

＿＿＿＿＿＿＿＿＿＿＿＿＿＿＿＿＿＿＿＿＿＿＿＿＿＿＿＿＿＿＿＿＿＿＿＿

校长签名：＿＿＿＿＿＿＿＿ 教师签名：＿＿＿＿＿＿＿＿

咨询教师签名：＿＿＿＿＿＿＿＿ 日期：＿＿＿＿＿＿＿＿

附件四 托莱多 PAR 项目总结性评语

评价案例 1：新教师评价

朗星格老师是托莱多学区新任教师。她知识渊博、富有创造性、有条理、有爱心、目标坚定。她对成为一名教师非常兴奋。朗星格老师教给学生终身受用的技能。她能给学生提供机会发现自我，并与其他同学分享自我的成长。她运用教学指南做指导。郎星格老师还能为学生组织好的写作活动及很多随机活动。郎星格老师教学准备充分。

朗星格老师在班级中张贴班级规则和学习流程。她能对学生做出清晰而准确的指导，教学过渡和衔接也非常顺畅。她与学生关系融洽和谐。

建议：完成项目/续聘

投票：8 否决票：0

评价案例 2：困难教师评价

西蒙兹老师具有教师资格，但还不完全称职。他进步很多，但还有待提高。

西蒙兹老师缺乏设计课程的能力，表现无法组织适当的课程内容和有效的教学程序。他的课没能使学生达到所设定的学习目标。他对学生如何开展有效的学习缺乏透彻的理解。教学中长期目标和短期目标是不连贯的，方向有时也不甚清楚和准确。课上教师和学生的互动不够平衡。

他虽制定了班级纪律守则，但并没有得到一贯地执行。西蒙兹老师有时看不到课堂内学生的一些不恰当的行为。

建议：第二学期继续参加本项目

投票：8 否决票：0

附件五　代表性学区教师同行评价项目概况

学区名称	托莱多	罗彻斯特	明尼阿波利斯	圣胡安	蒙哥马利
所属州	俄亥俄	纽约	明尼苏达	加利福尼亚	马里兰
项目起始年	1981年	1987年	1997年	2000年	2001年
学区性质	城市	城市	城市	城市/郊区	城市/郊区
教师数量(人)	1852	3 600	3 250	2 267	9 371
教师组织	AFT	AFT	NEA/AFT	NEA	NEA
项目包含新教师部分 项目名称	是 实习项目	是 教学生涯项目	是 成就终身项目	否	是 PAR
项目包含终身教师部分 项目名称	是 干预项目	是 干预项目	是 专业支持	是 PAR	是 PAR
是否允许教师自愿报名接受评价	是	是	是	是	否
项目有关咨询教师的规定					
每年咨询教师数量(人)	10—12	150—200	8	6	30—40
咨询教师任期(年)	3	2	5	3	3
任教年限(年)	5	7	5	5	5
教学带头人	不要求	要求	不要求	不要求	要求
校长推荐	是	是	无	是	是
其他教师推荐	无	是	无	是	无
通过选拔面试	是	是	是	是	是
提交书面申请	是	是	是	是	是
通过观课选拔	是	无	无	是	是
咨询补助	$6150/年	5%—10%的基础工资/指导每名教师	$5 000/年	$4 894/年	$5 000/年

续　表

PAR委员会					
PAR学区委员会名称	评价实习委员会	教学生涯委员会	PAR委员会	PAR委员会	PAR委员会
成员组成（人） 管理者 教师代表	4 5	6 6	6 6	3 4	8 8
委员会主席	工会代表或学区代表	学区代表或工会轮值主席	指导教师或工会代表	工会代表或学区代表	工会代表或校长代表
开会周期	每年4次或视需要而定	每两周	每月	不固定	至少每月1次
聘用决策投票比	5：9	多数	多数	多数	多数
谁监督咨询教师	PAR委员会	PAR委员会	PAR委员会	PAR委员会联合主席	PAR配对教师
新教师项目					
第一年的新教师	必须参加	必须参加	必须参加	无要求	必须参加
其他学区转来的教师	必须参加	必须参加	必须参加	无要求	不要求
校长是否评价新教师	否	是	是	否	是
是否可以向委员会申诉	是	是	是	否	是
干预教师项目					
干预时间限制	无	3个学期	9个月	无	2年
谁来提出参与人选	校长或教师代表	校长或教师代表	校长或教师代表	校长	校长
是否通过例行评价自动导入人选	否	否	否	是	是
是否对人选复审及复审方式	是 推门观课及征求本校其他教师意见	是	是 推门观课及征求本校其他教师意见	否	是 推门观课
教师是否可以就辞退决定申诉	不可以	可以	可以	可以	可以

附件六　20世纪八九十年代各州新教师评价政策汇总表

州	项目名称/基本情况	评价情况
阿拉巴马州	"专业人事评价"（Alabama Professional Personnel Evaluation）项目,州教育委员会通过的强制性政策,标准参照性评价	学区可以参与州的项目,也可以建立当地的教师评价项目,但是都要依据全州标准来对全部非终身制的新教师进行评价
阿拉斯加州	要求1年至少对教师进行一次正式的书面评价,包括终身教师和非终身教师	每个学区自己负责制定表现性评价措施,但在实施前要提交州教育厅审核
亚利桑那州	州法要求所有新教师在前3年的试用期接受两次评价,但与资格证书颁发无关 州资助的"住校教师项目"（Arizona Teacher Residency Program）中的师傅教师负责指导和评价第一年和第二年的新教师,该项目也与资格证书无关	校长或副校长运用学区的评价工具每年两次评价试用期的新教师。州的指导文件要求学区实施标准参照性评价,但州没有相关标准 师傅教师接受培训,用"佐治亚州教师表现性评价工具"（Georgia's Teacher Performance Assessment Instrument）改造而来的"住校教师评价工具"（The Arizona Teacher Residency Assessment Instrument）从35个维度的能力来对新教师实施形成性评价
阿肯色州	"持人员评价项目"（Certified Personnel Evaluation Program）,按照州的标准评价所有教师,评价者必须参加由州教育厅所开办的工作坊以具备评价资格	校长或副校长运用州的标准、学区评价工具对前3年试用期教师实施至少1年3次的课堂评价。所有教师都有专业发展计划。评价不合格的教师要与评价者一起制定个人的改进计划,并接受支持。所有教师都要有总结性评价报告
加利福尼亚州	"新教师项目"（California New Teacher Project,CNTP）是1988—1989年在37个实验学区实施的新教师导入项目,其中包括新教师的支持与评价	州资助项目,在37个实验学区为新教师提供各种不同的支持与评价模式。项目的共同点是沟通、反思、同行合作、自我评价,以便为新教师提供必要的支持和资源。许多学区有来自高校的研究者和学区指导教师共同组成的团队 CNTP项目中出现了很多教师评价的创新模式,并被"教师认证委员会"（Commission on Teachers Credentialing,CTC）和加州教育厅采用。地方学区负责制定评价程序和工具

州	项目名称/基本情况	评价情况
科罗拉多州	"持证人员表现性评价系统"（Certified Personnel Performance Evaluation System），1984 年实施，1990 年立法，1997 年建立项目标准，1999 年学区实施该标准	学区运用州的指导文件来建立自己的评价体系。学区必须有表现性评价标准
康涅狄格州	"全州新教师支持培训"项目（Statewide Beginning Education Support Training，BEST），根据评价结果来颁发资格证书及决定是否续聘，为新教师提供指导	2 名教师、2 名管理者、2 名州的评价者运用"康涅狄格州能力工具"（Connecticut Competency Instrument）对新教师开展评价，师傅教师帮助新教师来达到上述标准
特拉华州	非终身教师要在任教前 3 年中接受形成性和总结性评价 州与教育考试中心（ETS）合作研发新教师能力评价工具	运用"课堂分析工具"（Lesson Analysis Instrument)对非终身教师进行 3 次形成性评价，包括课堂观察和会议，并基于特拉华表现评价体系（Delaware Performance Appraisal System)由校长或副校长开展总结性评价
哥伦比亚特区	"特区实习项目"（D. C. Intern Program)通过评价来为新教师颁发教师资格证书，同时校长和一名专家教师也为新教师提供指导	一个由教育局成员、校长、师傅教师和年级组长组成的评价团队运用"特区发展工具"（District of Columbia-developed instrument）对新教师的能力专业准备做出评价
佛罗里达州	"专业定位项目"（Professional Orientation Program，POP），前身是"佛罗里达新教师项目"（Florida Beginning Teacher Program)，为新教师提供支持，也对新教师进行资格认证，确保新教师达到所要求的各项能力。要求所有学区每年向州教育厅提交 POP 计划备审	所有学区都用"表现评价体系"（Florida Performance Measurement System，FPMS)来支持和评价新教师。每个新教师支持团队由学校管理者 1 名、同行教师及 1 名及其他教育者组成（可能是学区的管理者，也可能是大学的教授，视情况而定）。最开始用 FPMS 总结性评价工具来评价。在校长对新教师做出总结性评价前，至少要运用适当的形成性评价工具对新教师进行 3 次评价。FPMS 并不包括州所要求的所有能力，一些能力主要体现在档案中或课堂上
佐治亚州	"佐治亚教师评价项目"（Georgia Teacher Evaluation Program，GTEP)要求每年对所有教师进行评价。必须获得满意的评价才能不断在州教师薪资框架和资格等级中晋升。GTEP 的目的是加强有效教师的实践；找出教师需改进的方面；找出不达最低标准的教师	从 1990 年开始，新教师的评价跟资格认证脱钩。当地学校系统的管理者根据州所限定的教学任务和评价维度对教师进行 3 次 20 分钟以上的随机课堂观察。在评价中发现不足的教师必须制定专业发展计划

州	项目名称/基本情况	评价情况
夏威夷州	夏威夷新教师评价"是全州教学评价项目"(Assessing Teaching in Hawaii)的一部分	每年至少开展 1 次总结性评价。为新教师开设师徒指导和同行指导的实验项目
爱达荷州	"师徒项目"(Idaho Mentor Program)实施的对象是取得教师资格证书第一年的新教师,为每个新教师安排 1 名师傅教师,州提供资助	师傅教师一般是与新教师在同一所学校工作的专家教师。学区自行制定新教师支持措施。所有前 3 年的新教师都要在第二学期开始时接受评价
伊利诺伊州	州资助教师师徒项目。新教师的评价由学区决定。所有教师每年至少接受 1 次评价	每年至少开展 1 次总结性评价
印第安纳州	强制性的新教师实习项目为新教师提供支持和评价,并据此做出聘用决策	新教师要承担全职教学任务,并享受正常薪水。由 1 名承担全职教学任务的资深教师作为新教师的师傅进行观察、指导、交流和支持活动。校长依据"新教师评价列表"(Beginning Teacher Assessment Inventory)来评价新教师。新教师也可以选择大学来的指导教师
爱荷华州	新的资格认证制度要求通过地方学区的评价后方能获得更高等级的教师资格证书	州没有评价体系,但要求地方学区必须评价新教师
堪萨斯州	"实习计划"(Kansas Internship Plan),州不提供资助	州提供总体的项目指导原则,所有学区必须自行建立教师评价措施。入职头 2 年的新教师必须参加至少每年 2 次评价
肯塔基州	全州的新教师导入项目为新教师提供支持和评价,第一年由 3 个成员组成的评价团队来做出资格认证和聘用决策	评价团队包括:校长、培训过的专家教师和 1 名教师教育者。依据州制定的教学技能维度(参考佛罗里达州表现评价体系 FPMS)开展 1 年至少 3 次的课堂观察,并形成 1 份总结性评价报告
路易斯安那州	"教学实习项目"(Louisiana Teaching Internship Program, LTIP),自 1992—1993 学年开始实施	LTIP 评价实习教师的教学表现,并提供专业支持。评价团队包括本校校长、1 名专家教师和 1 名大学专业人士,运用州评价标准和工具——"教学和学习评价审核体系"(System for Teaching and Learning Assessment and Review, STAR)总共开展 6 次评价,包括课堂观察和有效的教学计划。完成 LTIP 后,即转到"教师评价项目"(Louisiana Teacher Evaluation Program, LTEP)接受评价。当地学区要依照法律对所有试用期的教师进行每年 1 次的独立于 LTIP 之外的人事评价。评价标准在州的框架下各学区有所不同

州	项目名称/基本情况	评价情况
缅因州	全州的新教师导入项目为头 2 年的新教师获得专业认证提供支持和评价	地方学区遵照州指导原则,在"教师行动计划"(Teacher Action Plan)中由资深教师为新教师提供支持,并在项目结束时对新教师进行评价
马里兰州	"示范项目计划"(Exemplary Programs Project):州资助的新教师导入实验项目,最初在 5 个学区实施	为新教师提供诊断和支持
马萨诸塞州	1993 年教育法和教师资格认证规定,学区以导入项目的形式为第一年的新教师提供支持。认证规定要求将参与项目的情况与教师资格认证联系起来	新教师导入项目将评价纳入其中,根据州的标准找出新教师的长处和不足,并在师徒指导的过程中重点予以支持,由校长来评价新教师 新教师不仅配有师傅教师,还配有由师傅教师、校长等组成的支持团队,师傅教师会给出专门时间用于新教师指导
密歇根州	密歇根州教育厅对新教师没有强制性评价制度。从 1995 年开始州法要求前 3 年的新教师接受师傅指导,并记录相关专业发展活动	
明尼苏达州	实习教师评价作为教师资格认证及考试的一个条件。表现性的评价考察新教师将知识运用于复杂的教学情境的能力	要求学校建立同行评价委员会对 3 年试用期内的教师开展 1 年 3 次评价,也为试用期的教师在需要改进的领域提供必要的支持
密西西比州	法律要求所有的新教师在资格认证的过程中都要接受地方学区的支持与评价	评价团队由 3 名成员组成,其中 1 名是校长,按照州所限定的 14 项能力标准和评价工具开展评价,在新教师能力欠缺的方面提供矫正和支持
密苏里州	所有新教师前两年都要有专业发展计划。地方学区为其提供支持和评价	州教育厅制定了新教师项目指导原则,学区自愿参与。使用州评价工具,至少每年对新教师做 1 次总结性评价报告
蒙大拿州	1992—1993 学年开始实施新教师师徒试验项目,不包括评价	
内布拉斯加州	州教育厅为所有新教师建立了 3 年的试用期认证计划,由于缺乏资金,停止实施	法律要求对前 3 年的新教师每个学期都要实施评价,但是由于资金缺乏,实施不顺利
内华达州	1986 年法律通过实施全州新教师实习项目,但缺乏资金没能实施	地方学区要求新教师至少有 1 年的试用期。要求每年对试用期的教师进行 4 次总结性评价

续　表

州	项目名称/基本情况	评价情况
新罕布什尔州	1990—1991学年建立了4个新教师导入项目试验基地，每个基地独立制定评价标准	为新教师提供诊断和支持
新泽西州	从1992年起，要求所有新教师持临时教师资格证书执教1年	校长1年评价3次新教师，执教10周和20周时，开展形成性评价，30周结束时进行总结性评价，并决定是否颁发正式证书
新墨西哥州	"新教师支持项目"（New Educator Support Program），新教师必须接受1—3年的支持，满足州的最低能力标准。所有申请认证的教师都必须有"职业发展计划"（Professional Development Plan）	州教育委员会建议采用4种导入模式，但是地方学区可以设计自己的项目 评价和支持都基于州教师能力标准
纽约州	1997年设立了全州统一的"教师师徒实习项目"（Mentor Teacher-Internship Program）	教师评价由地方学区负责。地方学区需要提交计划，并通过州的审查，才会获得州的资助
北卡罗莱纳州	要为已经获得初任教师资格证书的教师指派师傅教师或支持团队	师傅教师和支持团队根据"表现评价工具"（North Carolina Performance Appraisal Instrument）来为新教师提供支持和评价。要求2年内至少实施3次正式的课堂观察。第二年结束时，决定是否颁发终身教师资格。同时，校长也使用上述工具进行独立评价，做出聘用决策
俄亥俄州	"入职年项目"（Entry Year Programs）是竞争性拨款项目，资助为第一年的教师提供支持的项目	关注于专业发展，包括为新教师提供各种知识和技能发展的机会 州教师资格证书更新要求根据观察和评价会议等程序来实施
俄克拉荷马州	"入职年支持项目"（Entry-Year Assistance Program）在两年初任教师资格证书或正式教师资格证书认证的过程中评价、支持新教师	团队由3名成员组成：校长、资深教师/咨询教师、高校代表，运用州制定的描述性观察工具，在为资格认证提供建议前，至少进行3次课堂观察 3年试用期内教师每年接受2次学区依据有效教学最低标准（Oklahoma Minimum Criteria for Effective Teaching）所开展的评价，以做出聘用决策
俄勒冈州	1987—1988学年建立的"新教师支持项目"（Beginning Teacher Support Program）关注对新教师的支持和服务，学区自愿参加	头3年的新教师必须每年都参与评价，至少1年开展两次正式的课堂观察，试用期的教师必须每年有1个总结性的评价报告

续　表

州	项目名称/基本情况	评价情况
宾夕法尼亚州	州新教师导入项目为新教师提供支持和评价,但是由学区来资助,并独立于人事聘用	校长根据州的指导原则,学区的具体措施来评价新教师,每年至少开展两次有计划的课堂观察,并形成 2 个总结性的评价报告。
罗德岛州	没有新教师评价政策	
南卡罗莱纳州	法律要求依据州制定的"教学表现评价"(Assessment of Performance in Teaching, APT)工具对所有第一年的新教师开展评价。评价合格继续年聘,不合格重新评价,在重新评价合格后,并在欠缺的方面获得 6 个学分以及资格更新的 6 个学分后,才能续聘。每个新教师只有 1 次重新评价的机会	新教师在秋季学期依据 APT 接受 3 次课堂观察,评价结果不理想的话,将在春季学期再接受 3 次课堂观察。一旦教师评价合格将签订年聘合同,并可以选择州教育委员会所制定的程序和内容标准工具来接受年度评价。年聘合同最多两年,年聘合同结束后是终身合同。地方学区对终身教师实施最少 3 年 1 次的依据地方标准实施的评价
南达科塔州	为所有第一年新教师实施州导入项目,并据此获得教师资格证书	要求所有教师每年接受评价,所有学区都要求建立评价政策
田纳西州	作为依法设立的职业阶梯项目(Career Ladder Program)的一部分。新教师在前 4 年接受师傅教师的支持和评价	前 4 年的新教师依据州许可的学区评价模式或州制定的评价计划每年接受评价,每年形成至少 1 个总结性评价报告。第四年由州教育厅对学区评价结果进行复核。如果合格,教师获得专业证书或职业等级 1 证书,不合格继续持有学徒证书
德克萨斯州	州法要求州教育管理机构、高等教育协作委员会和公立大学建立综合性的新教师导入项目,自 1991 年开始实施	为新教师指派一名师傅教师,同时校长进行评价监督。德克萨斯教师评价体系(Texas Teacher Appraisal System, TTAS)要求在续聘前对新教师每年开展 4 次 45 钟的课堂观察。其中,校长开展 2 次,培训过的评价者开展 2 次。TTAS 依据教学行为指标在职业阶梯中安置教师
犹他州	州新教师导入项目为入职前两年的新教师提供支持和评价 申请正式教师资格要求前两年教学表现评价合格	学区根据州的指导原则(州有效表现标准)评价前两年的新教师。教师教育学院为毕业的新教师提供支持。评价者必须对新教师实施 6 个有计划的课堂观察
佛蒙特州	没有新教师项目	新教师资格证书(等级 1)换发为专业教师资格证书(等级 2)需要顺利完成两年的教学
弗吉尼亚州	"新教师支持项目"(Beginning Teacher Assistance Program, BTAP),自 1992 年开始实施	州法要求每两年至少实施 1 次总结性评价

州	项目名称/基本情况	评价情况
华盛顿州	"新教师支持项目"（Beginning Teacher Assistance Program）为新教师提供师傅教师，并要求每个学区基于最低评价标准实施评价	校长及其助理要对所有教师开展时长不低于 60 分钟，每年 2 次的课堂观察。要求新教师在受聘 90 天内至少接受 1 次 30 分钟以上的课堂观察
西弗吉尼亚州	法律要求地方学区必须为新教师提供支持和评价，并基于评价续聘	校长或管理者依据教师责任和表现标准，每年对新教师开展 4 次课堂观察，并据此形成 2 份评价报告
威斯康辛州	教育厅为新教师指导项目提供指导纲要。学区自主参与	1985—1988 学年一些实验项目建立了新教师表现评价工具，学区自由采用，州不予资助 法律要求所有教师至少每 3 年接受 1 次评价
怀俄明州	没有新教师项目	法律要求对教师进行评价

参考资料：SCLAN E. , DARLING-HAMMOND L. Beginning teacher performance evaluation：an overviewof state policies ［R］. Washington，DC：Office of Educational Research and Improvement. 1992.

附件七　20 世纪八九十年代各州终身
教师评价政策汇总表

州	评价政策描述	评价情况
阿拉巴马州	1988 年州教育厅强制要求实施教师评价，1991 年立法通过。州组织各界在经验研究的基础上建立了评价标准和"阿拉巴马州专业教育人事评价项目"（Alabama Professional Education-tion Personnel Evaluation Program）方案，其中包括：(1)自评；(2)课堂观察记录；(3)监管者评价表；(4)结构性的访谈；(5)专业发展和领导力总结 地方学区或采用州的评价措施，或建立自己的评价计划，但要经过州的审核，同时都要使用州的标准 州法要求最少实施 2 次课堂观察，并要求有观察前后的会议	州建立了 8 个维度的能力标准，26 项指标：(1)教学准备；(2)教学组织和实施；(3)评价学生的表现；(4)课堂管理；(5)积极的学习氛围；(6)沟通交流；(7)专业发展和领导力；(8)承担专业责任的情况 由当地教育局长任命的评价者必须完成 8—10 天的集中培训 评价结果用于制定专业发展计划，详细描述教师发展目标、专业活动、支持资源、评价方法，以及年中检查和年末考核
阿拉斯加州	职业激励项目法案（Career Incentive Program Act）要求根据州续聘规定的程序每年实施教师评价。地方学区制定评价标准	学区间差异很大 评价者必须具有州教育管理资格证书，并采用标准化的评价
亚利桑那州	州要求所有任教超过 3 年的教师每年接受总结性评价。学区制定评价工具 有些学区在开展职业阶梯实验项目，基于学生学习进展和教师教学上的表现和能力来确定教师的职业等级	州教育厅建议使用全州共同的标准，但是学区情况各异 学区根据法律或州的要求制定专门的评价措施，并由职业阶梯建议委员会（The Career Ladder Advisory Committee）和州教育厅来监管
阿肯色州	要求学区采用州 1985 年制定的政策，每年开展两次有计划的课堂观察（1 次正式的，1 次非正式的），并形成至少 1 个总结性年度评价报告，学区据此做出续聘决议。每次课堂观察后要开会沟通，其中形成性评价这一部分由课堂观察、反馈和书面改进计划组成	随机的课堂观察和正式的课堂观察不得少于 30 分钟。实施评价的管理者必须接受州教育厅的培训。学区可以在设计课堂观察预备表、观察表、职业发展计划以及需要支持的个人改进计划时增加要求 州组织研究团队所建立的标准由以下几个维度：(1)教学内容传授；(2)与学生及家长进行沟通；(3)学生参与度和批判性思维；(4)课堂管理及时间运用；(5)学习、自律、积极自我认识的氛围；(6)教学技术/媒介；(7)个体和文化差异；(8)计划。其中包括 42 个条目，118 项指标

州	评价政策描述	评价情况
加利福尼亚州	州要求每个学区都建立标准规范：(1)基于成绩标准的学生进展；(2)教学技术和策略；(3)与课程目标保持一致；(4)建立并保持学习环境 教师每两年评价一次。要为评价不合格的教师设立改进项目	学区情况各异
科罗拉多州	州法强制要求地方学区对所有教师实施表现评价，要求实施课堂观察，还要有根据评价发现的不足实施改进计划并进行书面总结。如果评价不合格，要求实施矫正计划	学区的评价标准和程序各异。州要求地方学区建立"学区人事表现评价咨询委员会"（Advisory School District Personnel Performance Evaluation Council），由 1 名教师、1 名管理者、1 名校长、1 名家长和 1 名非家长社区居民组成。州教育厅也设立类似的委员会，为地方学区提供咨询 评价者必须持有教育管理者资格证书，并完成州认可的 30 个小时的评价培训
康涅狄格州	1990 年州教育厅制定了评价政策。每个任教 3 年以上的教师每 3 年必须向州教育厅提交 1 份评价报告 州法要求地方学区建立"综合专业发展计划"（Comprehensive Professional Development Plan），将教师评价纳入其中（包括形成性评价和总结性评价） 州要求每个学区制定评价目标，将每个教师达成目标情况的书面评价结果归档	大部分学区根据州的评价标准框架和本州对高质量教学和学习结果的详细描述，来制定本地的教师评价标准 地方学区来任命评价者。州要求学区培训评价者，并向教师解释本学区的评价计划
特拉华州	1990 年,州政府强制要求实施终身教师评价。两年内要对教师做出 3 次形成性评价报告。每两年结束的时候,运用既包括描述性评价又包括等级评价的"特拉华表现评价系统"（Delaware Performance Appraisal System)做出总结性评价 学区要对终身教师实施 1 年 2 次的形成性评价和 1 次总结性评价。如果评价结果显示不合格或需要改进,就要制定个人改进计划	校长和副校长使用预备观察表（Pre-Observation Form)进行计划,运用课堂分析和表现评价（Lesson Analysis and Performance Appraisal)工具进行评价 州的评价标准细目基于教师和管理者委员会对有效教学或学校的研究而制定,包括以下几个方面：(1)教学计划；(2)课堂组织和管理；(3)教学策略；(4)师生互动；(5)学生评价；(6)相关责任。州还提供了 35 个评价案例
哥伦比亚特区	特区法律要求实施教师评价。"教育委员会和华盛顿教师工会联合委员会"（Joint Board of Education and Washington Teachers' Union Committee)制定评价目标。每学期要求实施 1 次课堂观察,招开 1 次会议,年中 1 次会议。用"教师评价进展工	校长和副校长（要求最低培训时数)评价教师 基于研究制定的评价工具包括以下几个维度：(1)教学任务；(2)管理；(3)教学情况；(4)专业责任 教师评价要记录三份表格：表 A（形成性的),记录课前会议、课堂观察和课后会

州	评价政策描述	评价情况
	具"（Teacher Appraisal Process instrument，TAP)评价所有教师	议；表B用于记录年中评价会议；表C用于年度总结性评价。教学支持者（部门主任或教学督导）制定改进计划
佛罗里达州	自1961年开始强制学区建立年度教师评价制度，并据此续聘教师。使用最广泛的总结性观察工具是"佛罗里达表现评价体系"（Florida Performance Measurement System，FPMS)，其中包括年度总结性评价表。由受过培训的2名管理者和1名同行教师组成的评价小组对照行为指标对教师实施评价	州法要求教师评价要"基于公正的教育原则和最新的有效教育实践的研究"。学区的评价表各异，但都包括法律要求的以下内容：课堂管理、学科知识、教学计划和教学实施能力、评估教学需求的能力。许多学区还增加了"专业责任" 州法要求对评价不合格的教师说明、解释评价结果，并给予充足的时间来提供支持，期间使用州认可的表现评价体系的形成性评价工具和观察表 大学研究者参与制定州标准。FPMS包括6个维度，86项指标，191项教师行为范例
佐治亚州	1989年开始实施"佐治亚教师评价项目"（Georgia Teacher Evaluation Program，GTEP)。法律要求对所有教师每年实施评价。评价者要接受培训，用州的评价工具找出教师不足，并制定专业发展计划。GTEP包括"佐治亚教师观察工具"（Georgia Teacher Observation Instrument，GTOI)和"教师职务职责工具"（Duties and Responsibilities Instrument，GTDRI)。要求教师接受这两种评价。教师每年的工资增长基于评价结果而定。地方教育管理者开展1年3次课堂观察，并给出总得分	GTOI包括以下内容：（1）教学实施；（2）鼓励学生并评价其进展；（3）管理学习环境。GTOI中只有1个形成性观察表 评价标准基于有效教学实践研究，并进行全州范围的实验，同时参考全州各类咨询组织的建议。佐治亚州立大学和佐治亚大学参与其中 教师接受支持时要制定书面的专业发展计划
夏威夷州	州要求依据"夏威夷教师评价项目"（Program for Assessing Teachingin Hawaii，PATH)对终身教师每两年实施1次等级评价。州教育委员会和州教育厅设定评价目标。课堂观察及会议频次自定	校长在接受评价培训的基础上将教师评为满意、存疑、不满意三个等级。教师得到满意以下的评价要停职 评价标准由州委托专业机构制定，包括1个必要目标和300个选择性目标
爱达荷州	州要求每年对教师进行评价，地方学区具体实施。从1980年开始要求对教师每两年进行1次总结性评价，并据此续聘	总体来看，学校管理者持评价表进行课堂观察，并记录相关问题，据此给予教师支持

州	评价政策描述	评价情况
伊利诺伊州	州法要求每两年至少开展一次基于课堂观察的总结性评价。评价程序有观课前会议、数据搜集(包括正式的、非正式的课堂观察),观察后会议,1次正式的总结性评价会议,确定教学技能改进目标 要求地方教育委员会遵守州的相关规定建立评价标准	许多学区采用"临床指导"方式开展评价。标准包括:(1)教学计划;(2)教学方法;(3)课堂管理;(4)所教学科能力;(5)专业责任 州提供了15项内容69个指标的评价标准 总结性评价等级包括:优秀、满意、不满意。一些学区用表格,一些学区用描述性文件 得到不满意评价的教师要参与为其1年的矫正项目,完成后被评价为满意继续执教,否则辞退
印第安纳州	州法要求公立学校将教师评价作为资格认证的一环。地方学区制定自己的评价计划	学区各异
爱荷华州	州要求学区(地方教育委员会)建立评价标准和实施程序	学区各异
堪萨斯州	州要求所有学区按照州的指导原则建立自己的评价体系。所有持教师资格证书的教师要在执教前两年每年接受两次评价,第三年和第四年每年接受1次评价,此后每3年接受1次评价。1次评价要进行两次课堂观察	学区各异
肯塔基州	终身教师每3年要有1份总结性评价报告	学区各异
路易斯安那州	1977年、1980年、1992年分别立法强制实施教师评价。要求每3年实施1次基于课堂观察的评价。州教育厅负责监督执行。3年中的两年可以基于教师的专业发展实施自我评价 学区要求课堂观察的次数各异 "路易斯安那有效教学标准"(Louisiana Components of Effective Teaching, LCET)参考了康涅狄格、佛罗里达、田纳西和德克萨斯等州的内容,包括教学计划、课堂管理、教学和专业发展(或专业责任)	州教育厅的指导文件要求学区使用"路易斯安那有效教学标准"。地方评价体系必须包括描述性的教学分析和评价,而不是简单的评级和填写评价表,还要包括专业发展和自我评估。年度评价是基于课堂观察、专业发展计划目标实现程度以及自我评价的综合性评估。一般的课堂观察包括校长或当地学区指定的评价者所实施的1次计划性观课和1次随机观课,必须包括观课会议。要为表现不达标或没能获得满意评价的教师提供支持
缅因州	州要求地方学区建立自己的评价体系	学区各异

州	评价政策描述	评价情况
马里兰州	州建议地方学区各自实施教师评价。地方学区运用州的资金来设计职业阶梯和教师评价体系	通常情况,校长用评价表来评价教师,但是学区的情况各异
马萨诸塞州	州没有教师评价的要求。"专业发展资金项目"(Professional Development Grant Program)和"霍拉斯·曼教师项目"(Horace Mann Teachers Program)已经关注到教师评价和发展	
密歇根州	没有相关规定	
明尼苏达州	州强制学区建立自己的评价体系	学区各异
密西西比州	州要求1年进行两次有计划的课堂观察,形成至少1次总结性评价报告	管理者来实施评价。不同学区措施各异
密苏里州	要求每3年形成1个总结性评价报告。州要求学区实施表现性评价。密苏里大学参与制定州的"基于表现的评价"(Performance Based Evaluation, PBE)标准框架 评价用于续聘、资格证书更新、专业发展,并作为职业阶梯计划的基础 地方学区来建立评价措施,但是必须使用PBE标准框架	PBE参考了佛罗里达、佐治亚和爱荷华州的标准,包括:(1)教学实践;(2)课堂管理;(3)人际关系;(4)专业责任。共有19个指标和99项内容 许多学区运用这一标准,PBE形成性评价包括目标设定、课堂观察、观课后会议、工作目标(支持计划);总结性评价部分包括表现等级评定,分不满意、达到标准和超出预期三级 一些学区每年评价教师,而其他学区教师2—3年评价一次。许多评价者,通常是管理者都要接受评价培训
蒙大拿州	州教育委员会要求地方学区根据资格认证标准建立自己的评价政策和措施	学区各异
内布拉斯加州	州法和州教育厅要求地方学区建立自己的评价体系,一般是目标导向的表现性评价	学区各异
内华达州	州法要求实施教师评价。学区必须向教育厅提交评价计划。每年至少每位教师形成1份总结性评价报告	学区各异
新罕布什尔州	州建议,但并不要求地方学区建立教师评价体系,也没有相关法规	

州	评价政策描述	评价情况
新泽西州	州法强制要求每年对教师进行评价（至少1次计划性的课堂观察）。要求全州所有学区都建立地方的评价体系。教育管理者和教师在开过年度总结会后，要形成书面的总结性评价报告	根据州法,学区管理者要在与教师组织协商的基础上建立评价政策和措施 每年的书面评价报告包括进步的方面、需要改进的方面、个人的专业发展计划（校长、学科专家和教师共同制定）、学生进步的指标、评价数据
新墨西哥州	州教育委员会强制实施年度"教师表现评价计划"（Teacher Performance Evaluation Plan)用于教师资格更新,具体包括以下内容：多次课堂观察、观察后会议、合作发展计划。管理者和教师合作建立专业发展计划 学区运用州的计划和程序,但是可以使用自己的评价工具。所有的学区都按照州的原则制定了教师评价计划,包括教师评价和发展计划	评价教师的校长和学科专家必须接受州"六项必备教学能力"（Six Essential Teaching Competencies)培训 "教师表现评价计划"包括以下6大领域的有效教学能力（31项内容和63个指标）：(1)与学生就教学内容进行专业的沟通；(2)与学生交流以促进学生的学习；(3)适当运用教学方法和资源；(4)鼓励学生参与、负责和发展批判性思维能力；(5)有效组织课堂充分利用教学时间；(6)建立积极学习、自我管理、发展自我意识的氛围
纽约州	"纽约州里根行动计划"（New York State Regents' Action Plan)强制地方学区建立和实施年度教师评价	学区来决定由谁来评价教师、评价的频率和标准
北卡罗莱纳州	州要求每年实施3次有计划的课堂观察,形成1份总结性评价报告,据此来决定续聘。尽管州建立了"表现性评价体系"（Performance Appraisal System),其中包括"职业发展计划"（Career Growth Plan),但仅供参考	学区选择性实施
北达科塔州	州法要求教师每年在3月15日前完成1次评价并形成书面报告,并据此做出资格更新、续聘的决策	各学区情况各异,但是一般是1名校长每年对教师进行1次课堂观察,并在与教师讨论的基础上撰写评价报告
俄亥俄州	州最低标准要求根据计划好的课堂观察和会议程序来评价持证教师。地方学区选择制定自己的评价工具和方法	学区各异
俄克拉荷马州	州强制实施年度评价,来决定教师是否续聘。要求学区基于"有效教学和管理表现最低标准"（Minimum Criteria for Effective Teaching and Administrative Performance) 来制定自己的评价标准	地方学区指定评价者。州要求所有的评价者参与培训。如果在评价中发现教师的问题,要给予支持 形成性评价的部分,各学区各有不同。总结性评价指标多来自对有效教学的研究

州	评价政策描述	评价情况
俄勒冈州	州法强制要求对终身教师每两年实施基于多次课堂观察的评价。教育厅实施了"俄勒冈优异计划"(Oregon Plan for Excellence)要求地方学区改进评价体系 要求学区委员会在协商校长和教师的基础上建立地方评价政策	州总体的指导原则要求学区评价包括以下组成部分：表现标准、评价前会谈、基于标准的书面评价，评价后会议。如果需要的话制定书面的支持计划。教师标准和实践委员会（Teacher Standards and Practices Commission)建议教师能根据学区的课程目标来设定教学目标，采用适合学生需要的教学内容，在教学中关注学生的发展和需要，能选择和使用促进学生学习的教学技术，并使学生在成绩上得到提高 在评价教师前，要求校长及副校长接受大学培训。评价者要有教学资格证书
宾夕法尼亚州	州法和州教育厅的政策要求对终身教师每学年至少进行1次课堂观察及观课后会议，形成1份总结性评价报告 学区可以使用州制定的"临时雇员/专业雇员评价表"(Temporary Employee/Professional Employee Rating Form)或州许可的地方建立的标准实施评价	由教育局长任命评价者 学区通常使用以下4个维度的州的标准来评价教师：（1）个性；（2）专业准备；（3）技术；（4）学生反应。上述4个维度的19项标准构成了"临时雇员/专业雇员评价表"的主要内容
罗德岛州	州没有要求。地方学区来确定评价政策和程序	学区各异
南卡罗莱纳州	终身教师每3年接受1次评价，至少包括2次课堂观察 地方学区要按照州教育厅有关评价内容、数据搜集程序、会议和评价结果使用的要求制定学区的评价计划 评价用于聘用决策	通过文献研究和全州调查，州制定了10个维度的标准。州还制定了评价程序供学区参考使用 州教育厅没有对评价者做出特殊规定，一般由校长实施。学区要培训所有评价者，来指导教师队伍的专业发展 学区评价工具各异，一般要检查教师的长期计划、书面短期计划（如课程计划）、课堂行为和教学能力
南达科塔州	法律要求每两年实施1次评价。地方学区必须建立自己的评价政策	教师通过协商来确定自己的评价计划。校长或管理者通常1年对教师进行1次课堂观察
田纳西州	州法和州教育厅强制实施教师评价。1987年开始实施差别薪资的职业阶梯项目，教师可以自愿参加。资格水平1面向具有4年教学经验，并通过学区至少两轮评价的教师，资格更新期为10年，第十年由州来更新其资格。资格水平2面向具有8年教学经	州法和州教育厅制定的标准包括：（1）教学计划；（2）教学策略；（3）学生评价；（4）课堂管理；（5）专业领导力；（6）基本的沟通能力。6个领域18个指标，92项评价内容

州	评价政策描述	评价情况
	验,在 10 年中通过两轮州的评价(3 次课堂观察)方能更新其资格。资格水平 3 要有 12 年教学经验,并通过州的评价 未参与职业阶梯项目教师必须 5 年内接受两次评价(2 次课堂观察) 尽管州有评价体系,学区也可以建立自己的评价体系,但是必须经过州的许可,使用州的能力标准。要求教师制定改进计划	地方管理者使用"州地方评价模型"(State Model for Local Evaluation)评价未参与职业阶梯项目的教师;两名州教师评价者和一名地方管理者(或三名州评价者)运用"职业阶梯评价体系"(Career Ladder Evaluation System)评价参与职业阶梯项目的教师。所有评价者都要接受培训。资格水平 2 和 3 的评价包括课堂观察、对话、校长问卷、专业发展总结、书面测验及学生问卷 地方学区评价也要包括专业发展计划和建议
德克萨斯州	1986 年实施了"德克萨斯教师评价体系"(Texas Teacher Appraisal System, TTAS),强制要求 1 年至少对教师实施 2 次课堂观察以确定续聘的职业等级。州教育厅确定评价目标和标准。授权学区实施形成性评价 根据 TTAS 还实施了职业阶梯项目。一些学区为职业阶梯项目设计了更加严格的表现标准,而其他学区被允许实施自己的评价体系	法律要求用同样的标准来评价所有教师。TTAS 关注以下维度的教学行为指标:教学策略、课堂管理和组织、学科知识传授、学习环境、专业发展和责任。上述维度参考了其他州的评价体系(特别是佐治亚州) 通常由校长、副校长、学区的教学主任来开展课堂观察。一些学区甚至聘请社会评价机构开展评价。大学会组织教师接受有关 TTAS 的培训
犹他州	州强制学区建立地方评价体系或运用已有的评价工具。州要求终身教师每年接受两次计划内的课堂观察 除了标准化的评价体系,州鼓励学区建立州资助的职业阶梯项目,但是必须按照州的方案修改其教师评价	学校管理者来评价教师。州没有一致的教师评价标准:一些学区使用"有效教学标尺"(Scales of Effective Teaching, SET),其他一些学区则采用"临床指导模式"(Clinical Supervision) 学区设计的职业阶梯项目必须按照 1984 年州法所制定的框架来实施
佛蒙特州	州建议学区实施教师表现评价,目的是为了改进教学工作和续聘。学区情况各异	通常由校长进行课堂观察,与教师开会沟通观察结果,撰写形成性和总结性评价报告。教师资格由同行委员会来更新。很多学区也开始实施档案袋评价
弗吉尼亚州	州强制学区基于"学校认可标准"(Standards for Accrediting Schools, SOA)建立教师评价体系以改进教学工作、进行教师续聘及资格认证。通常由校长、部门主任和学区教育官员制定评价措施 法律和州教育厅要求每两年至少开展 1 次总结性评价 形成性评价和总结性评价每两年 1 次可以合并实施	SOA 包括总体目标、教学和学生进步的指导原则 学区教育委员会决定形成性评价部分;校长或指定评价者与教师制定书面专业发展目标,通过课堂观察提供支持等方式,在分析学生成绩数据的基础上评价教师的教学质量 州的评价标准包括:计划、教学、评价、学科知识,沟通技能、营造积极的学习氛围和专业责任(共 23 个指标,89 项内容描述)

州	评价政策描述	评价情况
华盛顿州	法律和州教育厅政策要求所有教师至少接受两次有计划的课堂观察(每次时间不得少于 60 分钟),并形成 1 次总结性评价报告 强制学区建立专业发展项目(与续聘无关)来更新教师资格 依法对教师评价实验项目进行资助	校长及指定评价教师根据州法律要求在以下维度用最低标准实施评价:(1)教学技能;(2)课堂管理;(3)专业准备;(4)需要的教学改进;(5)学生纪律和出勤;(6)教学兴趣;(7)学科知识 要求每个学区的专业发展委员会使用至少 1 种以上信息来源辅助项目实施:同行、家长、学生评价,个体专业发展目标、学区目标、学校目标,自我评价、个人学术记录和学区评价。专业发展委员会必须包括资深教师、学区管理者、学校管理者等
西弗吉尼亚州	1992 年西弗吉尼亚教育委员会确定了评价标准,要求地方学区根据州的要求制定书面的教师评价措施 州要求对有 3—6 年经验的教师 1 年实施 1 次书面评价,包括时长至少为 30 分钟的 2 次课堂观察。如果之前的两次评价等级为满意,第七年的教师转为两年职业发展和评价周期制定了专业发展计划。给得到不满意评价的教师指定支持团队。总结性评价将作为人事决策的基础	一般由校长实施课堂观察 教师的表现标准由以下维度的行为指标构成:(1)学习项目;(2)课堂氛围;(3)教学管理;(4)学生进展;(5)沟通;(6)专业工作习惯。标准有的较为概括,如"能顺利地与其他同事沟通",也有较为详细的,如"使学生的单位时间任务效率最大化"
威斯康辛州	州要求学区建立评价体系。州法和教育厅的政策要求教师每 3 年接受 1 次评价	学区各异
怀俄明州	法律要求开展教师评价	学区各异

参考文献

一、中文著作

［1］［美］Joanne M. Arhar，Mary Louise Holly，Wendy C. Kasten. 教师行动研究：教师发现之旅［M］. 北京：中国轻工业出版社，2002.

［2］［英］阿尔玛·哈里斯，丹尼尔·缪伊斯. 教师领导力与学校发展［M］. 北京：北京师范大学出版社，2007.

［3］［德］安德烈亚斯·施莱克尔. 为21世纪培育教师和学校领导者——来自世界的经验［M］. 北京：北京大学出版社，2013.

［4］［美］安迪·哈格里夫斯. 专业资本：变革每所学校的教学［M］. 上海：华东师范大学出版社，2015.

［5］［美］安迪·哈格里夫斯. 知识社会中的教学［M］. 上海：华东师范大学出版社，2007.

［6］［英］勃朗特. 教师［M］. 上海：上海译文出版社，1990.

［7］［美］Charlotte Danielson. 教学框架——一个新教学体系的作用［M］. 北京：中国轻工业出版社，2005.

［8］［美］Charlotte Danielson，Thomas L. McGreal. 教师评价——提高教师专业实践力［M］. 北京：中国轻工业出版社，2005.

［9］［美］Charlotte Danielson. 学校改进之框架——提高学生成就［M］. 北京：中国轻工业出版社，2005.

［10］［美］夏洛特·丹尼尔森. 提升专业实践力：教学的框架［M］. 北京：教育科学出版社，2008.

［11］［美］凯瑟琳·麦克德莫特. 掌控公立学校教育：地方主义与公平［M］. 北京：教育科学出版社，2007.

［12］［美］大卫·萨德克，卡伦·齐托曼. 教师·学校·社会：我们该怎样思考和谈论教育［M］. 重庆：重庆大学出版社，2014.

［13］［美］丹·克莱门特·劳蒂. 学校教师的社会学研究［M］. 北京：人民教育出版社，2011.

［14］［美］Diane Hart. 真实性评价——教师指导手册［M］. 北京：中国轻工业出版社，2004.

［15］［美］Fred C. Lunenburg，Allan C. Ornstein. 教育管理学：理论与实践［M］. 北京：中国轻工业出版社，2003.

［16］［美］亨利·A. 吉鲁. 教师作为知识分子：迈向批判教育学［M］. 北京：教育科学出版社，2008.

[17] [美]亨利·A.吉鲁.教育与公共价值的危机——驳斥新自由主义对教师、学生和公立教育的攻击[M].北京：中国人民大学出版社,2016.

[18] [美]加布里埃尔.有效的教师领导手册[M].北京：教育科学出版社,2009.

[19] [美]James Nolan, Jr., Linda A. Hoover.教师督导与评价——理论与实践的结合[M].北京：中国轻工业出版社,2007.

[20] [美]James H. Stronge, Pamela D. Tucker, Jennifer L. Hindman.有效教师素质手册[M].北京：中国轻工业出版社,2007.

[21] [美]乔尔·斯普林.美国教育[M].合肥：安徽教育出版社,2010.

[22] [美]卡罗琳·J.斯奈德,米歇尔·阿克-霍切瓦尔.生活在混沌边缘：引领学校步入全球化时代[M].北京：教育科学出版社,2011.

[23] [加]卡伦·芒迪,凯西·比克莫尔,许美德.比较与国际教育导论：教师面临的问题[M].北京：教育学科出版社,2009.

[24] [美]卡尔·D.格里克曼,斯蒂芬·P.戈登.教育督导学：一种发展性视角(第六版)[M].北京：中国人民大学出版社,2014.

[25] 凯瑟琳·莫塞斯.教育管理的案例研究[M].北京：教育科学出版社,2010.

[26] [美]劳伦斯·阿瑟·克雷明.学校的变革[M].上海：上海教育出版社,1994.

[27] [美]雷蒙德·E.卡拉汉.教育与效率崇拜——公立学校管理的社会影响因素研究[M].北京：教育科学出版社,2011.

[28] [美]玛丽安·凯贞梅尔,盖尔·V.穆勒.发掘内在潜力：让教师成为教育家[M].黑龙江：黑龙江教育出版社,2016.

[29] 美国教育部中学后教育办公室.美国教师质量报告[M].北京：人民教育出版社,2014.

[30] [美]帕梅拉·格罗斯曼.专业化的教师是怎样炼成的[M].北京：人民教育出版社,2012.

[31] [美]皮尤.组织理论精粹[M].北京：中国人民大学出版社,1990.

[32] [美]理查德·迈·英格索.谁控制了教师的工作？美国学校里的权利和义务[M].上海：华东师范大学出版社,2009.

[33] [美]罗伯特·J.马扎诺.教学的艺术与科学：有效教学的综合框架[M].福州：福建教育出版社,2014.

[34] [美]罗伯特·J.马扎诺,詹尼弗·S.诺福德,戴安娜·E.佩恩特.有效的课堂教学手册[M].北京：教育科学出版社,2008.

[35] [美]斯黛菲.教师的职业生涯周期[M].北京：人民教育出版社,2012.

[36] [美]T.胡森,T.N.波斯尔斯韦特.教育大百科全书(8)·教学、教师教育[M],重庆：西南师范大学出版社,2011.

[37] [美]塔尔科特·帕森斯.社会行动的结构[M].译林出版社,2012.

[38] [美]托马斯·J.瑟吉奥万尼,保罗·凯莱赫.教育管理学(第五版)[M].北京：中国人民大学出版社,2014.

[39] [美]托马斯·J.赛吉奥万尼,罗伯特·J·斯特兰特.教育督导：重新界定[M].江苏：江苏教育出版社,2005.

[40] [美]苏珊·沙利文,杰佛里·格兰士.美国教学质量监管与督导[M].黑龙江：黑龙江出版社,2016.

[41] [美]唐纳德·R.克里克山克,德博拉·贝纳·詹金斯,金·K.梅特卡夫.教师指南[M].江苏教育出版社,2007.

[42] [美]约翰·I.古德莱得.一个称作学校的地方[M].上海:华东师范大学出版社,2014.

[43] [美]约翰·麦金太尔,约翰·奥黑尔.教师角色[M].北京:中国轻工业出版社,2002.

[44] [美]约翰·G.加布里埃尔.有效的教师领导手册[M].北京:教育科学出版社,2009.

[45] [美]韦恩·厄本,杰宁斯·瓦格纳.美国教育:一部历史档案[M].北京:中国人民大学出版社,2009.

[46] [美]韦恩·K.霍伊,塞西尔·G.米斯克尔.教育管理学:理论、研究与实践[M].北京:教育科学出版社,2007.

[47] [美]维托·佩.给教师的一封信:对学校教育和教学艺术的反思[M].北京:教育科学出版社,2009.

[48] 蔡敏.美国中小学教师评价及典型案例[M].北京:北京大学出版社,2009.

[49] 陈如平.效率与民主——美国现代教育管理思想研究[M].北京:教育科学出版社,2004.

[50] 高宣扬.当代社会理论[M].北京:中国人民大学出版社,2010.

[51] 陈如平.教育管理理论运动[M].北京:教育科学出版社,2012.

[52] 褚宏启.教育管理与领导[M].北京:教育科学出版社,2012.

[53] 傅道春.教师的成长与发展[M].北京:教育科学出版社,2001.

[54] 傅道春,李彤.教师工作的动力与效能[M].哈尔滨:黑龙江教育出版社,2002.

[55] 胡惠闵,王建军.教师专业发展[M].上海:华东师范大学出版社,2014.

[56] 洪明.美国教师质量保障体系历史演进研究[M].北京:北京师范大学出版社,2010.

[57] 教育部师范教育司.教师专业化的理论与实践[M].北京:人民教育出版社,2001.

[58] 孔祥发.发展性教师评价研究[M].黑龙江:黑龙江教育出版社,2012.

[59] 秦立霞.美国教师资格认证制度研究[M].北京:教育科学出版社,2010.

[60] 芦咏莉,申继亮.教师评价[M].北京:北京师范大学出版社,2012.

[61] 李珀.教学视导[M].台北:五南图书出版公司,1999年.

[62] 李华.当代教师领导力研究:理论基础与教师实践[M].广州:世界图书出版公司,2013.

[63] 李晶.有效教师[M].大连:辽宁师范大学出版社,2006.

[64] 李茵.教师眼中的教育专长:内隐理论取向的研究[M].北京:教育科学出版社,2008.

[65] 李子建,张善培.优化课堂教学:教师发展、伙伴协作与专业学习共同体[M].北京:人民教育出版社,2009.

[66] 梁红京.区分性教师评价[M].上海:华东师范大学出版社,2007.

[67] 刘捷.专业化:挑战21世纪的教师[M].北京:教育科学出版社,2002.

[68] 刘静.20世纪美国教师教育思想的历史分析[M].北京:北京师范大学出版社,2009.

[69] 陆鸿基,李伟合.教师工作的理论和方法[M].香港:广角镜出版社,1985.

[70] 孙河川.教师评价指标体系的国际比较研究[M].北京:商务印书馆,2011.

[71] 孙锦涛,罗建河.西方当代教育管理理论流派[M].重庆:重庆大学出版社,2008.

[72] 王斌华.发展性教师评价制度[M].上海:华东师范大学出版社,1998.

[73] 王斌华.教师评价:绩效管理与专业发展[M].上海:上海教育出版社,2005.

[74] 王定华.美国基础教育:观察与研究[M].北京:人民教育出版社,2016.

[75] 吴述尧.同行评议方法论[M].北京:科学出版社,1996.

[76] 严玉萍.中美教师评价标准比较研究[M].南京:南京师范大学出版社,2011.

[77] 赵勇,王安琳,杨文中.美国中小学教师[M].北京:北京师范大学出版集团,2008.

[78] 张元贵.发展性教师评价体系的实践探索[M].北京:社会科学文献出版社,2012.

[79] 张岚,杨国顺,朱坚.教育督导中的课堂教学评价 60 问[M].上海:华东师范大学出版社,2012.

[80] 周钧.美国教师教育理论与实践[M].北京:北京师范大学出版社,2015.

[81] 周钧.美国教师教育认可标准的变革与发展:全美教师教育认可委员会案例研究[M].北京:北京师范大学出版社,2009.

[82] 朱旭东.教师专业发展理论研究[M].北京:北京师范大学出版社,2011.

二、中文论文

[1] R. S. 索,G. M. 梅利,霍默·科克.美国教师评价方法中的弊病[J].外国教育资料,1986(1).

[2] 艾瑞克·A. 汉纳谢克.高质量教师的经济价值[J].教育学报,2013(4).

[3] 蔡敏,徐越.美国"追踪原因"的中小学教师评价模式[J].世界教育信息,2013(13).

[4] 蔡敏.美国"基于表现的教师评价"探析——以密苏里州为例[J].教育科学,2008(1).

[5] 蔡敏,冯新凤.美国密歇根州中小学教师评价探析[J].世界教育信息,2016(7).

[6] 蔡敏,周雪.美国教师评价改革新实践及其启示——以新泽西州为例[J].当代教育论坛,2015(4).

[7] 蔡永红.新教学观与教师评价[J].北京师范大学学报(社会科学版),2007(1).

[8] 曾德琪.美国教学督导的历史发展及其作用之演变[J].四川师范大学学报(社会学科版),1995(3).

[9] 陈柏华,徐冰鸥.发展性教师评价体系的构建——教师专业素养的视角[J].教育理论与实践,2006(5).

[10] 陈德云.美国基于标准的优秀教师认证评价开发研究[J].全球教育展望,2011(12).

[11] 陈科武.美国中小学教师评价及绩效工资管窥——以哥伦比亚公立学区 IMPACT 系统为例[J].教育测量与评价,2014(8).

[12] 陈孝大.临床指导技术与教师评价[J].教育研究与实验,1988(1).

[13] 陈玉琨.教师评价:假设、观察与对策[J].高等师范教育研究,1993(5).

[14] 陈昭民,赵士斌,李剑锋.通过授课质量调查评价教师教学效果[J].黑龙江高教研究,1982(3).

[15] 丁朝蓬,刘亚萍,李洁.新课程改革优质课的教学现场样态:教育学的行为分析视角[J].课程教材教法,2014(5).

[16] 段晓明. 美国教师评价政策的思维导向——基于政策文本的分析[J]. 中小学教师培训,2016(9).

[17] 杜育红. 教师评价:注重绩效,还是促进发展[J]. 教育理论与实践,2004(24):7.

[18] 冯翠典. 美国洛杉矶教师发展和评价框架(TDEF)简介[J]. 台州学院学报,2014(5).

[19] 冯翠典. 美国康涅狄格州教师评价和发展的"种子"系统简介[J]. 教育科学研究,2015(4).

[20] 傅建明. 美国教师评价的一个新模式[J]. 中小学管理,1988(5).

[21] 高益民. 改革开放与中国比较教育学三十年[J]. 清华大学教育研究,2008(6).

[22] 顾建民. 评价教师教学工作的背景因素[J]. 上海教育科研,1986(4).

[23] 管培俊. 我国教师队伍建设历程与展望[J]. 北京教育学院学报,2010(2).

[24] 郭碧坚,韩宇. 同行评议制——方法、理论、功能、指标[J]. 科学学研究,1994(3).

[25] 何茜,谭菲. 美国中小学教师评价改革的新尝试——印第安纳州"RISE 体系"评析[J]. 比较教育研究,2013(12).

[26] 河北师大化学系七二级再实践教学小组. 教师必须在三大革命实践中培养提高[J]. 河北师大,1975(3).

[27] 衡阳师范专科学校调查组. 按毛主席路线培养的学生质量就是好——衡东县三十八名衡阳师专毕业生的调查[J]. 湖南教育,1976(2).

[28] 侯定凯,万金雷. 中小学教师评价现状的个案调查——从促进教师专业发展的角度[J]. 教师教育研究,2009(9).

[29] 胡海建. 美国教师绩效评价与管理效能研究[J]. 中国成人教育,2012(20).

[30] 胡福贞. 失语与喧哗——教师评价实践中的话语现象分析[J]. 教育理论与实践,2002(12).

[31] 胡明铭,黄菊芳. 同行评议研究综述[J]. 中国科学基金,2005(4).

[32] 湖南省人民政府批转教育厅. 关于考核和整顿全省中小学教师队伍的报告[N]. 湖南政报,1981(10).

[33] 胡咏梅,施世珊. 相对评价、增值评价与课堂观察评价的融合——美国教师评价的新趋势[J]. 比较教育研究,2014(8).

[34] 黄冠. 美国明尼苏达州教师评价新模式及其启示[J]. 教育测量与评价,2016(11).

[35] 黄亚婷. 美国:改进教师评价制度,改善教师课堂教学[J]. 比较教育研究,2011(6).

[36] 孔令帅,胡慧娟. 美国"华盛顿州教师及校长评价项目"[J]. 教育测量与评价,2014(12).

[37] 李荷珍. 关于教师教学工作的评价[J]. 高等教育研究,1981(12).

[38] 李润洲. 复合型评价:教师评价的理性选择[J]. 中小学管理,2003(3).

[39] 李长吉,金丹萍. 个案研究法研究述评[J]. 常州工学院学报(社科版),2011(12).

[40] 李丽. 美国教师教学有效性评价研究的发展与启示[J]. 教师教育论坛,2015(8).

[41] 李俊,吴钢. 美国纽约州中小学教师工作绩效评价系统述评[J]. 教育测量与评价,2013(5).

[42] 李松丽,张珊. 美国"以过程为核心"的教师评价体系及启示[J]. 教学与管理(理论版),2015(30).

[43] 李双飞,李双雁. 美国弗吉尼亚州教师表现性评价标准及其特点[J]. 教育测量与评价,2015(5).

［44］李双雁,李双飞.美国北卡罗来纳州教师评价体系及其特点[J].教育测量与评价,
2011(6).

［45］李文岩.美国教师专业成长与评价计划的新模式[J].教学与管理(理论版),2013
(5).

［46］李欣.美国州级教师评价标准开发之透视——以"佐治亚州优秀教师标准框架"为例
[J].教育测量与评价,2011(3).

［47］李振志,苏正身,关永深,孙宝志.对教师教学工作质量评价的初探[J].辽宁高等教
育研究,1983(3).

［48］刘翠航.当前美国教师队伍困境及联邦政府政策解读[J].外国教育研究,2014(5).

［49］刘芳.美国教师同行评价动态[J].基础教育参考,2003(10).

［50］刘漆佳.美国康涅狄格州教师评价体改革之特点[J].现代中小学教育,2015(8).

［51］刘淑杰,谢巍.美国中小学校长在教师评价中的作用及面临的挑战[J].教育测量与
评价,2016(5).

［52］刘振忠.美国肯塔基州中小学教师评价标准探析[J].教学与管理,2011(7).

［53］柳国辉.美国中小学教师绩效评价改革及启示[J].集美大学学报,2014(3).

［54］柳国辉,谌启标.新世纪美国教师评价政策的改革动向及特点分析[J].外国中小学
教育,2014(10).

［55］蒙万融,李楼瑞.怎样评价教师的教学效果[J].高等教育研究,1983(1).

［56］穆丽媛,赵娜.美国教师表现性评价的最新进展及其启示[J].世界教育信息,2013
(3).

［57］倪炳兴.浅议教师工作评价[J].中小学管理,1990(S1).

［58］欧本谷,刘俊菊.多元教师评价主体分析[J].重庆大学学报(社会学科版),2004
(10).

［59］彭文怡.教师教学工作评价初探(上)[J].上海教育科研,1985(6).

［60］让-帕斯卡尔·达洛兹.政治代表如何赢得合法性:一种符号学研究方法[J].国际
社会科学杂志(中文版),2010(3).

［61］认真做好学期总结工作[J].江苏教育,1953(14).

［62］阮龙培.论教师成就、评价与教师主体意识[J].上海教育科研,1991(3).

［63］陕西省各县(市)小学员工待遇及公杂教育费暂行标准[N].陕西政报,1950 - 04 -
06.

［64］孙炳海,申继亮.美国教师评价的发展历程与评价模型研究述评[J].比较教育研究,
2009(5).

［65］孙翠香,范国睿.教师评价政策:美国的经验和启示——以美国中西部地区教师评
价政策为例[J].全球教育展望,2013(3).

［66］田莉.美国密苏里州中小学教师绩效评价的主要经验及启示[J].外国中小学教育,
2012(11).

［67］吴新根.美国PAR教师评价项目述评[J].天剑教科院学报,2007(6).

［68］王保义.师范生失业——高等师范院校改革与发展面临的新课题[J].黑龙江高教研
究,2001(1).

［69］王斌林.教师评价方法及其适用主体分析[J].教师教育研究,2005(1).

［70］王芳亮、道靖.高校教师同行评价有效性的影响因素及路径选择[J].当代教育科学,

2012(11).

[71] 王景英,梁红梅,朱亮. 理解与对话：从解释学视角解读教师评价[J]. 外国教育研究,2003(8).

[72] 王景英,梁红梅. 当前美国中小学教师评价的特点及其启示[J]. 外国教育研究,2002(9).

[73] 王凯,张文华. 英国基础教育教师评价制度改革评鉴[J]. 外国教育研究,2006(12).

[74] 王慧. 美国中小学教师评价及奖惩[J]. 天津市教科院学报,2015(3).

[75] 王佩璐. 美国加利福尼亚州教师表现性评价系统探究——基于 CalTPA 手册的研究[J]. 武汉工程职业技术学院学报,2016(6).

[76] 王文静,赵希斌. 新课程实施中的教师评价改革[J]. 中小学管理,2003(7)：10.

[77] 王维臣. 绩效制背景下美国教师评价的改革及其启示[J]. 外国中小学教育,2011(10).

[78] 王小飞. 英国教师评价制度的新进展——兼 PRP 体系计划述评[J]. 比较教育研究,2002(3).

[79] 肖毅,高军. 当代教师评价标准微探[J]. 教育探索,2008(3).

[80] 项聪. 美国教师评价的发展历程与最新改革动向[J]. 外国教育援救,2006(9).

[81] 谢安邦,李晓. 电子档案袋在教师评价中的应用[J]. 全球教育展望,2005(11).

[82] 谢倩,王斌华. 教师评价实践：美国的经验和启示[J]. 黑龙江高教研究,2009(8).

[83] 许高厚. 论教师评价[J]. 许昌师专学报(社会科学版),1985(4).

[84] 许洁英,苏丹兰. 美国教师教育改革的中心转移及其对我国的启示[J]. 教育科学研究,2009(5).

[85] 许涛. 我国教师队伍建设的基本现状与政策措施[J]. 北京教育,2013(8).

[86] 严玉萍. 美国中小学教师同行评价研究的新进展[J]. 外国教育研究,2008(7).

[87] 杨向东. "课堂观察"的回顾、反思与建构[J]. 上海教育科研,2011(11).

[88] 叶平. 教师工作评价指标体系设计的群决策实践[J]. 教育科学,1991(2).

[89] 殷凤. 美国教师质量的评价指标及分析[J]. 现代中小学教育,2011(3).

[90] 余承海,程晋宽. 竞争、合并、合作：全美教育协会和美国教师联盟的演进与启示[J]. 当代教师教育,2015(3).

[91] 曾琳. 中小学教师评价：美国 McREL 的评价模式[J]. 外国教育研究,2015(3).

[92] 张富荣,邸克江. 学生评价教师课堂授课的可靠性分析[J]. 医学教育,1992(12).

[93] 张其志. 对发展性教师评价的审视与思考——与王斌华教授商榷[J]. 教育研究与实验,2005(1).

[94] 张守波. 通过教师评价引领教师走向卓越——美国密苏里州《中小学示范教师标准》述评[J]. 外国中小学教育,2014(9).

[95] 赵德成. 美国加州教师表现性评价方案及其启示[J]. 外国教育研究,2010(5).

[96] 赵希斌. 国外发展性教师评价的发展趋势[J]. 比较教育研究,2003(1).

[97] 赵鑫,杨金凤. 美国中小学教师同伴协助与评价项目述评[J]. 现代中小学教育,2015(8).

[98] 中共南京市白下区委宣传部. 政治与业务关系的一场大讨论[J]. 人民教育,1966(4).

[99] 周成海,靳涌韬. 美国教师评价研究的三个主题[J]. 外国教育研究,2007(1).

[100] 周鸿印.高等学校教师教学水平的评价问题[J].水利电力高教研究,1985(2).
[101] 周敏生.校长对教师评价的方法和原则[J].江西教育,1990(Z1).
[102] 周燕,边玉芳.美国教师效能增值评价研究与应用进展[J].全球教育展望,2011(10).
[103] 朱东华.全面认识教师的劳动特点,实行科学评价和综合管理[J].教育科学,1991(2).
[104] 卓锋.美国加州教师表现性评价系统(PACT)探析[J].教育测量与评价,2013(12).

三、学位论文

[1] 郭志明.美国教师专业规范历史研究[D].北京:北京师范大学,2004.
[2] 韩玉梅.美国中小学教师评价政策研究[D].重庆:西南大学,2014.
[3] 李小艳.美国教育督导制度的历史发展研究[D].成都:四川师范大学,2010.
[4] 梁红京.区分性教师评价制度研究[D].上海:华东师范大学,2004.
[5] 卢谢峰.教师效能的测评结构、人格因素及作用机制[D].北京:北京师范大学,2007.
[6] 陆如萍.丹尼尔森教师评价体系构建及应用研究[D].上海:上海师范大学,2006.
[7] 庞威.美国中小学增值性教师评价研究[D].重庆:西南大学,2009.
[8] 曲霞.美国教师师徒制研究[D].北京:北京师范大学,2014.
[9] 王斌华.发展性教师评价制度研究[D].上海:华东师范大学,1999.
[10] 王学璐.美国教师集体谈判发展研究[D].保定:河北大学,2015.
[11] 严玉萍.中美教师评价的比较研究[D].上海:华东师范大学,2008.
[12] 赵英.美国教师质量问责理论及其实践的研究[D].北京:北京师范大学,2015.

四、英文著作

[1] ABBOTT A. The system of professions: an essay on the division of expert labor [M]. Chicago, IL: University of Chicago Press, 1988.
[2] ACHESON K A. Clinical supervision and teacher development: preservice and inservice applications [M]. New York, NY: Wiley, 2003.
[3] ANDERSON L W, BURNS R B. Research in classrooms: the study of teachers, teaching and instruction [M]. Oxford: Pergamon Press, 1989.
[4] ARNESEN E. Encyclopedia of U. S. Labor and working-class history [M]. London: Taylor & Francis. 2007.
[5] BAGLEY W C. Classroom management: its principles and technique [M]. London: The Macmillan Co. , 1907.
[6] BARR A S. An introduction to the scientific study of classroom supervision [M]. New York, NY: Appleton, 1931.
[7] BASS A S. Characteristic differences in the teaching performance of good and poor teachers of the social studies [M]. Bloomington Iillinois: Public School Publishing Company, 1929.
[8] BERLINER D C. Expertise: the wonder of exemplary performances [M]. // MANGIER J N, BLOCK C C. Creating powerful thinking in teachers and students.

Fort Worth, TX: Harcourt Brace, 1994.

[9] BLUMENFEID S L. NEA: Trojan horse in American education [M]. Boise Idaho: The Paradigm Company, 1984.

[10] BOBBITT A E. Some general principles of management applied to the problems of city-school systems [M]. //The twelfth yearbook of the National Society for the Study of Education, Part I, the supervision of city school. Chicago, IL: University of Chicago Press, 1913.

[11] BOYCE A C. Methods of measuring teachers' efficiency [M]. Chicago, IL: University of Chicago Press, 1915.

[12] BRENNER A, DAY B, NESS I. Encyclopedia of strikes in American history [M]. New York: M. E. Sharpe, Inc. , 2009.

[13] CARR-SAUNDERS A M, WILSON P A. The professions [M]. Oxford: Clarendon Press, 1933.

[14] COGAN M. Current issues in the education of teacher [M]. //KEVIN R. The 74th yearbook of the National Society for the Study of Education. Chicago IL: University of Chicago Press, 1975.

[15] COGAN M L. Clinical supervision [M]. Boston, MA: Houghton Mifflin, 1973.

[16] COPPOLA A J, DIANE B S. Supportive supervision: becoming a teacher of teachers [M]. Thousand Oaks, CA: Corwin Press, 2004.

[17] DARLING-HAMMOND L, BRANSFORD J. Preparing teachers for a changing world: what teachers should learn and be able to do [M]. San Francisco, CA: Jossey-Bass, 2005.

[18] DARLING-HAMMOND L. Getting teacher evaluation right: what really matters for effectiveness and improvement [M]. New York, NY: Teachers College, Columbia University, 2013.

[19] Department of Education, The City of New York. The teacher's handbook: a guide for use in the schools of the city of New York [M]. Honolulu, Hawaii: World Public library Association, 1921.

[20] DICKEY F G. Supervision in Kentucky [M]. Lexington, KY: University of Kentucky, 1948.

[21] DUKE D L. Teacher evaluation policy: from accountability to professional development [M]. New York, NY: State University of New York Press, 1995.

[22] ELSBREE W S. The American teacher [M]. New York, NY: American Book Company, 1939.

[23] EVANS A, TOMLINSON J. Teacher appraisal: a national wide approach [M]. London: Jessica, 1989.

[24] GOLDHAMMER R. Clinical supervision [M]. New York, NY: Holt, Rinehart and Winston, Inc. , 1969.

[25] GOLDSBERRY L. Colleague consultation: supervision augmented [M]. //RUBIN L. Critical issue in educational policy: an administrator's overview. Boston, MA: Allyn and Bacon, 1980.

[26] GOLDSTEIN J. Peer review and teacher leadership: link professionalism and accountability [M]. New York, NY: Teacher College Press, 2010.

[27] GOOD T L, Teachers make a difference [M]. New York, NY: Holt, Rinehart and Winston, 1975.

[28] HALL J W. Supervision of beginning teacher in cincinnati [M]. Chicago, IL: University of Chicago Press, 1913.

[29] HARGREAVES A. BOYLE A. Uplifting Leadership: How Organizations, Teams, and Communities Raise Performance [M]. San Francisco, CA: Jossey Bass, 2014.

[30] HOUSE R E. School evaluation: The politics and process [M]. Berkeley, CA: McCutchan Publishing, 1973.

[31] HOWSAM R B. Who's a good teacher? problems and progress in teacher evaluation [M]. Burlingame, CA: California Teachers Association, 1960.

[32] HUGHES E C. Men and their Work [M]. Westport, CT: Greenwood Press, Inc. , 1981.

[33] HUMPHREY D C, KOPPICH J E, BLAND J A. Peer review: getting serious about teacher evaluation [M]. Menlo Park, CA: SRI International and Koppich & Accociates, 2011.

[34] INGERSOLL R M. Who controls teachers' work?: Power and Accountability in America's schools [M]. Boston, MA: Harvard University Press, 2006.

[35] JACOB B, LEFGREN L. When principles rate teachers [M]. Stanford, CA: The Board of Trustees of Leland Stanford Junior University, 2006.

[36] JASON M, DARLING-HAMMOND L. The new handbook of teacher evaluation: assessing elementary and secondary school teachers [M]. Newbury Park, CA: Sage Publication, 1996.

[37] LARSON M S. The rise of professionalism: a sociological analysis [M]. Berkeley, CA: University of California Press, 1977.

[38] LAWRENCE C E, VACHON M K. The marginal teacher: a step-by-step guide to fair procedures for identification and dismissal [M]. London: Corwin Press, Inc. 2001.

[39] LIEBERMAN M. Teachers evaluating teachers: peer review and the new unionism [M]. New Brunswick NJ: Transaction Publishers, 1998.

[40] MARTINEZ J E. How do we relate to teachers as revolutionaries in a system that evaluates them [M]. //O'HARA K E. Teacher evaluation: the charge and the challenges. New York, NY: Peter Lang Publishing, Inc. , 2015.

[41] MILLMAN J, DARLING-HAMMOND L. Teacher evaluation: assessing elementary and secondary school teachers [M]. Newbury park, CA: Corwin press, Inc, 1990.

[42] MILLMAN J, DARLING-HAMMOND L. The new handbook of teacher evaluation: assessing elementary and secondary school teachers [M]. Newbury park, CA: Corwin Press, 1990.

[43] MRASHALL K. Rethinking teacher supervision and evaluation: how to work

smart, build collaboration, and close the achievement [M]. San Francisco, CA: Jossy-Bass, 2013.

[44] NEWLON J H. Educational administration as social policy [M]. San Francisco, CA: Charles Scribner's Sons, 1934.

[45] NOLAN J F. Teacher supervision and evaluation: theory into practice [M]. Hoboken, NJ: John Wiley, 2013.

[46] O' HARA K E. Teacher evaluation: the charge and the challenges [M]. New York, NY: Peter Lang Publishing, Inc. , 2015.

[47] PETERSON C H. A century's growth in teacher evaluation in the United State [M]. New York, NY: Vantage Press, 1982.

[48] PETERSON P. Choice and competition in american education [M]. Lanham, MD: Rowman & Littlefield, 2006.

[49] POPHAM W J. Designing teacher evaluation systems: a series of suggestions for establishing teacher assessment procedures as required by the Stull Bill (AB293) California Legislature [M]. Los Angeles, CA: The Instructional Objeetives Exchange, 1971.

[50] REDFERN G B. How to evaluate teaching: A performance objective approach [M]. Worthington, Ohio: School Management Institute, Inc. , 1972.

[51] REIMAN A. Mentoring and supervision for teacher development [M]. New York, NY: Longman, 1998.

[52] ROCKOFF J, SPERONI C. Subjective and objective evaluations of teacher effectiveness [M]. New York, NY: Columbia University, 2010.

[53] SERGIOVANNI T J. Moral authority and the regeneration of supervision[M]. // GLICKMAN C D. Supervision in transition. Alexandria VA: Association for Supervision and Curriculum Development, 1992.

[54] SERGIOVANNI T J. Rethinking leadership: a collection of articles [M]. Thousand oaks, CA: Corwin Press, 2007.

[55] SMYTH W J. Teachers as collaborative learners: challenging dominant forms of supervision [M]. Philadelphia, PA: Open University Press, 1991.

[56] STIGGINS R, DUKE D. The Case for commitment to teacher growth: research on teacher evaluation [M]. Albany, NY: State University of New York Press, 1988.

[57] SULLIVAN S, GLANZ J. Supervision that improve teaching and learning: Strategies and techniques [M]. Thousand Oaks, CA: Corwin Press, 2013.

[58] SUSAN V. Comprehensive mentoring programs for new teachers: models of induction and support [M]. Thousand Oaks, CA: Corwin Press, 2009.

[59] TANNER D, TANNER L N. Supervision in education: problems and practice [M]. New York, NY: Macmillan, 1987.

[60] TAWNEY R H. The acquisitive society [M]. New York, NY: Hartcourt, Brace and Co. , 1920.

[61] VILLANI S. Comprehensive mentoring programs for new teachers: models of induction and support [M]. Thousand Oaks, CA: Corwin Press, 2009.

[62] WEISBERG D, SEXTON S, MULHERN J. The widget effect: Our national failure to acknowledge and act on differences in teacher effectiveness [M]. Brooklyn, NY: The New Teacher Project, 2009.

[63] WOOD W C. An analysis of the laws relating to tenure and salaries of teachers [M]. Los Angeles, CA: Hardpress Publishing, 2013.

五、外文学位论文

[1] BASILIO E L. Veteran teacher perceptions of Peer Assistance and Review: is it a viable alternative to traditional teaching evaluation? [D]. University of San Diego, 2002.

[2] ELLIS D. Principal's perspectives on PAR as an effective tool for improving teachers' instructional practices [D]. University of La Verne, 2011.

[3] FIARMAN S E. Teachers leading teachers: the experiences of peer assistance and review consulting teachers [D]. Harvard University, 2009.

[4] HUTCHISON C. Teacher union and district management collaboration for school reform: a multi-case study [D]. University of Wisconsin Madison, 2007.

[5] JANCIC M. Teacher evaluation and the implementation of Peer Assistance and Review(PAR) with non-tenured teachers in California: a case study [D]. University of California, Santa Barbara, 2004.

[6] JONES D R. Bring teacher assistance and evaluation up to PAR: first-year teachers' responses to supervision in peer assistance and review [D]. University of Maryland, College Park, 2004.

[7] KATZ B. District-union collaboration on teacher evaluation reforms [D]. The Pardee RAND Graduate School, 2015.

[8] KNIGHT P J. Teachers as leaders: a descriptive study of the peer assistance and review consultant teacher leaders [D]. Ohio State University, 1990.

[9] MUNGER M S.. Share responsibility for teacher evaluation: a cross-site study of principal's experiences in peer assistance and review programs [D]. Harvard University, 2012.

[10] PEYTON V A. Peer assistance and review in the public schools from the Rossier school of education [D]. University of Southern California, 2003.

[11] QAZILBASH E K. Peer Assistance and Review: a cross-site of labor-management collaboration required for program success [D]. Harvard University, 2009.

[12] SCHNEIDER G E. Mandated mentoring: identifying a conceptual framework for consulting teachers in California's Peer Assistance and Review(PAR)program [D]. University of California, Los Angeles, 2006.

六、外文期刊论文和报告

[1] ANDERSON E M, SHANNON A L. Toward a conceptualization of mentoring [J]. Journal of teacher education, 1988(1).

[2] ANDERSON E W. teacher tenure: analysis and appraisal by National Education

Association, Committee on Tenure, Academic Freedom [J]. Educational research bulletin, 1949(3).

[3] BAILEY S K. Political coalitions for public education [J]. Daedalus, 1981.

[4] BAKER E L, BARTON P E, DARLING-HAMMOND L. Problems with the use of student test scores to evaluate teachers [R]. Washington, DC: Economic Policy Institute, 2010.

[5] BARR A S, BRANDT W J. Teacher tenure [J]. Review of educational research, teacher personnel, 1946(3).

[6] BARR A S, EUSTICE D E, NOE E J. The measurement and prediction of teacher efficiency [J]. Review of educational research, 1955(3).

[7] BARR A S, JONES R E. The measurement and prediction of teacher efficiency [J]. Review of Educational Research, 1958(3).

[8] BARR A S, Problems associated with measurement and prediction of teacher success [J]. The journal of education research, 1958(9).

[9] BARR A S, REPPEN N O. The attitude of the teacher toward supervision [J]. The journal of experimental education, 1935(4).

[10] BARR A S. Scientific analyses of teaching procedures [J]. The journal of educational method, 1925(4).

[11] BARR A S. The evaluation and prediction of teaching efficiency [J]. The journal of educational research, 1947(9).

[12] BOYCE A C. Qualities of merit in secondary school teachers [J]. Journal of educational psychology, 1912(3).

[13] BROWN E L. The teacher tenure battle: incompetence versus Job Security [J]. The clearing house, 1982(2).

[14] BRUCE R F, HOEHN L. Supervisory practice in Georgia and Ohio [R]. Hollywood, FI: Annual Meeting of the Council of Professors of Instructional Supervision, 1980.

[15] CHASE B. The new NEA: reinventing the teacher unions for a new era [N]. Vital speeches of the day, 1997 - 04 - 01.

[16] CHRIS P. Merit pay/master teacher plans attract attention in the States [J]. Phi Delta Kappan, 1983(3).

[17] COGAN M. Toward a definition of profession [J]. Harvard educational review, 1953(XXIII).

[18] COLEMAN J S. Equality of educational opportunity [R]. Washington DC: Government Printing Office, 1966.

[19] DARLING-HAMMOND L, AMREIN-BEARDSLEY A, HEARTEL E. Evaluating teacher evaluation [J]. Phi Delta Kappan, 2012(6).

[20] DARLING-HAMMOND L, BULLMASTER M, COBB V. Rethinking teacher leadership through professional development schools [J]. Elementary school journal, 1995(1).

[21] DARLING-HAMMOND L. Changing conceptions of teaching and teacher

development [J]. Teacher education quarterly, 1995(4).

[22] DARLING-HAMMOND L. Doing what matter most: investing in quality teaching [R]. New York NY: National Commission on Teaching and America's Future, 1997.

[23] DARLING-HAMMOND L, SCLAN E M. Beginning teacher performance evaluation: an overview of state policies [R]. Washington, DC: Office of Educational Research and Improvement, 1992.

[24] DARLING-HAMMOND L. When teachers support and evaluate their peers [J]. Educational leadership, 2013(2).

[25] DAVIS D R. History and summary analyses of articles published in the Journal of personnel evaluation in education: documenting the first twelve years [J]. Journal of personnel evaluation in education, 1999(1).

[26] DICKEY F G. What are good teachers worth? [J] The Phi Delta Kappan 1954(4).

[27] DOMAS S J, TIEDEMAN D V. Teacher competence: an annotated bibliography [J]. The journal of experimental education, 1950(12).

[28] DONALDSON M L, JOHNSON S M, KIRKPATRICK C. Angling for access, bartering for change: how second stage teachers experience differentiated roles in schools [J]. Teachers college record, 2008(5).

[29] DRUMMOND H W. Involving the teacher in evaluation [J]. The national elementary principal, 1973(2).

[30] DUKE D L. Developing teacher evaluation systems that promote professional growth [J]. Journal of personnel evaluation in education, 1990(4).

[31] EDMONON J. B. Assisting the new teacher [J]. National association of secondary-school principals, 1954(1).

[32] FURTWENGLER C B. Beginning teachers programs: analysis of state actions during the reform era [J]. Education policy analysis archives, 1995(3).

[33] FURTWENGLER C B. State action for personnel evaluation: analysis of reform Policies, 1983–1992[J]. Education policy analysis archives, 1995(4).

[34] GANNSTON S, BARTELL C. New teacher success: you can make a difference [R]. Riverside, CA: County Office of Education, California Department of Education and Commission on Teacher Credentialing with the California New Teacher Project, 1991.

[35] GARMAN N B. Reflection, the heart of clinical supervision: a morden rationale for professional practice [J]. Journal of curriculum and supervision, 1986(1).

[36] GARMSTON R J. How administrator support peer coaching [J]. Education leadership, 1987(5).

[37] GARY T. A typology for the case study in social science following a review of definition, discourse, and structure [J]. Qualitative inquiry, 2011(6).

[38] GOLDHABER D. BREWER D. Does certification matter? High school teacher certification status and student achievement[J]. Educational evaluation and policy analysis, 2000(2).

［39］ GOLDSTEIN J. Making sense of distributed leadership: the case of peer assistance and review ［J］. Educational evaluation and policy analysis, 2004(2).

［40］ GOLDSTEIN J, NOGUERA P A. A thoughtful approach to teacher evaluation ［J］. Educational leadership, 2006(6).

［41］ HANUSGEK A E, KAIN J F, RIVKIN S G. Why public schools lose teachers ［J］. Journal of human resources, 2004(2).

［42］ HANUSGEK A E, RIVKIN S G. The distribution of teacher quality and implications for policy ［J］. Annual review of economics, 2012(4).

［43］ HANUSGEK A E. The economic value of higher teacher quality ［J］. Economics of education review, 2011(3).

［44］ HANUSHEK A E. Teacher characteristics and gains in student achievement: estimation using micro-data ［J］. American economic review, 1971(2).

［45］ HART A W. A career ladder's effect on teacher career and work attitudes ［J］. American educational research journal, 1987(4).

［46］ HEIDA H. Teacher certification system: policy brief ［R］. Honolulu, HI: Pacific Resources for Education and Learning, 2006.

［47］ HOUSTON P D. NCLB: Dreams and nightmares ［J］. The Phi Delta Kappan, 2005 (6).

［48］ INGERSOLL R. Teacher turnover, teacher shortages, and the organization of schools ［J］. American educational research journal, 2001(3).

［49］ JENNINGS J L, BEARAK J M. "Teaching to the test" in the NCLB era ［J］. Educational researcher, 2014(8).

［50］ JOHNSON S M, FIARMAN S E. The potential of peer review ［J］. Educational leadership, 2012(3).

［51］ JONES H M. Orienting new faculty members: "helping teacher" plan of webster high ［J］. The Clearing house, 1953(7).

［52］ JONE S W. Teachers-as-collaborators in clinical supervision: cooperative learning about teaching ［J］. Teacher education, 1984(4).

［53］ KRONICK D A. Peer review in 18th century scientific journalism ［J］. Journal of the american medical association, 1990(10).

［54］ KRUEGER J M. A top-down approach for collateral evaluation: review of teacher peer assistance and review and mentoring programs for new teachers: models of induction and support ［J］. Journal of teacher education, 2004(5).

［55］ KUPERMINTZ H. Teacher effects and teacher effectiveness: a validity investigation of the Tennessee Value Added Assessment System ［J］. Educational evaluation and policy analysis, 2003(3).

［56］ LAMBERT S M. Beginning teachers and their education ［J］. Journal of teacher education, 1956(7).

［57］ LAWRENCE Dal. The Toledo plan for peer evaluation and assistance ［J］. Education and urban society, 1985(3).

［58］ LEEPER R R. Supervision: emerging profession ［R］. Washington, DC:

Association for Supervision and Curriculum Development, 1969. //SULLIVAN S, GLANZ J. Supervision that improve teaching and learning: strategies and techniques (4th). Thousand Oaks, CA: Corwin Press, 2013.

[59] LITTLE J W. Teachers' professional development in a climate of education reform [J]. Education evaluation and policy analysis, 1993(2).

[60] LITTLE O, GOE L, BELL C. A practical guide to evaluating teacher effectiveness [R]. Washington, DC: National Comprehensive Center for Teacher Quality, 2009.

[61] LIVINGSTON C, BORKO H. Expert-novice differences in teaching: a cognitive analysis and implication for teacher education [J]. Journal of teacher education, 1989 (4).

[62] LOUP K. S, GARLAND J S. Ten years later: findings from a replication of a study of teacher evaluation practices in our 100 largest districts [J]. Journal of personnel evaluation, 1996(10).

[63] MACDONAL B, WALKER R. Case Study and the social philosophy of educational research [J]. Cambridge journal of education, 1975(5).

[64] MARSCHNER R, COCHRANE J. Effective practices of 48 schools: fewer nightmares for the beginning teacher [J]. The clearing house, 1952(9).

[65] MARSHALL K. Fine-tuning teacher evaluation [J]. Educational leadership. 2012 (3).

[66] MARSHALL R. The case of collaborative school reform: the Toledo experience [R]. Washington, DC: Economic Policy Institute, 2008.

[67] MARZANO R J. Teacher evaluation: What's Fair? What's Effective? [J]. Educational leadership, 2012(3).

[68] MASTAIN R. K. NASDTEC manual. Support systems for beginning teachers [R]. Sacramento, CA: National Association of State Directors of Teacher Education and Certification, 1988.

[69] MCCAFFREY D F, LOCKWOOD J R, KORETZ D M. Evaluating value-added models for teacher accountability [R]. Santa Monica, CA RAND Corporation, 2003.

[70] MCKENNA B H. Teacher evaluations: Some Implications [J]. Today's education, 1973(2).

[71] MERIAM J L. The apprentice and the potential teacher [J]. The Phi Delta Kappan, 1938(5).

[72] OGAWA R T, BOSSERT S T. Leadership as an organizational quality [J]. Educational administration quarterly, 1995(2).

[73] PETERSON K. D, CHENOWETH T. School teachers' control and involvement in their own evaluation [J]. Journal of personnel evaluation in education, 1999(6).

[74] POPHAM W. J. California's precedent-setting teacher evaluation law [J]. Educational researcher, 1972(1).

[75] RITCHIE J M. The effective and reflective principal[J]. Phi Delta Kappan, 2013 (8).

[76] ROSSMAN J G. Apprenticing the beginning teacher [J]. The elementary school journal, 1927(9).

[77] SANDERS W. Value-added assessment from student achievement data: opportunities and hurdles [J]. Journal of personnel evaluation in education, 2000 (4).

[78] SCLAN E M. Performance evaluation for experienced teachers: an overview of state policies [R]. Washington, DC: Office of Educational Research and Improvement, 1994.

[79] SHANKER A. Albert Shanker's address to the AFT convention [R]. Washington, DC: American Federation of Teachers, 1983.

[80] SHARPS D K. Incentive pay and the promotion of teaching proficiencies [J]. The clearing house, 1987(9).

[81] SMITH K. Teacher educators' expertise: what do novice teachers and teacher Educators say? [J]. Teaching and teacher education, 2005(2).

[82] SNYDER J. Professional development schools: what? So what? Now what? [J]. Peabody journal of education, 1999(314).

[83] SOLER S. Teacher quality is job one: why states need to revamp teacher certification [J]. Journal of state government, 1999(2).

[84] SPIER R. The history of the peer-review process [J]. Trends in biotechnology, 2002(8).

[85] SPILLANE J P, HALVERSON R, DIAMOND J B. Investigating school leadership practice: a distributed perspective [J]. Educational researcher, 2001(3).

[86] STRAYER R. Qualities of merit in teachers [J]. Journal of education psychology, 1910(1).

[87] STROOT S A, FOWLKE J, LANGHOLZ J. Impact of a collaborative peer assistance and review model on entry-year teachers in a large urban school setting [J]. Journal of teacher education, 1999(1).

[88] TAYLOR J S. Measurement of educational efficiency [J]. Educational review, 1912 (XIIV).

[89] THEODORE H L. Teacher tenure as a management problem [J]. Phi Delta Kappan, 1975(7).

[90] TOCH T. Fixing teacher evaluation [J]. Educational leadership. 2008(2).

[91] WAGNER L A, OWNBY L. The California mentor teacher program in the 1980s and 1990s: a historical perspective [J]. Education and urban society, 1995(1).

[92] WALLACE, J D. Teacher evaluation: A conversation among educators [J]. The Phi Delta Kappan, 2012(3).

[93] YOPP R H, YOUNG B L. A model for beginning teacher support and assessment [J]. Action in teacher education, 1999(1).

后　记

　　本书是笔者在博士论文基础上修改打磨完成的。确定美国教师评价研究作为笔者博士论文的选题有偶然性,也有其必然性。笔者的职业生涯起始于人民教育出版社,从事基础教育课程教材研究,中间曾借调到教育部基础教育司从事了短期的管理工作,随后被派驻中国驻美国大使馆教育处做教育调研工作。攻读博士期间所在研究所关注于教师研究,该领域有新的研究方向也有较为成熟的研究议题。新的研究方向包括教师情绪、教师信念、教师素养、教师多元文化观、教师的职业生涯等,较为成熟的研究议题包括教师专业性和专业化、教师培养培训、教师资格、教师评价等。在这些议题范围内,依据自身的经验,找到集基础教育、比较教育、教育管理于一体,又能反映笔者教育信念的题目最终落在了美国教师同行评价上。

　　在基础教育课程教材领域的工作经验,使得笔者不愿意抛开教师工作内容的实质,即包含具体教学内容和教学策略的教学活动及教学活动的准备和反思来研究教师问题;在管理岗位上的工作经验,又使笔者对科层制的教师管理体系产生一种强烈的改革愿望,希望设计一种制度和体系,使得教师能够实现更大程度上的、他们本应该具有的专业自主和自治;在国外工作的经验,又使得笔者能够便利地搜寻所需要的新鲜素材,验证自己的假设,呈现自己的观念。

　　不过研究工作必须实事求是,不能为了证明研究的假设,呈现自己的观念而片面取材,必须认清事实真相和主观愿望之间的差距。尽管笔者认为教师同行评价是教师人事管理和专业自主决策的典范,但现实是即便在号称民主的美国,教师同行评价也只是在教师评价发展历程中的某个阶段或某些地区人们的优先选择。它既没有取代传统的校长所主导的教师评价,也没能阻止后来兴起的以学生成绩为主来评价教师的浪潮。好在现实的也并非就是理想的,或者合理的,如果没有对教师的专业和民主权益抱有最大的渴盼,研究丧失的不仅是立场,还有持久的驱动力。

　　无论事实与观念之间产生过怎样的冲突,只有书稿的面世,才能将研究过程中的挣扎坦白给读者。在成书的过程中,也得到过很多人的帮助,没有他们,一切都是泡影。首先,感谢我的导师北京师范大学朱旭东教授,没有他的宽容和接纳,笔者根本没有机会在学术上更上层楼。其次,感谢北京外国语大学王定华教授,很荣幸得到他的指点和支持,笔者的博士论文才能顺利答辩通过。另外,没有他在学术和专业的道路上持续地关心和爱护,本书也难以与读者见面。在本书的修改过程中,还得到北京外国语大学刘翔璐博士、高雅如博士的悉心校阅,在出版过程中还得到华东师范大学出版社王焰社长、曾睿编辑的大力支持,一并表示衷心感谢!

　　此外,还要向帮助过本研究的所有专家、同仁和亲友表示衷心感谢!同时,也对本研究直接引用或深受其影响的参考文献的著作者表示诚挚的谢意!书中疏漏之处,敬请读者指正。

刘翠航
2021 年 1 月 7 日